말씀 읽는 저녁

Daily Light on the Daily Path
by Samuel Bagster(1772–1851)

Korean edition copyright ⓒ 2016 by Duranno Ministry
38, Seobinggo–ro 65–gil, Yongsan-gu, Seoul, Republic of Korea
All rights reserved.

내 삶에 빛이 되어주는 365 묵상집

말씀 읽는 저녁

지은이 | 사무엘 백스터
초판 발행 | 2016. 07. 12

등록번호 | 제1988-000080호
등록된 곳 | 서울특별시 용산구 서빙고로 65길 38
발행처 | 사단법인 두란노서원
영업부 | 2078-3352   FAX | 080-749-3705
출판부 | 2078-3331

책값은 뒤표지에 있습니다.
ISBN 978-89-531-2417-2 04230
세트 978-89-531-2418-9 04230

독자의 의견을 기다립니다.
tpress@duranno.com   www.duranno.com

두란노서원은 바울 사도가 3차 전도여행 때 에베소에서 성령 받은 제자들을 따로 세워 하나님의 말씀으로 양육하던 장소입니다. 사도행전 19장 8-20절의 정신에 따라 첫째 목회자를 돕는 사역과 평신도를 훈련시키는 사역, 둘째 세계선교(TIM)와 문서선교 (단행본·잡지) 사역, 셋째 예수문화 및 경배와 찬양 사역, 그리고 가정·상담 사역 등을 감당하고 있습니다. 1980년 12월 22일에 창립된 두란노서원은 주님 오실 때까지 이 사역들을 계속할 것입니다.

내 삶에 빛이 되어주는 365 묵상집

말씀 읽는 저녁

사무엘 백스터 지음

두란노

일/러/두/기/

- 성경은 대한성서공회에서 펴낸 개역개정판을 따랐습니다.

- 본문은 원서를 기준으로 하되, 문장 부호는 표기를 달리했습니다. 문단이 바뀔 때는 마침표(.)로 표기하고, 문단 내에서 동일한 구절이 아닐 때는 하이픈(-)으로 표기했습니다. 본문의 가장 아래에 적힌 성경 구절의 목록은 위와 동일한 기준으로 작성되었음을 알려드립니다.

- 원서와는 달리, 한국어 성경으로 옮기는 과정에서 주어와 목적어가 명확하지 않은 부분은 대괄호([])로 명시했습니다.

- 최대한 성경 구절을 그대로 옮겨놓았습니다. 그러나 원서와 달리 성경 구절이 완결형으로 끝나지 않는 경우, 성경 구절의 부분만 인용했을 때 문맥이 자연스럽지 않은 경우에는 독자에게 이해를 돕기 위해 문장의 연결 또는 종결 부분의 표현을 달리했고, 별도 표기하지 않았습니다.

차 례

1월 1일

여호와 그가 네 앞에서 가시며 너와 함께하사 너를 떠나지 아니하시며(신 31:8).

주께서 친히 가지 아니하시려거든 우리를 이곳에서 올려 보내지 마옵소서. ─여호와여, 내가 알거니와 사람의 길이 자신에게 있지 아니하니 걸음을 지도함이 걷는 자에게 있지 아니하니이다.

여호와께서 사람의 걸음을 정하시고 그의 길을 기뻐하시나니 그는 넘어지나 아주 엎드러지지 아니함은 여호와께서 그의 손으로 붙드심이로다.

내가 항상 주와 함께하니 주께서 내 오른손을 붙드셨나이다. 주의 교훈으로 나를 인도하시고 후에는 영광으로 나를 영접하시리이다. ─내가 확신하노니 사망이나 생명이나 천사들이나 권세자들이나 현재 일이나 장래 일이나 능력이나 높음이나 깊음이나 다른 어떤 피조물이라도 우리를 우리 주 그리스도 예수 안에 있는 하나님의 사랑에서 끊을 수 없으리라.

출 33:15 ─렘 10:23. 시 37:23~24. 시 73:23~24 ─롬 8:38~39

1월 2일

나의 기도가 주의 앞에 분향함과 같이 되며 나의 손드는
것이 저녁 제사같이 되게 하소서(시 141:2).

너는 분향할 제단을 만들지니 그 제단을 증거궤 위 속죄소
맞은편 곧 증거궤 앞에 있는 휘장 밖에 두라. 그 속죄소는
내가 너와 만날 곳이며 아론이 아침마다 그 위에 향기로운
향을 사르되 또 저녁 때 등불을 켤 때에 사를지니 이 향은
너희가 대대로 여호와 앞에 끊지 못할지라.

[예수께서는] 자기를 힘입어 하나님께 나아가는 자들을 온
전히 구원하실 수 있으니 이는 그가 항상 살아 계셔서 그들
을 위하여 간구하심이라. ㅡ향연이 성도의 기도와 함께 천
사의 손으로부터 하나님 앞으로 올라가는지라.

너희도 산 돌같이 신령한 집으로 세워지고 신령한 제사를
드릴 거룩한 제사장이 될지니라.

쉬지 말고 기도하라.

출 30:1, 6~8. 히 7:25 ㅡ계 8:4. 벧전 2:5. 살전 5:17

1월 3일

네게 무엇을 하여 주기를 원하느냐 이르되 주여 보기를 원하나이다(눅 18:41).

내 눈을 열어서 주의 율법에서 놀라운 것을 보게 하소서.
그들의 마음을 열어 성경을 깨닫게 하시고 —보혜사 곧 아버지께서 내 이름으로 보내실 성령 그가 너희에게 모든 것을 가르치리라. —온갖 좋은 은사와 온전한 선물이 다 위로부터 빛들의 아버지께로부터 내려오느니라.
우리 주 예수 그리스도의 하나님, 영광의 아버지께서 지혜와 계시의 영을 너희에게 주사 하나님을 알게 하시고 너희 마음의 눈을 밝히사 그의 부르심의 소망이 무엇이며 성도 안에서 그 기업의 영광의 풍성함이 무엇이며 그의 힘의 위력으로 역사하심을 따라 믿는 우리에게 베푸신 능력의 지극히 크심이 어떠한 것을 너희로 알게 하시기를 구하노라.

시 119:18. 눅 24:45 —요 14:26 —약 1:17. 엡 1:17~19

1월 4일

사망아 너의 승리가 어디 있느냐 사망아 네가 쏘는 것이
어디 있느냐(고전 15:55).

사망이 쏘는 것은 죄요 —이제 자기를 단번에 제물로 드려
죄를 없이 하시려고 세상 끝에 나타나셨느니라. 한 번 죽는
것은 사람에게 정해진 것이요 그 후에는 심판이 있으리니
이와 같이 그리스도도 많은 사람의 죄를 담당하시려고 단
번에 드리신 바 되셨고 구원에 이르게 하기 위하여 죄와 상
관없이 자기를 바라는 자들에게 두 번째 나타나시리라.
자녀들은 혈과 육에 속하였으매 그도 또한 같은 모양으로
혈과 육을 함께 지니심은 죽음을 통하여 죽음의 세력을 잡
은 자 곧 마귀를 멸하시며 또 죽기를 무서워하므로 한평생
매여 종노릇하는 모든 자들을 놓아 주려 하심이니라.
전제와 같이 내가 벌써 부어지고 나의 떠날 시각이 가까웠
도다. 나는 선한 싸움을 싸우고 나의 달려갈 길을 마치고
믿음을 지켰으니 이제 후로는 나를 위하여 의의 면류관이
예비되었느니라.

고전 15:56 –히 9:26~28. 히 2:14~15. 딤후 4:6~8

1월 5일

여호와여 내 입에 파수꾼을 세우시고 내 입술의 문을 지키소서(시 141:3).

여호와여, 주께서 죄악을 지켜보실진대 주여 누가 서리이까. ─그들이 그의 뜻을 거역함으로 말미암아 모세가 그의 입술로 망령되이 말하였음이로다.

입으로 들어가는 것이 사람을 더럽게 하는 것이 아니라 입에서 나오는 그것이 사람을 더럽게 하는 것이니라.

말쟁이는 친한 벗을 이간하느니라. ─칼로 찌름같이 함부로 말하는 자가 있거니와 지혜로운 자의 혀는 양약과 같으니라. 진실한 입술은 영원히 보존되거니와 거짓 혀는 잠시 동안만 있을 뿐이니라. ─혀는 능히 길들일 사람이 없나니 쉬지 아니하는 악이요 죽이는 독이 가득한 것이라. 한 입에서 찬송과 저주가 나오는도다. 내 형제들아, 이것이 마땅하지 아니하니라.

벗어 버리라. 곧 분함과 노여움과 악의와 비방과 너희 입의 부끄러운 말이라. 너희가 서로 거짓말을 하지 말라. 옛 사람과 그 행위를 벗어 버리라. ─하나님의 뜻은 이것이니 너희의 거룩함이라. ─그 입에 거짓말이 없더라.

시 130:3 ─시 106:33. 마 15:11. 잠 16:28 ─잠 12:18∼19 ─약 3:8, 10. 골 3:8∼9 ─살전 4:3 ─계 14:5

1월 6일

사도들이 예수께 모여 자기들이 행한 것을 낱낱이 고하니 (막 6:30).

어떤 친구는 형제보다 친밀하니라. —사람이 자기의 친구와 이야기함같이 여호와께서는 모세와 대면하여 말씀하셨노라. —너희는 내가 명하는 대로 행하면 곧 나의 친구라. 이제부터는 너희를 종이라 하지 아니하리니 종은 주인이 하는 것을 알지 못함이라. 너희를 친구라 하였노니 내가 내 아버지께 들은 것을 다 너희에게 알게 하였음이라.

너희도 명령 받은 것을 다 행한 후에 이르기를 우리는 무익한 종이라 할지니라.

너희는 다시 무서워하는 종의 영을 받지 아니하고 양자의 영을 받았으므로 우리가 아빠 아버지라고 부르짖느니라.

다만 모든 일에 기도와 간구로, 너희 구할 것을 감사함으로 하나님께 아뢰라. —정직한 자의 기도는 그가 기뻐하시느니라.

잠 18:24 —출 33:11 —요 15:14~15. 눅 17:10. 롬 8:15. 빌 4:6 —잠 15:8

1월 7일

내가 너를 떠나지 아니하며 버리지 아니하리니(수 1:5).

여호와께서 이스라엘 족속에게 말씀하신 선한 말씀이 하나
도 남음이 없이 다 응하였더라. ―하나님은 사람이 아니시
니 거짓말을 하지 않으시고 인생이 아니시니 후회가 없으
시도다. 어찌 그 말씀하신 바를 행하지 않으시며 하신 말씀
을 실행하지 않으시랴.

오직 네 하나님 여호와는 하나님이시요 신실하신 하나님이
시라. 그를 사랑하고 그의 계명을 지키는 자에게는 인애를
베푸시며 ―그의 언약을 영원히 기억하시리로다.

여인이 어찌 그 젖 먹는 자식을 잊겠으며 자기 태에서 난 아
들을 긍휼히 여기지 않겠느냐. 그들은 혹시 잊을지라도 나는
너를 잊지 아니할 것이라. 내가 너를 내 손바닥에 새겼노라.

너의 하나님 여호와가 너의 가운데에 계시니 그는 구원을
베푸실 전능자이시라. 그가 너로 말미암아 기쁨을 이기지
못하시며 너를 잠잠히 사랑하시며 너로 말미암아 즐거이
부르며 기뻐하시리라.

수 21:45 ―민 23:19. 신 7:9 ―시 111:5. 사 49:15~16. 습 3:17

1월 8일

흠이 없는 자들이더라(계 14:5).

이스라엘의 죄악을 찾을지라도 없겠고 유다의 죄를 찾을지라도 찾아내지 못하리니 이는 내가 남긴 자를 용서할 것임이라. —주와 같은 신이 어디 있으리이까. 주께서는 죄악과 그 기업에 남은 자의 허물을 사유하시며 인애를 기뻐하시므로 진노를 오래 품지 아니하시나이다. 다시 우리를 불쌍히 여기셔서 우리의 죄악을 발로 밟으시고 우리의 모든 죄를 깊은 바다에 던지시리이다.

이는 그가 사랑하시는 자 안에서 우리에게 거저 주시는 바—너희를 거룩하고 흠 없고 책망할 것이 없는 자로 그 앞에 세우고자 하셨느니라.

능히 너희를 보호하사 거침이 없게 하시고 너희로 그 영광 앞에 흠이 없이 기쁨으로 서게 하실 이 곧 우리 구주 홀로 하나이신 하나님께 우리 주 예수 그리스도로 말미암아 영광과 위엄과 권력과 권세가 영원 전부터 이제와 영원토록 있을지어다, 아멘.

렘 50:20 —미 7:18~19. 엡 1:6 —골 1:22. 유 1:24~25

1월 9일

한 가지만이라도 족하니라(눅 10:42).

여러 사람의 말이 우리에게 선을 보일 자 누구뇨 하오니 여호와여, 주의 얼굴을 들어 우리에게 비추소서. 주께서 내 마음에 두신 기쁨은 그들의 곡식과 새 포도주가 풍성할 때보다 더하니이다.

하나님이여, 사슴이 시냇물을 찾기에 갈급함같이 내 영혼이 주를 찾기에 갈급하니이다. 내 영혼이 하나님 곧 살아 계시는 하나님을 갈망하나이다. —하나님이여, 주는 나의 하나님이시라. 내가 간절히 주를 찾되 물이 없어 마르고 황폐한 땅에서 내 영혼이 주를 갈망하며 내 육체가 주를 앙모하나이다.

나는 생명의 떡이니 내게 오는 자는 결코 주리지 아니할 터이요 나를 믿는 자는 영원히 목마르지 아니하리라. 주여, 이 떡을 항상 우리에게 주소서. —마리아는 주의 발치에 앉아 그의 말씀을 듣더라. —내가 여호와께 바라는 한 가지 일 그것을 구하리니 곧 내가 내 평생에 여호와의 집에 살면서 여호와의 아름다움을 바라보며 그의 성전에서 사모하는 그것이라.

14

시 4:6~7. 시 42:1~2 —시 63:1. 요 6:35, 34 —눅 10:39 —시 27:4

1월 10일

하나님이 참으로 사람과 함께 땅에 계시리이까(대하 6:18).

내가 그들 중에 거할 성소를 그들이 나를 위하여 짓되 ―내가 거기서 이스라엘 자손을 만나리니 내 영광으로 말미암아 회막이 거룩하게 될지라. 내가 이스라엘 자손 중에 거하여 그들의 하나님이 되리라.

주께서 높은 곳으로 오르시며 사로잡은 자들을 취하시고 선물들을 사람들에게서 받으시며 반역자들로부터도 받으시니 여호와 하나님이 그들과 함께 계시기 때문이로다.

우리는 살아 계신 하나님의 성전이라. 이와 같이 하나님께서 이르시되 내가 그들 가운데 거하며 두루 행하여 나는 그들의 하나님이 되고 그들은 나의 백성이 되리라. ―너희 몸은 너희 가운데 계신 성령의 전인 줄을 알지 못하느냐. ―너희도 성령 안에서 하나님이 거하실 처소가 되기 위하여 그리스도 예수 안에서 함께 지어져 가느니라.

내 성소가 영원토록 그들 가운데에 있으리니 내가 이스라엘을 거룩하게 하는 여호와인 줄을 열국이 알리라.

출 25:8 ―출 29:43, 45. 시 68:18. 고후 6:16 ―고전 6:19 ―엡 2:22. 겔 37:28

1월 11일

네 생명을 파멸에서 속량하시고(시 103:4).

그들의 구원자는 강하니 그의 이름은 만군의 여호와라. −내가 그들을 스올의 권세에서 속량하며 사망에서 구속하리니 사망아, 네 재앙이 어디 있느냐. 스올아, 네 멸망이 어디 있느냐.

자녀들은 혈과 육에 속하였으매 그도 또한 같은 모양으로 혈과 육을 함께 지니심은 죽음을 통하여 죽음의 세력을 잡은 자 곧 마귀를 멸하시며 또 죽기를 무서워하므로 한평생 매여 종노릇하는 모든 자들을 놓아 주려 하심이라.

아들을 믿는 자에게는 영생이 있고 아들에게 순종하지 아니하는 자는 영생을 보지 못하고 도리어 하나님의 진노가 그 위에 머물러 있느니라.

이는 너희가 죽었고 너희 생명이 그리스도와 함께 하나님 안에 감추어졌음이라. 우리 생명이신 그리스도께서 나타나실 그때에 너희도 그와 함께 영광 중에 나타나리라. −그날에 그가 강림하사 그의 성도들에게서 영광을 받으시고 모든 믿는 자들에게서 놀랍게 여김을 얻으시리라.

렘 50:34 −호 13:14. 히 2:14~15. 요 3:36. 골 3:3~4 −살후 1:10

1월 12일

언제나 일어날까, 언제나 밤이 갈까(욥 7:4).

파수꾼이여, 밤이 어떻게 되었느냐. 파수꾼이 이르되 아침이 오노라.

잠시 잠깐 후면 오실 이가 오시리니 지체하지 아니하시리라.
―그는 돋는 해의 아침 빛 같고 구름 없는 아침 같으니라.

내가 너희를 위하여 거처를 예비하러 가노니 가서 너희를 위하여 거처를 예비하면 내가 다시 와서 너희를 내게로 영접하여 나 있는 곳에 너희도 있게 하리라. 너희는 마음에 근심하지도 말고 두려워하지도 말라. 내가 갔다가 너희에게로 온다 하는 말을 너희가 들었노라.

여호와여, 주의 원수들은 다 이와 같이 망하게 하시고 주를 사랑하는 자들은 해가 힘 있게 돋음 같게 하시옵소서. ―너희는 다 빛의 아들이요 낮의 아들이라. 우리가 밤이나 어둠에 속하지 아니하느니라.

거기에는 밤이 없음이라.

사 21:11~12. 히 10:37 ―삼하 23:4. 요 14:2~3, 27~28. 삿 5:31 ―살전 5:5. 계 21:25

1월 13일

해가 지도록 분을 품지 말고(엡 4:26).

네 형제가 죄를 범하거든 가서 너와 그 사람과만 상대하여 권고하라. 만일 들으면 네가 네 형제를 얻은 것이요. 주여, 형제가 내게 죄를 범하면 몇 번이나 용서하여 주리이까. 일곱 번까지 하오리이까. 예수께서 이르시되 일곱 번뿐 아니라 일곱 번을 일흔 번까지라도 할지니라. ㅡ서서 기도할 때에 아무에게나 혐의가 있거든 용서하라. 그리하여야 하늘에 계신 너희 아버지께서도 너희 허물을 사하여 주시리라. 그러므로 너희는 하나님이 택하사 거룩하고 사랑 받는 자처럼 긍휼과 자비와 겸손과 온유와 오래 참음을 옷 입고 누가 누구에게 불만이 있거든 서로 용납하여 피차 용서하되 주께서 너희를 용서하신 것같이 너희도 그리하고 ㅡ서로 친절하게 하며 불쌍히 여기며 서로 용서하기를 하나님이 그리스도 안에서 너희를 용서하심과 같이 하라.
사도들이 주께 여짜오되 우리에게 믿음을 더하소서 하니라.

18

마 18:15, 21~22 ㅡ막 11:25. 골 3:12~13 ㅡ엡 4:32. 눅 17:5

1월 14일

여자의 후손은 네 머리를 상하게 할 것이요 너는 그의 발꿈치를 상하게 할 것이니라(창 3:15).

그의 모양이 타인보다 상하였고 그의 모습이 사람들보다 상하였더라. -그가 찔림은 우리의 허물 때문이요 그가 상함은 우리의 죄악 때문이라. 그가 징계를 받으므로 우리는 평화를 누리고 그가 채찍에 맞으므로 우리는 나음을 받았도다.

이제는 너희 때요 어둠의 권세로다. -위에서 주지 아니하셨더라면 나를 해할 권한이 없었으리라.

하나님의 아들이 나타나신 것은 마귀의 일을 멸하려 하심이라. -예수께서 많은 귀신을 내쫓으시되 귀신이 자기를 알므로 그 말하는 것을 허락하지 아니하시니라.

하늘과 땅의 모든 권세를 내게 주셨으니 -그들이 내 이름으로 귀신을 쫓아내리라.

평강의 하나님께서 속히 사탄을 너희 발아래에서 상하게 하시리라.

사 52:14 -사 53:5. 눅 22:53 -요 19:11. 요일 3:8 -막 1:34. 마 28:18 -막 16:17. 롬 16:20

1월 15일

믿음의 분량(롬 12:3).

믿음이 연약한 자는 −믿음으로 견고하여져서 하나님께 영광을 돌리리라.

믿음이 작은 자여, 왜 의심하였느냐. −네 믿음이 크도다. 네 소원대로 되리라.

내가 능히 이 일 할 줄을 믿느냐 대답하되 주여 그러하오이다 하니 너희 믿음대로 되라 하시니라.

우리에게 믿음을 더하소서. −너희는 너희의 지극히 거룩한 믿음 위에 자신을 세우며 −그 안에 뿌리를 박으며 세움을 받아 믿음에 굳게 서라. −우리를 너희와 함께 그리스도 안에서 굳건하게 하신 이는 하나님이시니 −모든 은혜의 하나님이 잠깐 고난을 당한 너희를 친히 온전하게 하시며 굳건하게 하시며 강하게 하시며 터를 견고하게 하시리라.

믿음이 강한 우리는 마땅히 믿음이 약한 자의 약점을 담당하고 자기를 기쁘게 하지 아니할 것이라. −우리가 다시는 서로 비판하지 말고 도리어 부딪칠 것이나 거칠 것을 형제 앞에 두지 아니하도록 주의하라.

롬 14:1 −롬 4:20. 마 14:31 −마 15:28. 마 9:28~29. 눅 17:5 −유 1:20 −골 2:7 −고후 1:21 −벧전 5:10. 롬 15:1 −롬 14:13

1월 16일

그러므로 네가 본 것과 지금 있는 일과 장차 될 일을 기록하라(계 1:19).

성령의 감동하심을 받은 사람들이 하나님께 받아 말한 것임이라. —우리가 보고 들은 바를 너희에게도 전함은 너희로 우리와 사귐이 있게 하려 함이니 우리의 사귐은 아버지와 그의 아들 예수 그리스도와 더불어 누림이라.
내 손과 발을 보고 나인 줄 알라. 또 나를 만져 보라. 영은 살과 뼈가 없으되 너희 보는 바와 같이 나는 있느니라. 이 말씀을 하시고 손과 발을 보이시니라. —이를 본 자가 증언하였으니 그 증언이 참이라. 그가 자기의 말하는 것이 참인줄 알고 너희로 믿게 하려 함이니라.
우리 주 예수 그리스도의 능력과 강림하심을 너희에게 알게한 것이 교묘히 만든 이야기를 따른 것이 아니요 우리는 그의 크신 위엄을 친히 본 자라. —너희 믿음이 사람의 지혜에있지 아니하고 다만 하나님의 능력에 있게 하려 하였노라.

벧후 1:21 -요일 1:3. 눅 24:39~40 -요 19:35. 벧후 1:16 -고전 2:5

1월 17일

지금 있는 일(계 1:19).

우리가 지금은 거울로 보는 것같이 희미하여 —지금 우리가 만물이 아직 그에게 복종하고 있는 것을 보지 못함이라.

우리에게는 더 확실한 예언이 있어 어두운 데를 비추는 등불과 같으니 날이 새어 샛별이 너희 마음에 떠오르기까지 너희가 이것을 주의하는 것이 옳으니라. —주의 말씀은 내 발에 등이요 내 길에 빛이니이다.

사랑하는 자들아, 너희는 우리 주 예수 그리스도의 사도들이 미리 한 말을 기억하라. 그들이 너희에게 말하기를 마지막 때에 자기의 경건하지 않은 정욕대로 행하며 조롱하는 자들이 있으리라 하였고 —성령이 밝히 말씀하시기를 후일에 어떤 사람들이 믿음에서 떠나 미혹하는 영과 귀신의 가르침을 따르리라 하셨느니라.

아이들아, 지금은 마지막 때라. —밤이 깊고 낮이 가까웠으니 그러므로 우리가 어둠의 일을 벗고 빛의 갑옷을 입자.

고전 13:12 —히 2:8. 벧후 1:19 —시 119:105. 유 1:17~18 —딤전 4:1. 요일 2:18 —롬 13:12

1월 18일

장차 될 일(계 1:19).

기록된 바, 하나님이 자기를 사랑하는 자들을 위하여 예비하신 모든 것은 눈으로 보지 못하고 귀로 듣지 못하고 사람의 마음으로 생각하지도 못하였다 함과 같으니라. 오직 하나님이 성령으로 이것을 우리에게 보이셨으니 −진리의 성령이 장래 일을 너희에게 알리시리라.

볼지어다, 그가 구름을 타고 오시리라. 각 사람의 눈이 그를 보겠고 그를 찌른 자들도 볼 것이요 땅에 있는 모든 족속이 그로 말미암아 애곡하리니 그러하리라, 아멘.

형제들아, 자는 자들에 관하여는 너희가 알지 못함을 우리가 원하지 아니하노니 이는 소망 없는 다른 이와 같이 슬퍼하지 않게 하려 함이라. 우리가 예수께서 죽으셨다가 다시 살아나심을 믿을진대 이와 같이 예수 안에서 자는 자들도 하나님이 그와 함께 데리고 오시리라. 주께서 호령과 천사장의 소리와 하나님의 나팔 소리로 친히 하늘로부터 강림하시리니 그리스도 안에서 죽은 자들이 먼저 일어나고 그 후에 우리 살아남은 자들도 그들과 함께 구름 속으로 끌어올려 공중에서 주를 영접하게 하시리니 그리하여 우리가 항상 주와 함께 있으리라.

고전 2:9~10 −요 16:13. 계 1:7. 살전 4:13~14, 16~17

1월 19일

우리는 각기 제 길로 갔거늘(사 53:6).

노아가 포도나무를 심었더니 포도주를 마시고 취하였더라. —[아브람이] 그의 아내 사래에게 말하되 원하건대 그대는 나의 누이라 하라. 그러면 내가 그대로 말미암아 안전하리라. —이삭이 야곱에게 이르되 네가 참 내 아들 에서냐. 그가 대답하되 그러하니이다. —모세가 그의 입술로 망령되이 말하였음이로다. —무리가 그들의 양식을 취하고는 어떻게 할지를 여호와께 묻지 아니하고 여호수아가 곧 그들과 화친하였더라. —다윗이 헷 사람 우리아의 일 외에는 평생에 여호와 보시기에 정직하게 행하고 자기에게 명령하신 모든 일을 어기지 아니하였음이라.

이 사람들은 다 믿음으로 말미암아 증거를 받았으니 —그리스도 예수 안에 있는 속량으로 말미암아 하나님의 은혜로 값없이 의롭다 하심을 얻은 자 되었느니라. —여호와께서는 우리 모두의 죄악을 그에게 담당시키셨도다.

주 여호와의 말씀이니라. 내가 이렇게 행함은 너희를 위함이 아닌 줄을 너희가 알리라. 너희 행위로 말미암아 부끄러워하고 한탄할지어다.

24

창 9:20~21 —창 12:11, 13 —창 27:21, 24 —시 106:33 —수 9:14~15 —왕상 15:5. 히 11:39 —롬 3:24 —사 53:6. 겔 36:32

1월 20일

여호와의 분깃은 자기 백성이라(신 32:9).

너희는 그리스도의 것이요 그리스도는 하나님의 것이니라.
—나는 내 사랑하는 자에게 속하였도다. 그가 나를 사모하
는구나. —나는 그에게 속하였도다. —나를 사랑하사 나를
위하여 자기 자신을 버리신 하나님의 아들이시라.
너희는 너희 자신의 것이 아니라 값으로 산 것이 되었으니
그런즉 너희 몸으로 하나님께 영광을 돌리라. —여호와께서
너희를 택하시고 너희를 쇠 풀무불 곧 애굽에서 인도하여
내사 자기 기업의 백성을 삼으신 것이 오늘과 같도다.
너희는 하나님의 밭이요 하나님의 집이니라. —그리스도는
하나님의 집을 맡은 아들로서 그와 같이 하셨으니 우리가
소망의 확신과 자랑을 끝까지 굳게 잡고 있으면 우리는 그
의 집이라. —신령한 집, 거룩한 제사장이라.
만군의 여호와가 이르노라. 나는 내가 정한 날에 그들을 나
의 특별한 소유로 삼을 것이라. —내 것은 다 아버지의 것이
요 아버지의 것은 내 것이온데 내가 그들로 말미암아 영광
을 받았나이다. —성도 안에서 그 기업의 영광이니라.

고전 3:23 —아 7:10 —아 2:16 —갈 2:20. 고전 6:19~20 —신 4:20. 고전
3:9 —히 3:6 —벧전 2:5. 말 3:17 —요 17:10 —엡 1:18

1월 21일

지금 우리는 교만한 자가 복되다 하며(말 3:15).

지극히 존귀하며 영원히 거하시며 거룩하다 이름 하는 이가 이와 같이 말씀하시되 내가 높고 거룩한 곳에 있으며 또한 통회하고 마음이 겸손한 자와 함께 있나니 이는 겸손한 자의 영을 소생시키며 통회하는 자의 마음을 소생시키려 함이라.

겸손한 자와 함께하여 마음을 낮추는 것이 교만한 자와 함께하여 탈취물을 나누는 것보다 나으니라. ─심령이 가난한 자는 복이 있나니 천국이 그들의 것임이라.

여호와께서 미워하시는 것 곧 그의 마음에 싫어하시는 것이 예닐곱 가지이니 곧 교만한 눈이니라. ─무릇 마음이 교만한 자를 여호와께서 미워하시느니라.

하나님이여, 나를 살피사 내 마음을 아시며 나를 시험하사 내 뜻을 아옵소서. 내게 무슨 악한 행위가 있나 보시고 나를 영원한 길로 인도하소서.

하나님 우리 아버지와 주 예수 그리스도로부터 은혜와 평강이 너희에게 있을지어다. 내가 너희를 생각할 때마다 나의 하나님께 감사하노라. ─온유한 자는 복이 있나니 그들이 땅을 기업으로 받을 것임이라.

사 57:15, 잠 16:19 ─마 5:3, 잠 6:16~17 ─잠 16:5, 시 139:23~24, 빌 1:2~3 ─마 5:5

1월 22일

내 속에 근심이 많을 때에 주의 위안이 내 영혼을 즐겁게 하시나이다(시 94:19).

내 마음이 약해질 때에 나보다 높은 바위에 나를 인도하소서. 여호와여, 내가 압제를 받사오니 나의 중보가 되옵소서. ―네 짐을 여호와께 맡기라. 그가 너를 붙드시리라.

종은 작은 아이라 출입할 줄을 알지 못하나이다. ―너희 중에 누구든지 지혜가 부족하거든 하나님께 구하라. 그리하면 주시리라.

누가 이 일을 감당하리요. ―내 속 곧 내 육신에 선한 것이 거하지 아니하는 줄을 아노라. ―내 은혜가 네게 족하도다. 이는 내 능력이 약한 데서 온전하여짐이라.

작은 자야, 안심하라. 네 죄 사함을 받았느니라. 딸아, 안심하라. 네 믿음이 너를 구원하였다.

골수와 기름진 것을 먹음과 같이 나의 영혼이 만족할 것이라. 내가 나의 침상에서 주를 기억하며 새벽에 주의 말씀을 작은 소리로 읊조릴 때에 하오리다.

시 61:2. 사 38:14 ―시 55:22. 왕상 3:7 ―약 1:5. 고후 2:16 ―롬 7:18 ―고후 12:9. 마 9:2, 22. 시 63:5~6

1월 23일

십자가의 걸림돌(갈 5:11).

누구든지 나를 따라오려거든 자기를 부인하고 자기 십자가를 지고 나를 따를 것이니라.

세상과 벗된 것이 하나님과 원수 됨을 알지 못하느냐. 그런즉 누구든지 세상과 벗이 되고자 하는 자는 스스로 하나님과 원수 되는 것이니라. ─우리가 하나님의 나라에 들어가려면 많은 환난을 겪어야 할 것이라.

그를 믿는 자는 부끄러움을 당하지 아니하리라. ─그러므로 믿는 너희에게는 보배이나 믿지 아니하는 자에게는 건축자들이 버린 그 돌이 모퉁이의 머릿돌이 되고 또한 부딪치는 돌과 걸려 넘어지게 하는 바위가 되었다.

내게는 우리 주 예수 그리스도의 십자가 외에 결코 자랑할 것이 없으니 그리스도로 말미암아 세상이 나를 대하여 십자가에 못 박히고 내가 또한 세상을 대하여 그러하니라. ─내가 그리스도와 함께 십자가에 못 박혔나니 ─그리스도 예수의 사람들은 육체와 함께 그 정욕과 탐심을 십자가에 못 박았느니라.

참으면 또한 함께 왕 노릇 할 것이요 우리가 주를 부인하면 주도 우리를 부인하실 것이라.

마 16:24. 약 4:4 ─행 14:22. 롬 9:33 ─벧전 2:7~8. 갈 6:14 ─갈 2:20 ─갈 5:24. 딤후 2:12

1월 24일

아름다운 포도나무(창 49:11).

내가 사랑하는 자에게 포도원이 있음이여, 심히 기름진 산에로다. 땅을 파서 돌을 제하고 극상품 포도나무를 심었도다. 좋은 포도 맺기를 바랐더니 들포도를 맺었도다. ─내가 너를 순전한 참종자 곧 귀한 포도나무로 심었거늘 내게 대하여 이방 포도나무의 악한 가지가 됨은 어찌 됨이냐.

육체의 일은 분명하니 곧 음행과 더러운 것과 호색과 투기와 술 취함과 방탕함과 또 그와 같은 것들이라. 오직 성령의 열매는 사랑과 희락과 화평과 오래 참음과 자비와 양선과 충성과 온유와 절제니라.

나는 참 포도나무요 내 아버지는 농부라. 무릇 내게 붙어 있어 열매를 맺지 아니하는 가지는 아버지께서 그것을 제거해 버리시고 무릇 열매를 맺는 가지는 더 열매를 맺게 하려 하여 그것을 깨끗하게 하시느니라. 내 안에 거하라, 나도 너희 안에 거하리라. 너희가 열매를 많이 맺으면 내 아버지께서 영광을 받으실 것이요 너희는 내 제자가 되리라.

사 5:1~2 ─렘 2:21. 갈 5:19, 21~23. 요 15:1~2, 4, 8

양자의 영을 받았으므로 우리가 아빠 아버지라고 부르짖느니라(롬 8:15).

예수께서 눈을 들어 하늘을 우러러 이르시되 아버지여, 거룩하신 아버지여, 의로우신 아버지여, ―이르시되 아빠 아버지여. ―너희가 아들이므로 하나님이 그 아들의 영을 우리 마음 가운데 보내사 아빠 아버지라 부르게 하셨느니라. ―이는 그로 말미암아 우리 둘이 한 성령 안에서 아버지께 나아감을 얻게 하려 하심이라. 그러므로 이제부터 너희는 외인도 아니요 나그네도 아니요 오직 성도들과 동일한 시민이요 하나님의 권속이라.

주는 우리 아버지시라. 여호와여, 주는 우리의 아버지시라. 옛날부터 주의 이름을 우리의 구속자라 하셨더라.

내가 일어나 아버지께 가서 이르기를 아버지, 내가 하늘과 아버지께 죄를 지었사오니 지금부터는 아버지의 아들이라 일컬음을 감당하지 못하겠나이다 나를 품꾼의 하나로 보소서 하리라 하고 이에 일어나서 아버지께로 돌아가니라.

그러므로 사랑을 받는 자녀같이 너희는 하나님을 본받는 자가 되라.

요 17:1, 11, 25 ―막 14:36 ―갈 4:6 ―엡 2:18~19. 사 63:16. 눅 15:18~20. 엡 5:1

주 예수 그리스도는 우리의 낮은 몸을 자기 영광의 몸의
형체와 같이 변하게 하시리라(빌 3:20~21).

그 보좌의 형상 위에 한 형상이 있어 사람의 모양 같더라.
내가 보니 그 허리 위의 모양은 단 쇠 같아서 그 속과 주위가
불 같고 내가 보니 그 허리 아래의 모양도 불 같아서 사방으
로 광채가 나니 이는 여호와의 영광의 형상의 모양이라.
우리가 다 수건을 벗은 얼굴로 거울을 보는 것같이 주의 영
광을 보매 그와 같은 형상으로 변화하여 영광에서 영광에
이르니 곧 주의 영으로 말미암음이니라. —장래에 어떻게
될지는 아직 나타나지 아니하였으나 그가 나타나시면 우리
가 그와 같을 줄을 아는 것은 그의 참모습 그대로 볼 것이
기 때문이라.
그들이 다시는 주리지도 아니하며 목마르지도 아니하고 —하
나님의 종 모세의 노래, 어린 양의 노래를 부르리로다.

겔 1:26~28. 고후 3:18 —요일 3:2. 계 7:16 —계 15:3

1월 27일

내가 생명과 사망과 복과 저주를 네 앞에 두었은즉 생명을
택하고(신 30:19).

주 여호와의 말씀이니라. 죽을 자가 죽는 것도 내가 기뻐하
지 아니하노니 너희는 스스로 돌이키고 살지니라.
내가 와서 그들에게 말하지 아니하였더라면 죄가 없었으려
니와 지금은 그 죄를 핑계할 수 없느니라.
주인의 뜻을 알고도 준비하지 아니하고 그 뜻대로 행하지
아니한 종은 많이 맞을 것이요.
죄의 삯은 사망이요 하나님의 은사는 그리스도 예수 우리
주 안에 있는 영생이니라. —아들을 믿는 자에게는 영생이
있고 아들에게 순종하지 아니하는 자는 영생을 보지 못하
고 도리어 하나님의 진노가 그 위에 머물러 있느니라. —너
희 자신을 종으로 내주어 누구에게 순종하든지 그 순종함
을 받는 자의 종이 되는 줄을 너희가 알지 못하느냐. 혹은
죄의 종으로 사망에 이르고 혹은 순종의 종으로 의에 이르
느니라.
사람이 나를 섬기려면 나를 따르라. 나 있는 곳에 나를 섬
기는 자도 거기 있으리니 사람이 나를 섬기면 내 아버지께
서 그를 귀히 여기시리라.

겔 18:32. 요 15:22. 눅 12:47. 롬 6:23 —요 3:36 —롬 6:16. 요 12:26

1월 28일

북풍아 일어나라 나의 동산에 불어서 향기를 날리라(아 4:16).

무릇 징계가 당시에는 즐거워 보이지 않고 슬퍼 보이나 후에 그로 말미암아 연단 받은 자들은 의와 평강의 열매를 맺느니라. ―[이것은] 성령의 열매라.

동풍 부는 날에 폭풍으로 그들을 옮기셨느니라.

아버지가 자식을 긍휼히 여김같이 여호와께서는 자기를 경외하는 자를 긍휼히 여기시느니라.

우리의 겉사람은 낡아지나 우리의 속사람은 날로 새로워지도다. 우리가 잠시 받는 환난의 경한 것이 지극히 크고 영원한 영광의 중한 것을 우리에게 이루게 함이니 우리가 주목하는 것은 보이는 것이 아니요 보이지 않는 것이니라.

그가 아들이시면서도 받으신 고난으로 순종함을 배워서 ―모든 일에 우리와 똑같이 시험을 받으신 이로되 죄는 없으시니라.

히 12:11 ―갈 5:22. 사 27:8. 시 103:13. 고후 4:16~18. 히 5:8 ―히 4:15

1월 29일

주 나의 하나님이여 내가 전심으로 주를 찬송하고 영원토
록 주의 이름에 영광을 돌리오리니(시 86:12).

감사로 제사를 드리는 자가 나를 영화롭게 하리라. −지존
자여, 십현금과 비파와 수금으로 여호와께 감사하며 주의
이름을 찬양하고 아침마다 주의 인자하심을 알리며 밤마다
주의 성실하심을 베풂이 좋으니이다.

호흡이 있는 자마다 여호와를 찬양할지어다, 할렐루야.

형제들아, 내가 하나님의 모든 자비하심으로 너희를 권하
노니 너희 몸을 하나님이 기뻐하시는 거룩한 산 제물로 드
리라. 이는 너희가 드릴 영적 예배니라. −예수도 자기 피로
써 백성을 거룩하게 하려고 성문 밖에서 고난을 받으셨느
니라. 그러므로 우리는 예수로 말미암아 항상 찬송의 제사
를 하나님께 드리자. 이는 그 이름을 증언하는 입술의 열매
니라. −범사에 우리 주 예수 그리스도의 이름으로 항상 아
버지 하나님께 감사하라.

죽임을 당하신 어린 양은 능력과 부와 지혜와 힘과 존귀와
영광과 찬송을 받으시기에 합당하도다.

시 50:23 −시 92:1∼3. 시 150:6. 롬 12:1 −히 13:12, 15 −엡 5:20. 계
5:12

1월 30일

사람은 젊었을 때에 멍에를 메는 것이 좋으니(애 3:27).

마땅히 행할 길을 아이에게 가르치라. 그리하면 늙어도 그
것을 떠나지 아니하리라.

우리 육신의 아버지가 우리를 징계하여도 공경하였거든 하
물며 모든 영의 아버지께 더욱 복종하며 살려 하지 않겠느
냐. 그들은 잠시 자기의 뜻대로 우리를 징계하였거니와 오
직 하나님은 우리의 유익을 위하여 그의 거룩하심에 참여
하게 하시느니라.

고난 당하기 전에는 내가 그릇 행하였더니 이제는 주의 말
씀을 지키나이다. 고난 당한 것이 내게 유익이라. 이로 말
미암아 내가 주의 율례들을 배우게 되었나이다.

여호와의 말씀이니라. 너희를 향한 나의 생각을 내가 아나
니 평안이요 재앙이 아니니라. 너희에게 미래와 희망을 주
는 것이니라. ─그러므로 하나님의 능하신 손 아래에서 겸
손하라. 때가 되면 너희를 높이시리라.

35

잠 22:6. 히 12:9~10. 시 119:67, 71. 렘 29:11 ─벧전 5:6

1월 31일

만일 사람이 여호와께 범죄하면 누가 그를 위하여 간구하 겠느냐(삼상 2:25).

만일 누가 죄를 범하여도 아버지 앞에서 우리에게 대언자 가 있으니 곧 의로우신 예수 그리스도시라. 그는 우리 죄를 위한 화목제물이니 우리만 위할 뿐 아니요 온 세상의 죄를 위하심이라. ―이 예수를 하나님이 그의 피로써 믿음으로 말미암는 화목제물로 세우셨으니 이는 하나님께서 길이 참 으시는 중에 전에 지은 죄를 간과하심으로 자기의 의로우 심을 나타내려 하심이니 곧 이때에 자기의 의로우심을 나 타내사 자기도 의로우시며 또한 예수 믿는 자를 의롭다 하 려 하심이라.

하나님이 그 사람을 불쌍히 여기사 그를 건져서 구덩이에 내려가지 않게 하라 내가 대속물을 얻었다 하시리라.

그런즉 이 일에 대하여 우리가 무슨 말 하리요. 만일 하나 님이 우리를 위하시면 누가 우리를 대적하리요. 의롭다 하 신 이는 하나님이시니 누가 정죄하리요. 죽으실 뿐 아니라 다시 살아나신 이는 그리스도 예수시니 그는 하나님 우편 에 계신 자요 우리를 위하여 간구하시는 자시니라.

요일 2:1~2 ―롬 3:25~26. 욥 33:24. 롬 8:31, 33~34

2월 1일

여호와 우리의 공의라(렘 23:6).

우리는 다 부정한 자 같아서 우리의 의는 다 더러운 옷 같
노라.
내가 주 여호와의 능하신 행적을 가지고 오겠사오며 주의
공의만 전하겠나이다. −내가 여호와로 말미암아 크게 기
뻐하며 내 영혼이 나의 하나님으로 말미암아 즐거워하리니
이는 그가 구원의 옷을 내게 입히시며 공의의 겉옷을 내게
더하심이 신랑이 사모를 쓰며 신부가 자기 보석으로 단장
함 같게 하셨음이라.
제일 좋은 옷을 내어다가 입히고 −그에게 빛나고 깨끗한
세마포 옷을 입도록 허락하셨으니 이 세마포 옷은 성도들
의 옳은 행실이로다.
모든 것을 해로 여김은 내 주 그리스도 예수를 아는 지식이
가장 고상하기 때문이라. 그리스도를 얻고 그 안에서 발견
되려 함이니 내가 가진 의는 율법에서 난 것이 아니요 오직
그리스도를 믿음으로 말미암은 것이니 곧 믿음으로 하나님
께로부터 난 의라.

37

사 64:6. 시 71:16 −사 61:10. 눅 15:22 −계 19:8. 빌 3:8∼9

2월 2일

별과 별의 영광이 다르도다(고전 15:41).

길에서 서로 누가 크냐 하고 쟁론하였음이라. 예수께서 앉으사 열두 제자를 불러서 이르시되 누구든지 첫째가 되고자 하면 뭇 사람의 끝이 되어야 하리라. -겸손으로 허리를 동이라. 하나님은 교만한 자를 대적하시되 겸손한 자들에게는 은혜를 주시느니라. 그러므로 하나님의 능하신 손 아래에서 겸손하라. 때가 되면 너희를 높이시리라.

너희 안에 이 마음을 품으라. 곧 그리스도 예수의 마음이니 그는 자기를 비워 종의 형체를 가지사 사람들과 같이 되셨느니라. 이러므로 하나님이 그를 지극히 높여 모든 이름 위에 뛰어난 이름을 주사 모든 무릎을 예수의 이름에 꿇게 하셨느니라.

지혜 있는 자는 궁창의 빛과 같이 빛날 것이요 많은 사람을 옳은 데로 돌아오게 한 자는 별과 같이 영원토록 빛나리라.

막 9:34~35 -벧전 5:5~6. 빌 2:5~7, 9~10. 단 12:3

2월 3일

주에게서는 흑암이 숨기지 못하며(시 139:12).

그는 사람의 길을 주목하시며 사람의 모든 걸음을 감찰하시나니 행악자는 숨을 만한 흑암이나 사망의 그늘이 없느니라. —사람이 내게 보이지 아니하려고 누가 자신을 은밀한 곳에 숨길 수 있겠느냐. 여호와가 말하노라. 나는 천지에 충만하지 아니하냐.

너는 밤에 찾아오는 공포와 어두울 때 퍼지는 전염병을 두려워하지 아니하리로다. 네가 말하기를 여호와는 나의 피난처시라 하고 지존자를 너의 거처로 삼았으므로 화가 네게 미치지 못하며 재앙이 네 장막에 가까이 오지 못하리니 —너를 지키시는 이가 졸지 아니하시리로다. 여호와는 너를 지키시는 이시라. 여호와께서 네 오른쪽에서 네 그늘이 되시나니 낮의 해가 너를 상하게 하지 아니하며 밤의 달도 너를 해치지 아니하리로다. 여호와께서 너를 지켜 모든 환난을 면하게 하시리라.

내가 사망의 음침한 골짜기로 다닐지라도 해를 두려워하지 않을 것은 주께서 나와 함께하심이라.

욥 34:21~22 —렘 23:24. 시 91:5~6, 9~10 —시 121:3, 5~7. 시 23:4

2월 4일

주께서 상하게 하신 자의 슬픔을 말하였사오니(시 69:26).

나는 조금 노하였거늘 그들은 힘을 내어 고난을 더하였음이라.

형제들아, 사람이 만일 무슨 범죄한 일이 드러나거든 신령한 너희는 온유한 심령으로 그러한 자를 바로잡고 너 자신을 살펴보아 너도 시험을 받을까 두려워하라.

죄인을 미혹된 길에서 돌아서게 하는 자가 그의 영혼을 사망에서 구원할 것이며 허다한 죄를 덮을 것임이라. —마음이 약한 자들을 격려하고 힘이 없는 자들을 붙들어 주며 모든 사람에게 오래 참으라.

우리가 다시는 서로 비판하지 말고 도리어 부딪칠 것이나 거칠 것을 형제 앞에 두지 아니하도록 주의하라. —믿음이 강한 우리는 마땅히 믿음이 약한 자의 약점을 담당하고 자기를 기쁘게 하지 아니할 것이라.

사랑은 불의를 기뻐하지 아니하나니라. —선 줄로 생각하는 자는 넘어질까 조심하라.

슥 1:15, 갈 6:1, 약 5:20 —살전 5:14, 롬 14:13 —롬 15:1, 고전 13:4, 6 —고전 10:12

2월 5일

심판대(고후 5:10).

하나님의 심판이 진리대로 되는 줄 우리가 아노라. —인자가 자기 영광으로 모든 천사와 함께 올 때에 자기 영광의 보좌에 앉으리니 모든 민족을 그 앞에 모으고 각각 구분하기를 목자가 양과 염소를 구분하는 것같이 하리라.

그때에 의인들은 자기 아버지 나라에서 해와 같이 빛나리라. —누가 능히 하나님께서 택하신 자들을 고발하리요 의롭다 하신 이는 하나님이시니 누가 정죄하리요 죽으실 뿐 아니라 다시 살아나신 이는 그리스도 예수시니 그는 하나님 우편에 계신 자요 우리를 위하여 간구하시는 자시니라. 그러므로 이제 그리스도 예수 안에 있는 자에게는 결코 정죄함이 없느니라.

주께 징계를 받는 것이니 이는 우리로 세상과 함께 정죄함을 받지 않게 하려 하심이라.

롬 2:2 —마 25:31~32. 마 13:43 —롬 8:33~34, 1. 고전 11:32

2월 6일

나는 곧 광명한 새벽 별이라(계 22:16).

한 별이 야곱에게서 나오니라.

밤이 깊고 낮이 가까웠으니 그러므로 우리가 어둠의 일을 벗고 빛의 갑옷을 입자. ─내 사랑하는 자야, 날이 저물고 그림자가 사라지기 전에 돌아와서 베데르 산의 노루와 어린 사슴 같을지라.

파수꾼이여, 밤이 어떻게 되었느냐. 파수꾼이 이르되 아침이 오나니 밤도 오리라 네가 물으려거든 물으라 너희는 돌아올지니라 하더라.

나는 세상의 빛이니 ─내가 또 그에게 새벽 별을 주리라.

주의하라. 깨어 있으라. 그때가 언제인지 알지 못함이라. 가령 사람이 집을 떠나 타국으로 갈 때에 그 종들에게 권한을 주어 각각 사무를 맡기며 문지기에게 깨어 있으라 명함과 같으니 그러므로 깨어 있으라. 그가 홀연히 와서 너희가 자는 것을 보지 않도록 하라. 깨어 있으라. 내가 너희에게 하는 이 말은 모든 사람에게 하는 말이니라.

민 24:17. 롬 13:12 ─아 2:17. 사 21:11~12. 요 8:12 ─계 2:28. 막 13:33~37

2월 7일

예수께서 불쌍히 여기사(마 14:14).

예수 그리스도는 어제나 오늘이나 영원토록 동일하시니라.
—우리에게 있는 대제사장은 우리의 연약함을 동정하지 못
하실 이가 아니요 모든 일에 우리와 똑같이 시험을 받으신
이로되 죄는 없으시니라. —그가 무식하고 미혹된 자를 능
히 용납할 수 있느니라. —돌아오사 제자들이 자는 것을 보
시고 베드로에게 말씀하시되 시몬아 자느냐 네가 한 시간
도 깨어 있을 수 없더냐 시험에 들지 않게 깨어 있어 기도
하라 마음에는 원이로되 육신이 약하도다 하시더라.

아버지가 자식을 긍휼히 여김같이 여호와께서는 자기를 경
외하는 자를 긍휼히 여기시나니 이는 그가 우리의 체질을
아시며 우리가 단지 먼지뿐임을 기억하심이로다.

주여, 주는 긍휼히 여기시며 은혜를 베푸시며 노하기를 더
디 하시며 인자와 진실이 풍성하신 하나님이시오니 내게로
돌이키사 내게 은혜를 베푸소서. 주의 종에게 힘을 주시고
주의 여종의 아들을 구원하소서.

43

히 13:8 —히 4:15 —히 5:2 —막 14:37~38. 시 103:13~14. 시
86:15~16

2월 8일

네가 네 성벽을 구원이라, 네 성문을 찬송이라 부를 것이라(사 60:18).

그 성의 성곽에는 열두 기초석이 있고 그 위에는 어린 양의 열두 사도의 열두 이름이 있더라.

너희는 외인도 아니요 나그네도 아니요 오직 성도들과 동일한 시민이요 하나님의 권속이라. 너희는 사도들과 선지자들의 터 위에 세우심을 입은 자라. 그리스도 예수께서 친히 모퉁잇돌이 되셨느니라. 그의 안에서 건물마다 서로 연결하여 주 안에서 성전이 되어 가고 너희도 성령 안에서 하나님이 거하실 처소가 되기 위하여 그리스도 예수 안에서 함께 지어져 가느니라. —너희가 주의 인자하심을 맛보았으면 그리하라. 사람에게는 버린 바가 되었으나 하나님께는 택하심을 입은 보배로운 산 돌이신 예수께 나아가 너희도 산 돌같이 신령한 집으로 세워지고 예수 그리스도로 말미암아 하나님이 기쁘게 받으실 신령한 제사를 드릴 거룩한 제사장이 될지니라.

하나님이여, 찬송이 시온에서 주를 기다리나이다.

계 21:14. 엡 2:19~22 —벧전 2:3~5. 시 65:1

2월 9일

밤이 오리니 그때는 아무도 일할 수 없느니라(요 9:4).

주 안에서 죽는 자들은 복이 있도다. 그들이 수고를 그치고 쉬리니 이는 그들의 행한 일이 따름이라. —거기서는 악한 자가 소요를 그치며 거기서는 피곤한 자가 쉼을 얻으리라. —사무엘이 사울에게 이르되 네가 어찌하여 나를 불러올려서 나를 성가시게 하느냐.

네 손이 일을 얻는 대로 힘을 다하여 할지어다. 네가 장차 들어갈 스올에는 일도 없고 계획도 없고 지식도 없고 지혜도 없음이니라. —죽은 자들은 여호와를 찬양하지 못하나니 적막한 데로 내려가는 자들은 아무도 찬양하지 못하리로다.

내가 벌써 부어지고 나의 떠날 시각이 가까웠도다. 나는 선한 싸움을 싸우고 나의 달려갈 길을 마치고 믿음을 지켰으니 이제 후로는 나를 위하여 의의 면류관이 예비되었으므로 주 곧 의로우신 재판장이 그 날에 내게 주실 것이니라.

그런즉 안식할 때가 하나님의 백성에게 남아 있도다. 이미 그의 안식에 들어간 자는 하나님이 자기의 일을 쉬심과 같이 그도 자기의 일을 쉬느니라.

계 14:13 —욥 3:17 —삼상 28:15. 전 9:10 —시 115:17. 딤후 4:6~8. 히 4:9~10

2월 10일

그가 반석을 쳐서 물을 내시니 시내가 넘쳤으나(시 78:20).

우리 조상들이 다 구름 아래에 있고 바다 가운데로 지나며
모세에게 속하여 다 구름과 바다에서 세례를 받고 다 같은
신령한 음식을 먹으며 다 같은 신령한 음료를 마셨으니 이
는 그들을 따르는 신령한 반석으로부터 마셨으매 그 반석
은 곧 그리스도시라. ─그중 한 군인이 창으로 옆구리를 찌
르니 곧 피와 물이 나오더라. ─그가 찔림은 우리의 허물 때
문이요 그가 상함은 우리의 죄악 때문이라. 그가 징계를 받
으므로 우리는 평화를 누리고 그가 채찍에 맞으므로 우리
는 나음을 받았도다.

너희가 영생을 얻기 위하여 내게 오기를 원하지 아니하는
도다. ─내 백성이 두 가지 악을 행하였나니 곧 그들이 생수
의 근원 되는 나를 버린 것과 스스로 웅덩이를 판 것인데,
그것은 그 물을 가두지 못할 터진 웅덩이들이니라.

누구든지 목마르거든 내게로 와서 마시라. ─원하는 자는
값없이 생명수를 받으라.

46

고전 10:1~4 ─요 19:34 ─사 53:5. 요 5:40 ─렘 2:13. 요 7:37 ─계
22:17

2월 11일

여호와의 나무에는 물이 흡족함이여(시 104:16).

내가 이스라엘에게 이슬과 같으리니 그가 백합화같이 피겠고 레바논 백향목같이 뿌리가 박힐 것이라. 그의 가지는 퍼지며 그의 아름다움은 감람나무와 같고 그의 향기는 레바논 백향목 같으리니 ―무릇 여호와를 의지하며 여호와를 의뢰하는 그 사람은 복을 받을 것이라. 그는 물가에 심어진 나무가 그 뿌리를 강변에 뻗치고 더위가 올지라도 두려워하지 아니하며 그 잎이 청청하며 가무는 해에도 걱정이 없고 결실이 그치지 아니함 같으리라.

나 여호와는 높은 나무를 낮추고 낮은 나무를 높이며 푸른 나무를 말리고 마른 나무를 무성하게 하는 줄 알리라.

의인은 종려나무같이 번성하며 레바논의 백향목같이 성장하리로다. 이는 여호와의 집에 심겼음이여 우리 하나님의 뜰 안에서 번성하리로다. 그는 늙어도 여전히 결실하며 진액이 풍족하고 빛이 청청하리라.

호 14:5~6 ―렘 17:7~8. 겔 17:24. 시 92:12~14

2월 12일

원하건대 주의 영광을 내게 보이소서(출 33:18).

어두운 데에 빛이 비치라 말씀하셨던 그 하나님께서 예수 그리스도의 얼굴에 있는 하나님의 영광을 아는 빛을 우리 마음에 비추셨느니라. -말씀이 육신이 되어 우리 가운데 거하시매 우리가 그의 영광을 보니 아버지의 독생자의 영광이요 은혜와 진리가 충만하더라. 본래 하나님을 본 사람이 없으되 아버지 품속에 있는 독생하신 하나님이 나타내셨느니라.

내 영혼이 하나님 곧 살아 계시는 하나님을 갈망하나니 내가 어느 때에 나아가서 하나님의 얼굴을 뵈올까. -너희는 내 얼굴을 찾으라 하실 때에 내가 마음으로 주께 말하되 여호와여 내가 주의 얼굴을 찾으리이다 하였나이다.

우리가 다 수건을 벗은 얼굴로 거울을 보는 것같이 주의 영광을 보매 그와 같은 형상으로 변화하여 영광에서 영광에 이르니 곧 주의 영으로 말미암음이니라. -아버지여, 내게 주신 자도 나 있는 곳에 나와 함께 있어 아버지께서 창세전부터 나를 사랑하시므로 내게 주신 나의 영광을 그들로 보게 하시기를 원하옵나이다.

고후 4:6 -요 1:14, 18, 시 42:2 -시 27:8, 고후 3:18 -요 17:24

2월 13일

주의 말씀이 나를 살리셨기 때문이니이다(시 119:50).

첫 사람 아담은 생령이 되었다 함과 같이 마지막 아담은 살려 주는 영이 되었느니라.

아버지께서 자기 속에 생명이 있음같이 아들에게도 생명을 주어 그 속에 있게 하셨노라. ―나는 부활이요 생명이니 나를 믿는 자는 죽어도 살겠고 무릇 살아서 나를 믿는 자는 영원히 죽지 아니하리라.

그 안에 생명이 있었으니 이 생명은 사람들의 빛이라. 영접하는 자 곧 그 이름을 믿는 자들에게는 하나님의 자녀가 되는 권세를 주셨으니 이는 혈통으로나 육정으로나 사람의 뜻으로 나지 아니하고 오직 하나님께로부터 난 자들이니라.

살리는 것은 영이니 육은 무익하니라. 내가 너희에게 이른 말은 영이요 생명이라. ―하나님의 말씀은 살아 있고 활력이 있어 좌우에 날선 어떤 검보다도 예리하여 혼과 영과 및 관절과 골수를 찔러 쪼개기까지 하며 또 마음의 생각과 뜻을 판단하느니라.

고전 15:45, 요 5:26 ―요 11:25~26, 요 1:4, 12~13, 요 6:63 ―히 4:12

2월 14일

내가 네 분깃이요 네 기업이니라(민 18:20).

하늘에서는 주 외에 누가 내게 있으리요 땅에서는 주밖에
내가 사모할 이 없나이다. 내 육체와 마음은 쇠약하나 하나
님은 내 마음의 반석이시요 영원한 분깃이시라. ─여호와
는 나의 산업과 나의 잔의 소득이시니 나의 분깃을 지키시
나이다. 내게 줄로 재어 준 구역은 아름다운 곳에 있음이여
나의 기업이 실로 아름답도다.
내 심령에 이르기를 여호와는 나의 기업이시니 그러므로
내가 그를 바라리라.
주의 증거들로 내가 영원히 나의 기업을 삼았사오니 이는
내 마음의 즐거움이 됨이니이다.
하나님이여, 주는 나의 하나님이시라. 내가 간절히 주를 찾
되 물이 없어 마르고 황폐한 땅에서 내 영혼이 주를 갈망하
며 내 육체가 주를 앙모하나이다. 주는 나의 도움이 되셨음
이라. 내가 주의 날개 그늘에서 즐겁게 부르리이다.
내 사랑하는 자는 내게 속하였고 나는 그에게 속하였도다.

시 73:25~26 ─시 16:5~6. 애 3:24. 시 119:111. 시 63:1, 7. 아 2:16

2월 15일

큰물이 그 물결을 높이나이다(시 93:3).

높이 계신 여호와의 능력은 많은 물소리와 바다의 큰 파도보다 크니이다. —여호와 만군의 하나님이여, 주와 같이 능력 있는 이가 누구리이까. 여호와여, 주의 성실하심이 주를 둘렀나이다. 주께서 바다의 파도를 다스리시며 그 파도가 일어날 때에 잔잔하게 하시나이다.

여호와의 말씀이니라. 너희가 나를 두려워하지 아니하느냐. 내 앞에서 떨지 아니하겠느냐. 내가 모래를 두어 바다의 한계를 삼되 그것으로 영원한 한계를 삼고 지나치지 못하게 하였느니라.

네가 물 가운데로 지날 때에 내가 너와 함께할 것이라. 강을 건널 때에 물이 너를 침몰하지 못할 것이라.

베드로가 물 위로 걸어서 예수께로 가되 바람을 보고 무서워 빠져 가는지라. 소리 질러 이르되 주여 나를 구원하소서 하니 예수께서 즉시 손을 내밀어 그를 붙잡으시며 이르시되 믿음이 작은 자여 왜 의심하였느냐 하시더라.

내가 두려워하는 날에는 내가 주를 의지하리이다.

시 93:4 —시 89:8~9. 렘 5:22. 사 43:2. 마 14:29~31. 시 56:3

2월 16일

이 장막에 있는 우리가 짐진 것같이 탄식하는 것은(고후 5:4).

주여, 나의 모든 소원이 주 앞에 있사오며 나의 탄식이 주 앞에 감추이지 아니하나이다. 내 죄악이 내 머리에 넘쳐서 무거운 짐 같으니 내가 감당할 수 없나이다. -오호라, 나는 곤고한 사람이로다. 이 사망의 몸에서 누가 나를 건져 내랴.

피조물이 다 이제까지 함께 탄식하며 함께 고통을 겪고 있는 것을 우리가 아느니라. 그뿐 아니라 또한 우리 곧 성령의 처음 익은 열매를 받은 우리까지도 속으로 탄식하여 양자 될 것 곧 우리 몸의 속량을 기다리느니라. -너희가 이제 여러 가지 시험으로 말미암아 잠깐 근심하게 되지 않을 수 없으리라.

나도 나의 장막을 벗어날 것이 임박한 줄을 앎이라. -이 썩을 것이 반드시 썩지 아니할 것을 입겠고 이 죽을 것이 죽지 아니함을 입으리로다. 이 썩을 것이 썩지 아니함을 입고 이 죽을 것이 죽지 아니함을 입을 때에는 사망을 삼키고 이기리라고 기록된 말씀이 이루어지리라.

시 38:9, 4 -롬 7:24. 롬 8:22~23 -벧전 1:6. 벧후 1:14 -고전 15:53~54

하나님이 자기 형상대로 사람을 창조하시되(창 1:27).

이와 같이 하나님의 소생이 되었은즉 하나님을 금이나 은이나 돌에다 사람의 기술과 고안으로 새긴 것들과 같이 여길 것이 아니니라.

긍휼이 풍성하신 하나님이 우리를 사랑하신 그 큰 사랑을 인하여 허물로 죽은 우리를 그리스도와 함께 살리셨느니라. 우리는 그가 만드신 바라. 그리스도 예수 안에서 선한 일을 위하여 지으심을 받은 자니 이 일은 하나님이 전에 예비하사 우리로 그 가운데서 행하게 하려 하심이니라. —하나님이 미리 아신 자들을 또한 그 아들의 형상을 본받게 하기 위하여 미리 정하셨으니 이는 그로 많은 형제 중에서 맏아들이 되게 하려 하심이니라.

그가 나타나시면 우리가 그와 같을 줄을 아는 것은 그의 참모습 그대로 볼 것이기 때문이니 —나는 깰 때에 주의 형상으로 만족하리이다.

이기는 자는 이것들을 상속으로 받으리라. 나는 그의 하나님이 되고 그는 내 아들이 되리라. —자녀이면 또한 상속자곧 하나님의 상속자요 그리스도와 함께 한 상속자라.

행 17:29. 엡 2:4~5, 10 —롬 8:29. 요일 3:2 —시 17:15. 계 21:7 —롬 8:17

2월 18일

아담은 자기의 형상과 같은 아들을 낳아(창 5:3).

누가 깨끗한 것을 더러운 것 가운데에서 낼 수 있으리이까.
—내가 죄악 중에서 출생하였음이여 어머니가 죄 중에서 나
를 잉태하였나이다.

허물과 죄로 죽었던 다른 이들과 같이 본질상 진노의 자녀
이었더니 —나는 육신에 속하여 죄 아래에 팔렸도다. 내가
행하는 것을 내가 알지 못하노니 곧 내가 원하는 것은 행하
지 아니하고 도리어 미워하는 것을 행함이라. 내 속 곧 내
육신에 선한 것이 거하지 아니하는 줄을 아노라.

한 사람으로 말미암아 죄가 세상에 들어오고 한 사람이 순
종하지 아니함으로 많은 사람이 죄인 된 것같이 한 사람의
범죄를 인하여 많은 사람이 죽었은즉 더욱 하나님의 은혜
와 또한 한 사람 예수 그리스도의 은혜로 말미암은 선물은
많은 사람에게 넘쳤느니라.

이는 그리스도 예수 안에 있는 생명의 성령의 법이 죄와 사
망의 법에서 너를 해방하였음이라.

우리 주 예수 그리스도로 말미암아 우리에게 승리를 주시
는 하나님께 감사하노라.

욥 14:4 —시 51:5. 엡 2:1, 3 —롬 7:14~15, 18. 롬 5:12, 19, 15. 롬
8:2. 고전 15:57

2월 19일

내가 구속할 해가 왔으나(사 63:4).

너희는 오십 년째 해를 거룩하게 하여 그 땅에 있는 모든 주민을 위하여 자유를 공포하라. 이 해는 너희에게 희년이니 너희는 각각 자기의 소유지, 각각 자기의 가족에게로 돌아갈지라.

주의 죽은 자들은 살아나고 그들의 시체들은 일어나리이다. 티끌에 누운 자들아, 너희는 깨어 노래하라. 주의 이슬은 빛난 이슬이니 땅이 죽은 자들을 내놓으리로다.

주께서 호령과 천사장의 소리와 하나님의 나팔 소리로 친히 하늘로부터 강림하시리니 그리스도 안에서 죽은 자들이 먼저 일어나고 그 후에 우리 살아남은 자들도 그들과 함께 구름 속으로 끌어올려 공중에서 주를 영접하게 하시리니 그리하여 우리가 항상 주와 함께 있으리라.

내가 그들을 스올의 권세에서 속량하며 사망에서 구속하리니 사망아, 네 재앙이 어디 있느냐. 스올아, 네 멸망이 어디 있느냐.

그들의 구원자는 강하니 그의 이름은 만군의 여호와라.

레 25:10. 사 26:19. 살전 4:16~17. 호 13:14. 렘 50:34

2월 20일

광야에서 시험하던 날(히 3:8).

사람이 시험을 받을 때에 내가 하나님께 시험을 받는다 하지 말지니 하나님은 악에게 시험을 받지도 아니하시고 친히 아무도 시험하지 아니하시느니라. 오직 각 사람이 시험을 받는 것은 자기 욕심에 끌려 미혹됨이니 욕심이 잉태한즉 죄를 낳느니라.
그들은 광야에서 욕심을 크게 내며 사막에서 하나님을 시험하였도다.
예수께서 성령의 충만함을 입어 광야에서 사십 일 동안 성령에게 이끌리시며 마귀에게 시험을 받으시더라. 이 모든 날에 아무것도 잡수시지 아니하시니 날 수가 다하매 주리신지라. 마귀가 이르되 네가 만일 하나님의 아들이어든 이 돌들에게 명하여 떡이 되게 하라.
그가 시험을 받아 고난을 당하셨은즉 시험 받는 자들을 능히 도우실 수 있느니라. —시몬아, 시몬아, 사탄이 너희를 밀 까부르듯 하려고 요구하였으나 내가 너를 위하여 네 믿음이 떨어지지 않기를 기도하였노라.

약 1:13~15. 시 106:13~14. 눅 4:1~3. 히 2:18 —눅 22:31~32

2월 21일

의인을 위하여 빛을 뿌리고 마음이 정직한 자를 위하여 기
쁨을 뿌리시는도다(시 97:11).

눈물을 흘리며 씨를 뿌리는 자는 기쁨으로 거두리로다. 울
며 씨를 뿌리러 나가는 자는 반드시 기쁨으로 그 곡식 단을
가지고 돌아오리로다.
네가 뿌리는 것은 장래의 형체를 뿌리는 것이 아니요.
우리 주 예수 그리스도의 아버지 하나님을 찬송하리로다.
그의 많으신 긍휼대로 예수 그리스도를 죽은 자 가운데서
부활하게 하심으로 말미암아 우리를 거듭나게 하사 산 소
망이 있게 하시며 너희가 이제 여러 가지 시험으로 말미암
아 잠깐 근심하게 되지 않을 수 없으나 오히려 크게 기뻐하
는도다. 너희 믿음의 확실함은 불로 연단하여도 없어질 금
보다 더 귀하여 예수 그리스도께서 나타나실 때에 칭찬과
영광과 존귀를 얻게 할 것이니라.

시 126:5~6. 고전 15:37. 벧전 1:3, 6~7

네가 누울 때에 두려워하지 아니하겠고 네가 누운즉 네 잠이 달리로다(잠 3:24).

큰 광풍이 일어나며 물결이 배에 부딪쳐 들어와 배에 가득하게 되었더라. 예수께서는 고물에서 베개를 베고 주무시더라.

아무것도 염려하지 말고 다만 모든 일에 기도와 간구로, 너희 구할 것을 감사함으로 하나님께 아뢰라. 그리하면 모든 지각에 뛰어난 하나님의 평강이 그리스도 예수 안에서 너희 마음과 생각을 지키시리라.

내가 평안히 눕고 자기도 하리니 나를 안전히 살게 하시는 이는 오직 여호와이시니이다. —여호와께서 그의 사랑하시는 자에게는 잠을 주시는도다.

그들이 돌로 스데반을 치니 스데반이 부르짖어 이르되 주 예수여 내 영혼을 받으시옵소서 하고 무릎을 꿇고 크게 불러 이르되 주여 이 죄를 그들에게 돌리지 마옵소서 이 말을 하고 자니라. —몸을 떠나 주와 함께 있는 그것이라.

막 4:37~38. 빌 4:6~7. 시 4:8 —시 127:2. 행 7:59~60 —고후 5:8

2월 23일

누가 주의 노여움의 능력을 알며(시 90:11).

제 육 시로부터 온 땅에 어둠이 임하여 제 구 시까지 계속
되더니 제 구 시쯤에 예수께서 크게 소리 질러 이르시되 엘
리 엘리 라마 사박다니 하시니 이는 곧 나의 하나님, 나의
하나님, 어찌하여 나를 버리셨나이까 하는 뜻이라. —여호
와께서는 우리 모두의 죄악을 그에게 담당시키셨도다.
그러므로 이제 그리스도 예수 안에 있는 자에게는 결코 정
죄함이 없느니라. —우리가 믿음으로 의롭다 하심을 받았으
니 우리 주 예수 그리스도로 말미암아 하나님과 화평을 누
리자. —그리스도께서 우리를 위하여 저주를 받은 바 되사
율법의 저주에서 우리를 속량하셨노라.
하나님이 자기의 독생자를 세상에 보내심은 그로 말미암아
우리를 살리려 하심이라. 사랑은 여기 있으니 우리가 하나
님을 사랑한 것이 아니요 하나님이 우리를 사랑하사 우리
죄를 속하기 위하여 화목 제물로 그 아들을 보내셨음이라.
—자기도 의로우시며 또한 예수 믿는 자를 의롭다 하려 하
심이라.

마 27:45~46 —사 53:6. 롬 8:1 —롬 5:1 —갈 3:13. 요일 4:9~10 —롬
3:26

2월 24일

우리가 하나님께 복을 받았은즉 화도 받지 아니하겠느냐
(욥 2:10).

여호와여, 내가 알거니와 주의 심판은 의로우시고 주께서
나를 괴롭게 하심은 성실하심 때문이니이다. —여호와여,
이제 주는 우리 아버지시니이다. 우리는 진흙이요 주는 토기
장이시니 우리는 다 주의 손으로 지으신 것이니이다. —이는
여호와이시니 선하신 대로 하실 것이니라.

여호와여, 내가 주와 변론할 때에는 주께서 의로우시니이다.
그가 은을 연단하여 깨끗하게 하는 자같이 앉아서 —그 사
랑하시는 자를 징계하시고 그가 받아들이시는 아들마다 채
찍질하심이라. —제자가 그 선생 같고 종이 그 상전 같으면
족하도다. —그가 아들이시면서도 받으신 고난으로 순종함
을 배웠노라.

오히려 너희가 그리스도의 고난에 참여하는 것으로 즐거워
하라. 이는 그의 영광을 나타내실 때에 너희로 즐거워하고
기뻐하게 하려 함이라. —이는 큰 환난에서 나오는 자들인
데 어린 양의 피에 그 옷을 씻어 희게 하였느니라.

시 119:75 —사 64:8 —삼상 3:18. 렘 12:1. 말 3:3 —히 12:6 —마 10:25
—히 5:8. 벧전 4:13 —계 7:14

내가 어찌하면 하나님을 발견하고(욥 23:3).

너희 중에 여호와를 경외하며 그의 종의 목소리를 청종하는 자가 누구냐. 흑암 중에 행하여 빛이 없는 자라도 여호와의 이름을 의뢰하며 자기 하나님께 의지할지어다.

너희가 온 마음으로 나를 구하면 나를 찾을 것이요 나를 만나리라. —찾으라 그러면 찾아낼 것이요 문을 두드리라 그러면 너희에게 열릴 것이니 구하는 이마다 받을 것이요 찾는 이는 찾아낼 것이요 두드리는 이에게는 열릴 것이니라.

우리의 사귐은 아버지와 그의 아들 예수 그리스도와 더불어 누림이라. —이제는 전에 멀리 있던 너희가 그리스도 예수 안에서 그리스도의 피로 가까워졌느니라. 이는 그로 말미암아 우리 둘이 한 성령 안에서 아버지께 나아감을 얻게 하려 하심이라.

만일 우리가 하나님과 사귐이 있다 하고 어둠에 행하면 거짓말을 하고 진리를 행하지 아니함이라.

내가 너희와 항상 함께 있으리라. —내가 결코 너희를 버리지 아니하고 너희를 떠나지 아니하리라. —보혜사, 그는 너희와 함께 거하심이요 또 너희 속에 계시겠음이라.

사 50:10. 렘 29:13 —눅 11:9∼10. 요일 1:3 —엡 2:13, 18. 요일 1:6. 마 28:20 —히 13:5 —요 14:16∼17

2월 26일

무지개가 있어 보좌에 둘렸는데 그 모양이 녹보석 같더라
(계 4:3).

하나님이 이르시되 내가 나와 너희와 및 너희와 함께하는
모든 생물 사이에 대대로 영원히 세우는 언약의 증거는 이
것이니라. 내가 내 무지개를 구름 속에 두었나니 내가 보
고, 나 하나님과 모든 육체를 가진 땅의 모든 생물 사이의
영원한 언약을 기억하리라. ―영원한 언약을 세우사 만사에
구비하고 견고하게 하셨으니 ―이는 하나님이 거짓말을 하
실 수 없는 이 두 가지 변하지 못할 사실로 말미암아 앞에
있는 소망을 얻으려고 피난처를 찾은 우리에게 큰 안위를
받게 하려 하심이라.
우리도 조상들에게 주신 약속을 너희에게 전파하노니 곧
하나님이 예수를 일으키사 우리 자녀들에게 이 약속을 이
루게 하셨다 함이라.
예수 그리스도는 어제나 오늘이나 영원토록 동일하시니라.

창 9:12~13, 16 ―삼하 23:5 ―히 6:18. 행 13:32~33. 히 13:8

2월 27일

후히 주시고 꾸짖지 아니하시는 하나님(약 1:5).

여자여, 너를 고발하던 그들이 어디 있느냐. 너를 정죄한 자가 없느냐. 대답하되 주여 없나이다. 예수께서 이르시되 나도 너를 정죄하지 아니하노니 가서 다시는 죄를 범하지 말라 하시니라.

하나님의 은혜와 또한 한 사람 예수 그리스도의 은혜로 말미암은 선물은 많은 사람에게 넘쳤느니라. 은사는 많은 범죄로 말미암아 의롭다 하심에 이름이니라.

긍휼이 풍성하신 하나님이 우리를 사랑하신 그 큰 사랑을 인하여 허물로 죽은 우리를 그리스도와 함께 살리셨고 (너희는 은혜로 구원을 받은 것이라) 또 함께 일으키사 그리스도 예수 안에서 함께 하늘에 앉히시니 이는 그리스도 예수 안에서 우리에게 자비하심으로써 그 은혜의 지극히 풍성함을 오는 여러 세대에 나타내려 하심이라.

자기 아들을 아끼지 아니하시고 우리 모든 사람을 위하여 내주신 이가 어찌 그 아들과 함께 모든 것을 우리에게 주시지 아니하겠느냐.

요 8:10~11. 롬 5:15~16. 엡 2:4~7. 롬 8:32

2월 28일

사람의 영혼은 여호와의 등불이라(잠 20:27).

너희 중에 죄 없는 자가 먼저 돌로 치라 하시니라. 그들이 이 말씀을 듣고 양심에 가책을 느껴 어른으로 시작하여 젊은이까지 하나씩 하나씩 나가더라.

누가 너의 벗었음을 네게 알렸느냐. 내가 네게 먹지 말라 명한 그 나무 열매를 네가 먹었느냐.

사람이 선을 행할 줄 알고도 행하지 아니하면 죄니라. ―우리 마음이 혹 우리를 책망할 일이 있어도 하나님은 우리 마음보다 크시고 모든 것을 아시기 때문이라. 사랑하는 자들아, 만일 우리 마음이 우리를 책망할 것이 없으면 하나님 앞에서 담대함을 얻으리라.

만물이 다 깨끗하되 거리낌으로 먹는 사람에게는 악한 것이라. 자기가 옳다 하는 바로 자기를 정죄하지 아니하는 자는 복이 있도다.

하나님이여, 나를 살피사 내 마음을 아시며 나를 시험하사 내 뜻을 아옵소서. 내게 무슨 악한 행위가 있나 보시고 나를 영원한 길로 인도하소서.

요 8:7, 9. 창 3:11. 약 4:17 ―요일 3:20~21. 롬 14:20, 22. 시 139:23~24

2월 29일

주는 한결같으시고 주의 연대는 무궁하리이다(시 102:27).

산이 생기기 전, 땅과 세계도 주께서 조성하시기 전 곧 영
원부터 영원까지 주는 하나님이시니이다.

나 여호와는 변하지 아니하나니 그러므로 야곱의 자손들아
너희가 소멸되지 아니하느니라. ―어제나 오늘이나 영원토
록 동일하시니라.

온갖 좋은 은사와 온전한 선물이 다 위로부터 빛들의 아버
지께로부터 내려오나니 그는 변함도 없으시고 회전하는 그
림자도 없으시니라. ―하나님의 은사와 부르심에는 후회하
심이 없느니라.

하나님은 사람이 아니시니 거짓말을 하지 않으시고 인생이
아니시니 후회가 없으시도다. ―여호와의 인자와 긍휼이 무
궁하시므로 우리가 진멸되지 아니함이니이다.

예수는 영원히 계시므로 그 제사장 직분도 갈리지 아니하
느니라. 그러므로 자기를 힘입어 하나님께 나아가는 자들
을 온전히 구원하실 수 있으니 이는 그가 항상 살아 계셔서
그들을 위하여 간구하심이라. ―두려워하지 말라. 나는 처
음이요 마지막이니라.

시 90:2, 말 3:6 ―히 13:8, 약 1:17 ―롬 11:29, 민 23:19 ―애 3:22, 히
7:24~25 ―계 1:17

3월 1일

여호와 닛시(여호와는 나의 깃발)(출 17:15).

만일 하나님이 우리를 위하시면 누가 우리를 대적하리요.
—여호와는 내 편이시라. 내가 두려워하지 아니하리니 사람
이 내게 어찌할까.

주를 경외하는 자에게 깃발을 주시느니라.

여호와는 나의 빛이요 나의 구원이시니 내가 누구를 두려
워하리요. 여호와는 내 생명의 능력이시니 내가 누구를 무
서워하리요. 군대가 나를 대적하여 진 칠지라도 내 마음이
두렵지 아니하며 전쟁이 일어나 나를 치려 할지라도 나는
여전히 태연하리로다.

하나님이 우리와 함께하사 우리의 머리가 되시고 —만군의
여호와께서 우리와 함께하시니 야곱의 하나님은 우리의 피
난처시로다.

그들이 어린 양과 더불어 싸우려니와 어린 양은 그들을 이
기실 터이요.

어찌하여 이방 나라들이 분노하며 민족들이 헛된 일을 꾸
미는가. 하늘에 계신 이가 웃으심이여 주께서 그들을 비웃
으시리로다. —너희는 함께 계획하라. 그러나 끝내 이루지
못하리라. 말을 해 보아라. 끝내 시행되지 못하리라. 이는
하나님이 우리와 함께 계심이니라.

롬 8:31 —시 118:6. 시 60:4. 시 27:1, 3. 대하 13:12 —시 46:7. 계 17:14. 시 2:1, 4 —사 8:10

3월 2일

그런즉 안식할 때가 하나님의 백성에게 남아 있도다(히 4:9).

거기서는 악한 자가 소요를 그치며 거기서는 피곤한 자가 쉼을 얻으며 거기서는 갇힌 자가 다 함께 평안히 있어 감독 자의 호통 소리를 듣지 아니하리라.

지금 이후로 주 안에서 죽는 자들은 복이 있도다. 그들이 수고를 그치고 쉬리니 이는 그들의 행한 일이 따름이라.

우리 친구 나사로가 잠들었도다. 예수는 그의 죽음을 가리 켜 말씀하신 것이나 그들은 잠들어 쉬는 것을 가리켜 말씀 하심인 줄 생각하는지라.

참으로 이 장막에 있는 우리가 짐 진 것같이 탄식함이라. —우 리 곧 성령의 처음 익은 열매를 받은 우리까지도 속으로 탄 식하여 양자 될 것 곧 우리 몸의 속량을 기다리느니라. 우 리가 소망으로 구원을 얻었으매 보이는 소망이 소망이 아 니니 만일 우리가 보지 못하는 것을 바라면 참음으로 기다 릴지니라.

욥 3:17~18. 계 14:13. 요 11:11, 13. 고후 5:4 —롬 8:23~25

3월 3일

그리스도 예수 안에서 하나님이 위에서 부르신 부름의 상
(빌 3:14).

하늘에서 보화가 네게 있으리라. 와서 나를 따르라. −나는
너의 지극히 큰 상급이니라.
잘하였도다, 착하고 충성된 종아. 네가 적은 일에 충성하였
으매 내가 많은 것을 네게 맡기리니 네 주인의 즐거움에 참
여할지어다. −그들이 세세토록 왕 노릇 하리로다.
시들지 아니하는 영광의 관을 얻으리라. −생명의 면류관 −의
의 면류관 −썩지 아니할 [관이라].
아버지여, 내게 주신 자도 나 있는 곳에 나와 함께 있어 내
게 주신 나의 영광을 그들로 보게 하시기를 원하옵나이다.
−그리하여 우리가 항상 주와 함께 있으리라.
생각하건대 현재의 고난은 장차 우리에게 나타날 영광과
비교할 수 없도다.

마 19:21 −창 15:1. 마 25:21 −계 22:5. 벧전 5:4 −약 1:12 −딤후 4:8 −고전 9:25. 요 17:24 −살전 4:17. 롬 8:18

3월 4일

그는 어깨를 내려 짐을 메고(창 49:15).

형제들아, 주의 이름으로 말한 선지자들을 고난과 오래 참음의 본으로 삼으라. -그들에게 일어난 이런 일은 본보기가 되고 또한 말세를 만난 우리를 깨우치기 위하여 기록되었느니라.

우리가 하나님께 복을 받았은즉 화도 받지 아니하겠느냐 하고 이 모든 일에 욥이 입술로 범죄하지 아니하니라. -아론이 잠잠하니라. -이는 여호와이시니 선하신 대로 하실 것이니라.

네 짐을 여호와께 맡기라. 그가 너를 붙드시리라. -그는 실로 우리의 질고를 지고 우리의 슬픔을 당하였노라.

나는 마음이 온유하고 겸손하니 나의 멍에를 메고 내게 배우라. 그리하면 너희 마음이 쉼을 얻으리니 이는 내 멍에는 쉽고 내 짐은 가벼움이라.

약 5:10 -고전 10:11. 욥 2:10 -레 10:3 -삼상 3:18. 시 55:22 -사 53:4. 마 11:29~30

3월 5일

믿음의 선한 싸움을 싸우라(딤전 6:12).

사방으로 환난을 당하여 밖으로는 다툼이요 안으로는 두려움이었노라. ―두려워하지 말라. 우리와 함께한 자가 그들과 함께한 자보다 많으니라. ―주 안에서와 그 힘의 능력으로 강건하여지라.

너는 칼과 창과 단창으로 내게 나아오거니와 나는 만군의 여호와의 이름 곧 네가 모욕하는 이스라엘 군대의 하나님의 이름으로 네게 나아가노라. ―하나님은 나의 견고한 요새시며 내 손을 가르쳐 싸우게 하시니 내 팔이 놋 활을 당기도다. ―우리의 만족은 오직 하나님으로부터 나느니라.

여호와의 천사가 주를 경외하는 자를 둘러 진 치고 그들을 건지시는도다. ―그가 보니 불말과 불병거가 산에 가득하여 엘리사를 둘렀더라.

선지자들의 일을 말하려면 내게 시간이 부족하리로다. 그들은 믿음으로 나라들을 이기기도 하며 연약한 가운데서 강하게 되기도 하며 전쟁에 용감하게 되어 이방 사람들의 진을 물리치기도 하느니라.

고후 7:5 ―왕하 6:16 ―엡 6:10. 삼상 17:45 ―삼하 22:33, 35 ―고후 3:5.
시 34:7 ―왕하 6:17. 히 11:32~34

3월 6일

나의 하나님 나의 하나님 어찌하여 나를 버리셨나이까(마 27:46).

그가 찔림은 우리의 허물 때문이요 그가 상함은 우리의 죄악 때문이라. 그가 징계를 받으므로 우리는 평화를 누리느니라. 여호와께서는 우리 모두의 죄악을 그에게 담당시키셨도다. 마땅히 형벌 받을 내 백성의 허물 때문이라 하였으니 여호와께서 그에게 상함을 받게 하시기를 원하사 질고를 당하게 하셨느니라.

우리 주 예수는 우리가 범죄한 것 때문에 내줌이 되고 -단번에 죄를 위하여 죽으사 의인으로서 불의한 자를 대신하셨으니 이는 우리를 하나님 앞으로 인도하려 하심이라. -친히 나무에 달려 그 몸으로 우리 죄를 담당하셨으니 이는 우리로 죄에 대하여 죽고 의에 대하여 살게 하려 하심이라. 그가 채찍에 맞음으로 너희는 나음을 얻었노라.

하나님이 죄를 알지도 못하신 이를 우리를 대신하여 죄로 삼으신 것은 우리로 하여금 그 안에서 하나님의 의가 되게 하려 하심이라.

그리스도께서 우리를 위하여 저주를 받은 바 되사 율법의 저주에서 우리를 속량하셨으니 기록된 바 나무에 달린 자마다 저주 아래에 있는 자라 하였음이라.

사 53:5~6, 8, 10. 롬 4:24~25 -벧전 3:18 -벧전 2:24. 고후 5:21. 갈 3:13

3월 7일

나의 앞날이 주의 손에 있사오니(시 31:15).

모든 성도가 그의 수중에 있느니라. —여호와의 말씀이 엘리야에게 임하여 이르시되 너는 여기서 떠나 동쪽으로 가서 요단 앞 그릿 시냇가에 숨고 그 시냇물을 마시라. 내가 까마귀들에게 명령하여 거기서 너를 먹이게 하리라. 여호와의 말씀이 엘리야에게 임하여 이르시되 너는 일어나 시돈에 속한 사르밧으로 가서 거기 머물라. 내가 그곳 과부에게 명령하여 네게 음식을 주게 하였느니라.

목숨을 위하여 무엇을 먹을까 무엇을 마실까 몸을 위하여 무엇을 입을까 염려하지 말라. 너희 하늘 아버지께서 이 모든 것이 너희에게 있어야 할 줄을 아시느니라.

너는 마음을 다하여 여호와를 신뢰하고 네 명철을 의지하지 말라. 너는 범사에 그를 인정하라. 그리하면 네 길을 지도하시리라. —너희 염려를 다 주께 맡기라. 이는 그가 너희를 돌보심이라.

신 33:3 —왕상 17:2~4, 8~9. 마 6:25, 32. 잠 3:5~6 —벧전 5:7

3월 8일

내가 믿는 자를 내가 알고 그가 능히 지키실 줄을 확신함이라(딤후 1:12).

우리가 구하거나 생각하는 모든 것에 더 넘치도록 능히 하실 수 있느니라.

모든 은혜를 너희에게 넘치게 하시나니 이는 너희로 모든 일에 항상 모든 것이 넉넉하여 모든 착한 일을 넘치게 하게 하려 하실 수 있느니라.

시험 받는 자들을 능히 도우실 수 있느니라.

자기를 힘입어 하나님께 나아가는 자들을 온전히 구원하실 수 있으니 이는 그가 항상 살아 계셔서 그들을 위하여 간구하심이라.

너희를 보호하사 거침이 없게 하시고 너희로 그 영광 앞에 흠이 없이 기쁨으로 서게 하실 수 있느니라.

내가 의탁한 것을 그 날까지 그가 능히 지키실 수 있느니라.

그는 만물을 자기에게 복종하게 하실 수 있는 자의 역사로 우리의 낮은 몸을 자기 영광의 몸의 형체와 같이 변하게 하시리라.

내가 능히 이 일 할 줄을 믿느냐. 주여, 그러하오이다. 너희 믿음대로 되라.

엡 3:20. 고후 9:8. 히 2:18. 히 7:25. 유 1:24. 딤후 1:12. 빌 3:21. 마 9:28~29

3월 9일

그들이 새 노래를 부르니(계 14:3).

그 길은 우리를 위하여 열어 놓으신 새로운 살 길이요 -우리를 구원하시되 우리가 행한 바 의로운 행위로 말미암지 아니하고 오직 그의 긍휼하심을 따라 중생의 씻음과 성령의 새롭게 하심으로 하셨나니 우리 구주 예수 그리스도로 말미암아 우리에게 그 성령을 풍성히 부어 주사 -너희는 그 은혜에 의하여 믿음으로 말미암아 구원을 받았으니 이것은 너희에게서 난 것이 아니요 하나님의 선물이라. 행위에서 난 것이 아니니 이는 누구든지 자랑하지 못하게 함이라.

여호와여, 영광을 우리에게 돌리지 마옵소서. 우리에게 돌리지 마옵소서. -우리를 사랑하사 그의 피로 우리 죄에서 우리를 해방하시고 그의 아버지 하나님을 위하여 우리를 나라와 제사장으로 삼으신 그에게 영광과 능력이 세세토록 있기를 원하노라, 아멘. -죽임을 당하사 각 족속과 방언과 백성과 나라 가운데에서 사람들을 피로 사서 하나님께 드리셨느니라. -내가 보니 아무도 능히 셀 수 없는 큰 무리가 외쳐 이르되 구원하심이 보좌에 앉으신 우리 하나님과 어린 양에게 있도다 하니라.

히 10:20 -딛 3:5~6 -엡 2:8~9. 시 115:1 -계 1:5~6 -계 5:9 -계 7:9~10

그가 백합화 가운데에서 양 떼를 먹이는구나(아 2:16).

두세 사람이 내 이름으로 모인 곳에는 나도 그들 중에 있느
니라. ―사람이 나를 사랑하면 내 말을 지키리니 내 아버지
께서 그를 사랑하실 것이요 우리가 그에게 가서 거처를 그
와 함께하리라.

내가 아버지의 계명을 지켜 그의 사랑 안에 거하는 것같이
너희도 내 계명을 지키면 내 사랑 안에 거하리라.

나의 사랑하는 자가 그 동산에 들어가서 그 아름다운 열매
먹기를 원하노라. ―내 누이, 내 신부야, 내가 내 동산에 들
어와서 나의 몰약과 향 재료를 거두고 나의 꿀송이와 꿀을
먹으리라. ―성령의 열매는 사랑과 희락과 화평과 오래 참
음과 자비와 양선과 충성과 온유와 절제니라.

너희가 열매를 많이 맺으면 내 아버지께서 영광을 받으실
것이요 너희는 내 제자가 되리라. 열매를 맺는 가지는 더
열매를 맺게 하려 하여 그것을 깨끗하게 하시느니라. ―예
수 그리스도로 말미암아 의의 열매가 가득하여 하나님의
영광과 찬송이 되기를 원하노라.

마 18:20 ―요 14:23. 요 15:10. 아 4:16 ―아 5:1 ―갈 5:22~23. 요
15:8, 2 ―빌 1:11

3월 11일

예수께서 눈물을 흘리시더라(요 11:35).

그는 간고를 많이 겪었으며 질고를 아는 자라. ―우리에게
있는 대제사장은 우리의 연약함을 동정하지 못하실 이가
아니요 ―만물이 그를 위하고 또한 그로 말미암은 이가 많
은 아들들을 이끌어 영광에 들어가게 하시는 일에 그들의
구원의 창시자를 고난을 통하여 온전하게 하심이 합당하도
다. ―그가 아들이시면서도 받으신 고난으로 순종함을 배웠
노라.
내가 거역하지도 아니하며 뒤로 물러가지도 아니하며 나를
때리는 자들에게 내 등을 맡기며 나의 수염을 뽑는 자들에
게 나의 뺨을 맡기며 모욕과 침 뱉음을 당하여도 내 얼굴을
가리지 아니하였느니라.
보라, 그를 얼마나 사랑하셨는가. ―천사들을 붙들어 주려
하심이 아니요 오직 아브라함의 자손을 붙들어 주려 하심
이라. 그가 범사에 형제들과 같이 되심이 마땅하도다. 이는
하나님의 일에 자비하고 신실한 대제사장이 되어 백성의
죄를 속량하려 하심이라.

사 53:3 ―히 4:15 ―히 2:10 ―히 5:8. 사 50:5~6. 요 11:36 ―히
2:16~17

3월 12일

그 앞에서 기뻐하시는 것(요일 3:22).

믿음이 없이는 하나님을 기쁘시게 하지 못하나니 —육신에 있는 자들은 하나님을 기쁘시게 할 수 없느니라. —여호와께서는 자기 백성을 기뻐하시느니라.

부당하게 고난을 받아도 하나님을 생각함으로 슬픔을 참으면 이는 아름다우며 선을 행함으로 고난을 받고 참으면 이는 하나님 앞에 아름다우니라. —온유하고 안정한 심령, 이는 하나님 앞에 값진 것이니라.

감사로 제사를 드리는 자가 나를 영화롭게 하나니 그의 행위를 옳게 하는 자에게 내가 하나님의 구원을 보이리라. —내가 노래로 하나님의 이름을 찬송하며 감사함으로 하나님을 위대하시다 하리니 이것이 소 곧 뿔과 굽이 있는 황소를 드림보다 여호와를 더욱 기쁘시게 함이 될 것이라.

형제들아, 내가 하나님의 모든 자비하심으로 너희를 권하노니 너희 몸을 하나님이 기뻐하시는 거룩한 산 제물로 드리라. 이는 너희가 드릴 영적 예배니라.

히 11:6 —롬 8:8 —시 149:4. 벧전 2:19~20 —벧전 3:4. 시 50:23 —시 69:30~31. 롬 12:1

3월 13일

내 하나님이여 내 영혼이 내 속에서 낙심이 되므로(시 42:6).

주께서 심지가 견고한 자를 평강하고 평강하도록 지키시리니 이는 그가 주를 신뢰함이니이다. 너희는 여호와를 영원히 신뢰하라. 주 여호와는 영원한 반석이심이로다.

네 짐을 여호와께 맡기라. 그가 너를 붙드시리라. —그는 곤고한 자의 곤고를 멸시하거나 싫어하지 아니하시며 그의 얼굴을 그에게서 숨기지 아니하시고 그가 울부짖을 때에 들으셨도다. —너희 중에 고난당하는 자가 있느냐 그는 기도할 것이요.

너희는 마음에 근심하지도 말고 두려워하지도 말라. —목숨을 위하여 무엇을 먹을까 무엇을 마실까 몸을 위하여 무엇을 입을까 염려하지 말라. 공중의 새를 보라. 심지도 않고 거두지도 않고 창고에 모아들이지도 아니하되 너희 하늘 아버지께서 기르시나니 너희는 이것들보다 귀하지 아니하냐. —믿음 없는 자가 되지 말고 믿는 자가 되라. —내가 너희와 항상 함께 있으리라.

사 26:3~4. 시 55:22 —시 22:24 —약 5:13. 요 14:27 —마 6:25~26 —요 20:27 —마 28:20

3월 14일

내가 너희에게 이른 말은 영이요 생명이라(요 6:63).

자기의 뜻을 따라 진리의 말씀으로 우리를 낳으셨느니라.
—율법 조문은 죽이는 것이요 영은 살리는 것이니라.
그리스도께서 교회를 사랑하시고 그 교회를 위하여 자신을
주심같이 하라. 이는 곧 물로 씻어 말씀으로 깨끗하게 하사
거룩하게 하시고 자기 앞에 영광스러운 교회로 세우사 티
나 주름 잡힌 것이나 이런 것들이 없는 것이라.
청년이 무엇으로 그의 행실을 깨끗하게 하리이까. 주의 말
씀만 지킬 따름이니이다. 주의 말씀이 나를 살리셨기 때문
이니이다. 내가 주께 범죄하지 아니하려 하여 주의 말씀을
내 마음에 두었나이다. 주의 말씀을 잊지 아니하리이다. 내
가 주의 말씀을 의지함이니이다. 주의 입의 법이 내게는 천
천 금은보다 좋으니이다. 내가 주의 법도들을 영원히 잊지
아니하오니 주께서 이것들 때문에 나를 살게 하심이니이
다. 주의 말씀의 맛이 내게 어찌 그리 단지요. 내 입에 꿀보
다 더 다니이다. 주의 법도들로 말미암아 내가 명철하게 되
었으므로 모든 거짓 행위를 미워하나이다.

약 1:18 —고후 3:6, 엡 5:25~27, 시 119:9, 50, 11, 16, 42, 72, 93,
103~104

3월 15일

여호와가 하늘과 땅과 바다와 그 가운데 모든 것을 만들고
(출 20:11).

하늘이 하나님의 영광을 선포하고 궁창이 그의 손으로 하
신 일을 나타내는도다. —여호와의 말씀으로 하늘이 지음이
되었으며 그 만상을 그의 입 기운으로 이루었도다. 그가 말
씀하시매 이루어졌으며 명령하시매 견고히 섰도다. —보라,
그에게는 열방이 통의 한 방울 물과 같고 저울의 작은 티끌
같으며 섬들은 떠오르는 먼지 같으니라.
믿음으로 모든 세계가 하나님의 말씀으로 지어진 줄을 우
리가 아나니 보이는 것은 나타난 것으로 말미암아 된 것이
아니니라.
주의 손가락으로 만드신 주의 하늘과 주께서 베풀어 두신
달과 별들을 내가 보오니 사람이 무엇이기에 주께서 그를
생각하시며 인자가 무엇이기에 주께서 그를 돌보시나이까.

시 19:1 —시 33:6, 9 —사 40:15. 히 11:3. 시 8:3~4

내가 영으로 찬송하고 또 마음으로 찬송하리라(고전 14:15).

오직 성령으로 충만함을 받으라. 시와 찬송과 신령한 노래
들로 서로 화답하며 너희의 마음으로 주께 노래하며 찬송
하며 ―그리스도의 말씀이 너희 속에 풍성히 거하여 모든
지혜로 피차 가르치며 권면하고 시와 찬송과 신령한 노래
를 부르며 감사하는 마음으로 하나님을 찬양하라.

내 입이 여호와의 영예를 말하며 모든 육체가 그의 거룩하
신 이름을 영원히 송축할지로다.

할렐루야, 우리 하나님을 찬양하는 일이 선함이여, 찬송하
는 일이 아름답고 마땅하도다. 감사함으로 여호와께 노래
하며 수금으로 하나님께 찬양할지어다.

내가 하늘에서 나는 소리를 들으니 많은 물소리와도 같고
큰 우렛소리와도 같은데 내가 들은 소리는 거문고 타는 자
들이 그 거문고를 타는 것 같더라.

엡 5:18~19 ―골 3:16. 시 145:21. 시 147:1, 7. 계 14:2

3월 17일

모든 일에 우리와 똑같이 시험을 받으신 이로되 죄는 없으
시니라(히 4:15).

여자가 그 나무를 본즉 먹음직도 하고(육신의 정욕) 보암
직도 하고(안목의 정욕) 지혜롭게(이생의 자랑) 할 만큼 탐
스럽기도 한 나무인지라. 여자가 그 열매를 따 먹고 자기와
함께 있는 남편에게도 주매 그도 먹은지라.
시험하는 자가 예수께 나아와서 이르되 네가 만일 하나님
의 아들이어든 명하여 이 돌들로 떡덩이(육신의 정욕)가
되게 하라. 예수께서 대답하여 이르시되 사람이 떡으로만
살 것이 아니요 하나님의 입으로부터 나오는 모든 말씀으
로 살 것이라 하였느니라. 마귀가 천하만국과 그 영광(안목
의 정욕, 이생의 자랑)을 보여 주더라. 이에 예수께서 말씀
하시되 사탄아 물러가라.
그가 시험을 받아 고난을 당하셨은즉 시험 받는 자들을 능
히 도우실 수 있느니라.
시험을 참는 자는 복이 있느니라.

창 3:6(요일 2:16). 마 4:3~4, 8, 10(요일 2:16). 히 2:18. 약 1:12

3월 18일

그의 이름도 그들의 이마에 있으리라(계 22:4).

나는 선한 목자라. 나는 내 양을 알고 있노라. —하나님의 견고한 터는 섰으니 인침이 있어 일렀으되 주께서 자기 백성을 아신다 하며 또 주의 이름을 부르는 자마다 불의에서 떠날지어다 하였느니라.

여호와는 선하시며 환난 날에 산성이시라. 그는 자기에게 피하는 자들을 아시느니라. —우리가 우리 하나님의 종들의 이마에 인치기까지 땅이나 바다나 나무들을 해하지 말라.

믿어 약속의 성령으로 인치심을 받았으니 이는 우리 기업의 보증이 되사 —우리를 너희와 함께 그리스도 안에서 굳건하게 하시고 우리에게 기름을 부으신 이는 하나님이시니 그가 또한 우리에게 인치시고 보증으로 우리 마음에 성령을 주셨느니라.

내가 하나님의 이름과 하나님의 성 곧 하늘에서 내 하나님께로부터 내려오는 새 예루살렘의 이름과 나의 새 이름을 그이 위에 기록하리라. —이 성은 여호와는 우리의 의라는 이름을 얻으리라.

요 10:14 —딤후 2:19. 나 1:7 —계 7:3. 엡 1:13~14 —고후 1:21~22. 계 3:12 —렘 33:16

3월 19일

주의 말씀대로 나를 세우소서(시 119:28).

주의 종에게 하신 말씀을 기억하소서. 주께서 내게 소망을 가지게 하셨나이다. —여호와여, 내가 압제를 받사오니 나의 중보가 되옵소서.

천지는 없어지겠으나 내 말은 없어지지 아니하리라. —너희의 하나님 여호와께서 너희에게 대하여 말씀하신 모든 선한 말씀이 하나도 틀리지 아니하고 다 너희에게 응하여 그 중에 하나도 어김이 없음을 너희 모든 사람은 마음과 뜻으로 아는 바라.

두려워하지 말라, 평안하라, 강건하라, 강건하라. 그가 이같이 내게 말하매 내가 곧 힘이 나서 이르되 내 주께서 나를 강건하게 하셨사오니 말씀하옵소서. —스스로 굳세게 하여 일할지어다. 내가 너희와 함께하노라. 만군의 여호와의 말이니라. —만군의 여호와께서 말씀하시되 이는 힘으로 되지 아니하며 능력으로 되지 아니하고 오직 나의 영으로 되느니라.

너희가 주 안에서와 그 힘의 능력으로 강건하여지리라.

시 119:49 —사 38:14. 눅 21:33 —수 23:14. 단 10:19 —학 2:4 —슥 4:6. 엡 6:10

3월 20일

노아는 의인이요(창 6:9).

의인은 믿음으로 살리라. -노아가 여호와께 제단을 쌓고 모든 정결한 짐승과 모든 정결한 새 중에서 제물을 취하여 번제로 제단에 드렸더니 여호와께서 그 향기를 받으시더라. -죽임을 당한 어린 양이라.

우리가 믿음으로 의롭다 하심을 받았으니 우리 주 예수 그리스도로 말미암아 하나님과 화평을 누리자.

율법의 행위로 그의 앞에 의롭다 하심을 얻을 육체가 없나니 율법으로는 죄를 깨달음이니라. 이제는 율법 외에 하나님의 한 의가 나타났으니 율법과 선지자들에게 증거를 받은 것이라. 곧 예수 그리스도를 믿음으로 말미암아 모든 믿는 자에게 미치는 하나님의 의니라.

우리로 화목하게 하신 우리 주 예수 그리스도로 말미암아 하나님 안에서 또한 즐거워하느니라.

누가 능히 하나님께서 택하신 자들을 고발하리요 의롭다 하신 이는 하나님이시니 미리 정하신 그들을 또한 부르시고 부르신 그들을 또한 의롭다 하시느니라.

갈 3:11 -창 8:20~21 -계 13:8. 롬 5:1. 롬 3:20~22. 롬 5:11. 롬 8:33, 30

3월 21일

그의 인자하심은 영원히 끝났는가(시 77:8).

그 인자하심이 영원함이로다. —여호와는 노하기를 더디 하
시고 인자가 많으시니라. —주와 같은 신이 어디 있으리이
까. 허물을 사유하시며 인애를 기뻐하시므로 진노를 오래
품지 아니하시나이다. 다시 우리를 불쌍히 여기셔서 우리
의 죄악을 발로 밟으시고 우리의 모든 죄를 깊은 바다에 던
지시리이다. —우리를 구원하시되 우리가 행한 바 의로운
행위로 말미암지 아니하고 오직 그의 긍휼하심을 따라 하
시도다.

찬송하리로다. 그는 우리 주 예수 그리스도의 하나님이시
요 자비의 아버지시요 모든 위로의 하나님이시며 우리의
모든 환난 중에서 우리를 위로하사 우리로 하여금 하나님
께 받는 위로로써 모든 환난 중에 있는 자들을 능히 위로하
게 하시는 이시로다.

하나님의 일에 자비하고 신실한 대제사장이 되어 백성의
죄를 속량하려 하심이라. 그가 시험을 받아 고난을 당하셨
은즉 시험 받는 자들을 능히 도우실 수 있느니라.

시 136:23 —민 14:18 —미 7:18~19 —딛 3:5. 고후 1:3~4. 히 2:17~18

여호와께서 나와 함께하시면 내가 여호와께서 말씀하신 대로 그들을 쫓아내리이다(수 14:12).

그가 친히 말씀하시기를 내가 결코 너희를 버리지 아니하고 너희를 떠나지 아니하리라 하셨느니라. 그러므로 우리가 담대히 말하되 주는 나를 돕는 이시니 내가 무서워하지 아니하겠노라. 사람이 내게 어찌하리요 하노라. -내가 주 여호와의 능하신 행적을 가지고 오겠사오며 주의 공의만 전하겠나이다.

공의의 열매는 화평이요 공의의 결과는 영원한 평안과 안전이라.

서서 진리로 너희 허리띠를 띠고 의의 호심경을 붙이라. 우리의 씨름은 혈과 육을 상대하는 것이 아니요 통치자들과 권세들과 이 어둠의 세상 주관자들과 하늘에 있는 악의 영들을 상대함이라. 그러므로 하나님의 전신 갑주를 취하라. 이는 악한 날에 너희가 능히 대적하고 모든 일을 행한 후에 서기 위함이라. -여호와께서 너와 함께 계시도다. 가서 이 너의 힘으로 하라.

87

히 13:5~6 -시 71:16. 사 32:17. 엡 6:14, 12~13 -삿 6:12, 14

3월 23일

그들이 강권하여 이르되 우리와 함께 유하사이다(눅 24:29).

볼지어다. 내가 문 밖에 서서 두드리노니 누구든지 내 음성을 듣고 문을 열면 내가 그에게로 들어가 그와 더불어 먹고 그는 나와 더불어 먹으리라. —내 마음으로 사랑하는 자야, 네가 양 치는 곳과 정오에 쉬게 하는 곳을 내게 말하라. 내가 네 친구의 양 떼 곁에서 어찌 얼굴을 가린 자같이 되랴. —마음에 사랑하는 자를 만나서 그를 붙잡고 놓지 아니하였노라.

나의 사랑하는 자가 그 동산에 들어가서 그 아름다운 열매 먹기를 원하노라. —내가 내 동산에 들어왔노라. —야곱 자손에게 너희가 나를 혼돈 중에서 찾으라고 이르지 아니하였노라.

볼지어다. 내가 세상 끝 날까지 너희와 항상 함께 있으리라. —내가 결코 너희를 버리지 아니하고 너희를 떠나지 아니하리라. —두세 사람이 내 이름으로 모인 곳에는 나도 그들 중에 있느니라. —세상은 다시 나를 보지 못할 것이로되 너희는 나를 보리라.

계 3:20 —아 1:7 —아 3:4. 아 4:16 —아 5:1 —사 45:19. 마 28:20 —히 13:5 —마 18:20 —요 14:19

너희를 부르사 자기 나라와 영광에 이르게 하시는 하나님
(살전 2:12).

내 나라는 이 세상에 속한 것이 아니니라. 만일 내 나라가
이 세상에 속한 것이었더라면 내 종들이 싸울 것이나 이제
내 나라는 여기에 속한 것이 아니니라. ─자기 원수들을 자
기 발등상이 되게 하실 때까지 기다리시나라.
세상 나라가 우리 주와 그의 그리스도의 나라가 되어 그
가 세세토록 왕 노릇 하시리로다. ─그들로 우리 하나님 앞
에서 나라와 제사장들을 삼으셨으니 그들이 땅에서 왕 노
릇 하리로다. ─내가 보좌들을 보니 거기에 앉은 자들이 있
어 심판하는 권세를 받았더라. 살아서 그리스도와 더불어
천 년 동안 왕 노릇 하더라. ─그때에 의인들은 자기 아버지
나라에서 해와 같이 빛나리라. ─적은 무리여, 무서워 말라.
너희 아버지께서 그 나라를 너희에게 주시기를 기뻐하시느
니라.
내 아버지께서 나라를 내게 맡기신 것같이 나도 너희에게
맡겨 너희로 내 나라에 있어 내 상에서 먹고 마시며 또는
보좌에 앉아 이스라엘 열두 지파를 다스리게 하려 하노라.
나라가 임하시리라.

요 18:36 ─히 10:13. 계 11:15 ─계 5:10 ─계 20:4 ─마 13:43 ─눅
12:32. 눅 22:29~30. 마 6:10

3월 25일

선생님 우리들이 밤이 새도록 수고하였으되 잡은 것이 없지마는 말씀에 의지하여 내가 그물을 내리리이다(눅 5:5).

하늘과 땅의 모든 권세를 내게 주셨으니 그러므로 너희는 가서 모든 민족을 제자로 삼아 아버지와 아들과 성령의 이름으로 세례를 베풀라. 내가 세상 끝 날까지 너희와 항상 함께 있으리라.
천국은 마치 바다에 치고 각종 물고기를 모는 그물과 같으니라.
내가 복음을 전할지라도 자랑할 것이 없음은 내가 부득불할 일임이라. 만일 복음을 전하지 아니하면 내게 화가 있을 것이로다. 내가 여러 사람에게 여러 모습이 된 것은 아무쪼록 몇 사람이라도 구원하고자 함이니라.
우리가 선을 행하되 낙심하지 말지니 포기하지 아니하면 때가 이르매 거두리라. ─내 입에서 나가는 말도 헛되이 내게로 되돌아오지 아니하고 나의 기뻐하는 뜻을 이루리라. ─그런즉 심는 이나 물 주는 이는 아무것도 아니로되 오직 자라게 하시는 이는 하나님뿐이니라.

마 28:18~20. 마 13:47. 고전 9:16, 22. 갈 6:9 ─사 55:11 ─고전 3:7

3월 26일

성도들의 쓸 것을 공급하며(롬 12:13).

다윗이 이르되 사울의 집에 아직도 남은 사람이 있느냐. 내가 요나단으로 말미암아 그 사람에게 은총을 베풀리라 하니라.

내 아버지께 복 받을 자들이여, 나아와 창세로부터 너희를 위하여 예비된 나라를 상속받으라. 내가 주릴 때에 너희가 먹을 것을 주었고 목마를 때에 마시게 하였고 나그네 되었을 때에 영접하였고 헐벗었을 때에 옷을 입혔고 병들었을 때에 돌보았고 옥에 갇혔을 때에 와서 보았느니라. 너희가 여기 내 형제 중에 지극히 작은 자 하나에게 한 것이 곧 내게 한 것이니라. ―누구든지 제자의 이름으로 이 작은 자 중 하나에게 냉수 한 그릇이라도 주는 자는 내가 진실로 너희에게 이르노니 그 사람이 결단코 상을 잃지 아니하리라.

오직 선을 행함과 서로 나누어 주기를 잊지 말라. 하나님은 이 같은 제사를 기뻐하시느니라. ―하나님은 불의하지 아니하사 너희 행위와 그의 이름을 위하여 나타낸 사랑으로 이미 성도를 섬긴 것과 이제도 섬기고 있는 것을 잊어버리지 아니하시느니라.

삼하 9:1. 마 25:34~36, 40 ―마 10:42. 히 13:16 ―히 6:10

3월 27일

하나님은 미쁘사(고전 10:13).

하나님은 사람이 아니시니 거짓말을 하지 않으시고 인생이
아니시니 후회가 없으시도다. 어찌 그 말씀하신 바를 행하
지 않으시며 하신 말씀을 실행하지 않으시랴. —주께서 맹
세하시고 뉘우치지 아니하시리라.

하나님은 약속을 기업으로 받는 자들에게 그 뜻이 변하지
아니함을 충분히 나타내시려고 그 일을 맹세로 보증하셨나
니 이는 하나님이 거짓말을 하실 수 없는 이 두 가지 변하
지 못할 사실로 말미암아 앞에 있는 소망을 얻으려고 피난
처를 찾은 우리에게 큰 안위를 받게 하려 하심이라. —그러
므로 하나님의 뜻대로 고난을 받는 자들은 또한 선을 행하
는 가운데에 그 영혼을 미쁘신 창조주께 의탁할지어다.

내가 믿는 자를 내가 알고 또한 내가 의탁한 것을 그 날까
지 그가 능히 지키실 줄을 확신함이라. —너희를 부르시는
이는 미쁘시니 그가 또한 이루시리라. —하나님의 약속은
얼마든지 그리스도 안에서 예가 되니 그런즉 그로 말미암
아 우리가 아멘 하여 하나님께 영광을 돌리게 되느니라.

민 23:19 —히 7:21. 히 6:17~18 —벧전 4:19. 딤후 1:12 —살전 5:24 —고
후 1:20

3월 28일

우리 친구가 잠들었도다(요 11:11).

형제들아, 자는 자들에 관하여는 너희가 알지 못함을 우리
가 원하지 아니하노니 이는 소망 없는 다른 이와 같이 슬퍼
하지 않게 하려 함이라. 우리가 예수께서 죽으셨다가 다시
살아나심을 믿을진대 이와 같이 예수 안에서 자는 자들도
하나님이 그와 함께 데리고 오시리라.

만일 죽은 자가 다시 살아나는 일이 없으면 그리스도도 다
시 살아나신 일이 없었을 터이요 그리스도께서 다시 살아
나신 일이 없으면 너희의 믿음도 헛되고 너희가 여전히 죄
가운데 있을 것이요 또한 그리스도 안에서 잠자는 자도 망
하였으리라. 그러나 이제 그리스도께서 죽은 자 가운데서
다시 살아나사 잠자는 자들의 첫 열매가 되셨도다.

그 모든 백성이 요단을 건너가기를 마치매 여호와께서 여
호수아에게 말씀하여 이르시되 요단 가운데 제사장들의 발
이 굳게 선 그곳에서 돌 열둘을 택하라. 이 돌들이 이스라
엘 자손에게 영원히 기념이 되리라. ─이 예수를 하나님이
살리신지라. 우리가 다 이 일에 증인이로다. ─미리 택하신
증인, 곧 죽은 자 가운데서 부활하신 후 그를 모시고 음식
을 먹은 [이들이로다].

살전 4:13~14. 고전 15:16~18, 20. 수 4:1, 3, 7 ─행 2:32 ─행 10:41

3월 29일

재물은 영원히 있지 못하나니 면류관이 어찌 대대에 있으랴(잠 27:24).

진실로 각 사람은 그림자같이 다니고 헛된 일로 소란하며 재물을 쌓으나 누가 거둘는지 알지 못하나이다. ―위의 것을 생각하고 땅의 것을 생각하지 말라. ―너희를 위하여 보물을 땅에 쌓아 두지 말라. 거기는 좀과 동록이 해하며 도둑이 구멍을 뚫고 도둑질하느니라. 오직 너희를 위하여 보물을 하늘에 쌓아 두라. 네 보물 있는 그곳에는 네 마음도 있느니라.

그들은 썩을 승리자의 관을 얻고자 하되 우리는 썩지 아니할 것을 얻고자 하노라. ―우리가 주목하는 것은 보이는 것이 아니요 보이지 않는 것이니 ―공의를 뿌린 자의 상은 확실하니라. ―나를 위하여 의의 면류관이 예비되었으므로 주 곧 의로우신 재판장이 그날에 내게 주실 것이며 내게만 아니라 주의 나타나심을 사모하는 모든 자에게도니라. ―시들지 아니하는 영광의 관이라.

시 39:6 ―골 3:2 ―마 6:19~21. 고전 9:25 ―고후 4:18 ―잠 11:18 ―딤후 4:8 ―벧전 5:4

여호와여 어느 때까지니이까 나를 영원히 잊으시나이까 주의 얼굴을 나에게서 어느 때까지 숨기시겠나이까(시 13:1).

온갖 좋은 은사와 온전한 선물이 다 위로부터 빛들의 아버지께로부터 내려오나니 그는 변함도 없으시고 회전하는 그림자도 없으시니라. —오직 시온이 이르기를 여호와께서 나를 버리시며 주께서 나를 잊으셨다 하였거니와 여인이 어찌 그 젖 먹는 자식을 잊겠으며 자기 태에서 난 아들을 긍휼히 여기지 않겠느냐. 그들은 혹시 잊을지라도 나는 너를 잊지 아니할 것이라.

너는 나에게 잊혀지지 아니하리라. 내가 네 허물을 빽빽한 구름같이, 네 죄를 안개같이 없이하였느니라.

예수께서 본래 마르다와 그 동생과 나사로를 사랑하시더니 나사로가 병들었다 함을 들으시고 그 계시던 곳에 이틀을 더 유하시더라. —여자 하나가 소리 질러 이르되 주 다윗의 자손이여 나를 불쌍히 여기소서 하되 예수는 한 말씀도 대답하지 아니하시니라.

너희 믿음의 확실함은 불로 연단하여도 없어질 금보다 더 귀하니라.

약 1:17 —사 49:14~15. 사 44:21~22. 요 11:5~6 —마 15:22~23. 벧전 1:7

3월 31일

빛과 어둠이 어찌 사귀며(고후 6:14).

사람들이 자기 행위가 악하므로 빛보다 어둠을 더 사랑한 것이니라. —너희는 다 빛의 아들이요 낮의 아들이라. 우리가 밤이나 어둠에 속하지 아니하노라.

그 어둠이 그의 눈을 멀게 하였음이라. —주의 말씀은 내 발에 등이요 내 길에 빛이니이다.

땅의 어두운 곳에 포악한 자의 처소가 가득하나이다. —사랑은 하나님께 속한 것이니 사랑하는 자마다 하나님으로부터 나서 하나님을 알고 사랑하지 아니하는 자는 하나님을 알지 못하나니 이는 하나님은 사랑이심이라.

악인의 길은 어둠 같아서 그가 걸려 넘어져도 그것이 무엇인지 깨닫지 못하느니라. 의인의 길은 돋는 햇살 같아서 크게 빛나 한낮의 광명에 이르느니라.

나는 빛으로 세상에 왔나니 무릇 나를 믿는 자로 어둠에 거하지 않게 하려 함이로라.

너희가 전에는 어둠이더니 이제는 주 안에서 빛이라. 빛의 자녀들처럼 행하라.

96

요 3:19 —살전 5:5. 요일 2:11 —시 119:105. 시 74:20 —요일 4:7~8. 잠 4:19, 18. 요 12:46. 엡 5:8

4월 1일

여호와 샬롬(평강을 주시는 여호와)(삿 6:24).

보라, 한 아들이 네게서 나리니 그는 온순한 사람이라. 내가 그로 주변 모든 대적에게서 평온을 얻게 하리라. 그의 이름을 솔로몬이라 하리니 이는 내가 그의 생전에 평안과 안일함을 이스라엘에게 줄 것임이니라.

솔로몬보다 더 큰 이가 여기 있느니라. —한 아기가 우리에게 났고 한 아들을 우리에게 주신 바 되었는데 그의 어깨에는 정사를 메었고 그의 이름은 기묘자라, 모사라, 전능하신 하나님이라, 영존하시는 아버지라, 평강의 왕이라 할 것임이라. —내 백성이 화평한 집과 안전한 거처와 조용히 쉬는 곳에 있으려니와 그 숲은 우박에 상하고 성읍은 파괴되리라.

그는 우리의 화평이신지라. —이 사람은 평강이 될 것이라. 앗수르 사람이 우리 땅에 들어[올 때니라].

그들이 어린 양과 더불어 싸우려니와 어린 양은 만주의 주시요 만왕의 왕이시므로 그들을 이기실 터이요.

평안을 너희에게 끼치노니 곧 나의 평안을 너희에게 주노라.

대상 22:9. 마 12:42 —사 9:6 —사 32:18~19. 엡 2:14 —미 5:5. 계 17:14. 요 14:27

4월 2일

인자가 올 때에 세상에서 믿음을 보겠느냐(눅 18:8).

자기 땅에 오매 자기 백성이 영접하지 아니하였으니 -성령이 밝히 말씀하시기를 후일에 어떤 사람들이 믿음에서 떠나리라.

너는 말씀을 전파하라. 때를 얻든지 못 얻든지 항상 힘쓰라. 범사에 오래 참음과 가르침으로 경책하며 경계하며 권하라. 때가 이르리니 사람이 바른 교훈을 받지 아니하며 귀가 가려워서 자기의 사욕을 따를 스승을 많이 두고 또 그 귀를 진리에서 돌이켜 허탄한 이야기를 따르리라.

그날과 그때는 아무도 모르나니 하늘에 있는 천사들도, 아들도 모르고 아버지만 아시느니라. 주의하라. 깨어 있으라. 그때가 언제인지 알지 못함이라. -주인이 와서 깨어 있는 것을 보면 그 종들은 복이 있으리로다. -복스러운 소망과 우리의 크신 하나님 구주 예수 그리스도의 영광이 나타나심을 기다리게 하셨도다.

요 1:11 -딤전 4:1. 딤후 4:2~4. 막 13:32~33 -눅 12:37 -딛 2:13

4월 3일

너희가 불붙는 가운데서 빼낸 나무 조각같이 되었으나(암 4:11).

시온의 죄인들이 두려워하며 경건하지 아니한 자들이 떨며 이르기를 우리 중에 누가 삼키는 불과 함께 거하겠으며 우리 중에 누가 영영히 타는 것과 함께 거하리요 하도다. -우리는 우리 자신이 사형 선고를 받은 줄 알았으니 이는 우리로 자기를 의지하지 말고 오직 죽은 자를 다시 살리시는 하나님만 의지하게 하심이라. 그가 이같이 큰 사망에서 우리를 건지셨고 또 건지실 것이며 이후에도 건지시기를 그에게 바라노라. -죄의 삯은 사망이요 하나님의 은사는 그리스도 예수 우리 주 안에 있는 영생이니라.
살아 계신 하나님의 손에 빠져 들어가는 것이 무서울진저 -우리는 주의 두려우심을 알므로 사람들을 권면하노라.
때를 얻든지 못 얻든지 항상 힘쓰라. -어떤 자를 불에서 끌어내어 구원하라.
만군의 여호와께서 말씀하시되 이는 힘으로 되지 아니하며 능력으로 되지 아니하고 오직 나의 영으로 되느니라. -하나님은 모든 사람이 구원을 받으며 진리를 아는 데에 이르기를 원하시느니라.

사 33:14 -고후 1:9~10 -롬 6:23. 히 10:31 -고후 5:11. 딤후 4:2 -유 1:23. 슥 4:6 -딤전 2:4

4월 4일

나보다 높은 바위에 나를 인도하소서(시 61:2).

아무것도 염려하지 말고 다만 모든 일에 기도와 간구로, 너희 구할 것을 감사함으로 하나님께 아뢰라. 그리하면 모든 지각에 뛰어난 하나님의 평강이 그리스도 예수 안에서 너희 마음과 생각을 지키시리라.

내 영이 내 속에서 상할 때에도 주께서 내 길을 아셨나이다. ─내가 가는 길을 그가 아시나니 그가 나를 단련하신 후에는 내가 순금같이 되어 나오리라. ─주여, 주는 대대에 우리의 거처가 되셨나이다. ─주는 빈궁한 자의 요새이시며 환난 당한 가난한 자의 요새이시며 폭풍 중의 피난처시며 폭양을 피하는 그늘이 되셨나이다.

우리 하나님 외에 누가 반석이냐. ─영원히 멸망하지 아니할 것이요 또 그들을 내 손에서 빼앗을 자가 없느니라. ─주의 말씀대로 나를 붙들어 살게 하시고 내 소망이 부끄럽지 않게 하소서. ─우리가 이 소망을 가지고 있는 것은 영혼의 닻 같아서 튼튼하고 견고하여 휘장 안에 들어가노라.

빌 4:6~7. 시 142:3 ─욥 23:10 ─시 90:1 ─사 25:4. 시 18:31 ─요 10:28 ─시 119:116 ─히 6:19

믿음의 주요 또 온전하게 하시는 이인 예수(히 12:2).

주 하나님이 이르시되 나는 알파와 오메가라. 이제도 있고 전에도 있었고 장차 올 자요 전능한 자라 하시더라. −이 일을 누가 행하였느냐. 누가 이루었느냐. 누가 처음부터 만대를 불러내었느냐. 나 여호와라. 처음에도 나요 나중 있을 자에게도 내가 곧 그니라.

[너희는] 하나님 아버지 안에서 사랑을 얻고 예수 그리스도를 위하여 지키심을 받은 자니라.

평강의 하나님이 친히 너희를 온전히 거룩하게 하시고 또 너희의 온 영과 혼과 몸이 우리 주 예수 그리스도께서 강림하실 때에 흠 없게 보전되기를 원하노라. 너희를 부르시는 이는 미쁘시니 그가 또한 이루시리라. −너희 안에서 착한 일을 시작하신 이가 그리스도 예수의 날까지 이루시리라. −너희가 이같이 어리석으냐. 성령으로 시작하였다가 이제는 육체로 마치겠느냐. −여호와께서 나를 위하여 보상해 주시리이다.

너희 안에서 행하시는 이는 하나님이시니 자기의 기쁘신 뜻을 위하여 너희에게 소원을 두고 행하게 하시느니라.

계 1:8 −사 41:4. 유 1:1. 살전 5:23〜24 −빌 1:6 −갈 3:3 −시 138:8. 빌 2:13

4월 6일

주의 이름을 아는 자는 주를 의지하오리니(시 9:10).

그의 이름은 여호와 우리의 공의라 일컬음을 받으리라. —내가 주 여호와의 능하신 행적을 가지고 오겠사오며 주의 공의만 전하겠나이다.

그의 이름은 기묘자라, 모사라. —여호와여, 내가 알거니와 사람의 길이 자신에게 있지 아니하니 걸음을 지도함이 걷는 자에게 있지 아니하니이다.

전능하신 하나님이라, 영존하시는 아버지라. —내가 믿는 자를 내가 알고 또한 내가 의탁한 것을 그 날까지 그가 능히 지키실 줄을 확신함이라.

평강의 왕이라. —그는 우리의 화평이신지라. —우리가 믿음으로 의롭다 하심을 받았으니 우리 주 예수 그리스도로 말미암아 하나님과 화평을 누리자.

여호와의 이름은 견고한 망대라. 의인은 그리로 달려가서 안전함을 얻느니라. —도움을 구하러 애굽으로 내려가는 자들은 화 있을진저 새가 날개 치며 그 새끼를 보호함같이 나 만군의 여호와가 예루살렘을 보호할 것이라. 그것을 호위하며 건지며 뛰어넘어 구원하리라.

렘 23:6 —시 71:16. 사 9:6 —렘 10:23. 사 9:6 —딤후 1:12. 사 9:6 —엡 2:14 —롬 5:1. 잠 18:10 —사 31:1, 5

4월 7일

여호와께서 그를 병상에서 붙드시고 그가 누워 있을 때마다 그의 병을 고쳐 주시나이다(시 41:3).

그들의 모든 환난에 동참하사 자기 앞의 사자로 하여금 그들을 구원하시며 그의 사랑과 그의 자비로 그들을 구원하시고 그들을 드시며 안으셨으나 −사랑하시는 자가 병들었도다. −내 은혜가 네게 족하도다. 이는 내 능력이 약한 데서 온전하여짐이라. 그러므로 도리어 크게 기뻐함으로 나의 여러 약한 것들에 대하여 자랑하리니 이는 그리스도의 능력이 내게 머물게 하려 함이라. −내게 능력 주시는 자 안에서 내가 모든 것을 할 수 있느니라.

우리의 겉사람은 낡아지나 우리의 속사람은 날로 새로워지도다.

우리가 그를 힘입어 살며 기동하며 존재하느니라. −피곤한 자에게는 능력을 주시며 무능한 자에게는 힘을 더하시나니 소년이라도 피곤하며 곤비하며 장정이라도 넘어지며 쓰러지되 오직 여호와를 앙망하는 자는 새 힘을 얻으리라. −영원하신 하나님이 네 처소가 되시니 그의 영원하신 팔이 네 아래에 있도다.

사 63:9 −요 11:3 −고후 12:9 −빌 4:13. 고후 4:16. 행 17:28 −사 40:29~31 −신 33:27

4월 8일

그의 얼굴을 볼 터이요(계 22:4).

원하건대 주의 영광을 내게 보이소서. 이르시되 네가 내 얼굴을 보지 못하리니 나를 보고 살 자가 없음이니라. ─본래 하나님을 본 사람이 없으되 아버지 품속에 있는 독생하신 하나님이 나타내셨느니라.

각 사람의 눈이 그를 보겠고 그를 찌른 자들도 볼 것이요 땅에 있는 모든 족속이 그로 말미암아 애곡하리니 ─내가 그를 보아도 이때의 일이 아니며 내가 그를 바라보아도 가까운 일이 아니로다.

내가 알기에는 나의 대속자가 살아 계시니 마침내 그가 땅 위에 서실 것이라. 내 가죽이 벗김을 당한 뒤에도 내가 육체 밖에서 하나님을 보리라. ─나는 의로운 중에 주의 얼굴을 뵈오리니 깰 때에 주의 형상으로 만족하리이다. ─그와 같을 줄을 아는 것은 그의 참모습 그대로 볼 것이기 때문이라. ─주께서 친히 하늘로부터 강림하시리니 그리스도 안에서 죽은 자들이 먼저 일어나고 그 후에 우리 살아남은 자들도 그들과 함께 구름 속으로 끌어 올려 공중에서 주를 영접하게 하시리니 그리하여 우리가 항상 주와 함께 있으리라.

출 33:18, 20 ─요 1:18. 계 1:7 ─민 24:17. 욥 19:25∼26 ─시 17:15 ─요일 3:2 ─살전 4:16∼17

4월 9일

내가 여호와께서 우리에게 베푸신 모든 자비와 그의 찬송을 말하리라(사 63:7).

나를 기가 막힐 웅덩이와 수렁에서 끌어올리시고 내 발을 반석 위에 두사 내 걸음을 견고하게 하셨도다. —나를 사랑하사 나를 위하여 자기 자신을 버리신 하나님의 아들이시라. —자기 아들을 아끼지 아니하시고 우리 모든 사람을 위하여 내주신 이가 어찌 그 아들과 함께 모든 것을 우리에게 주시지 아니하겠느냐. —우리가 아직 죄인 되었을 때에 그리스도께서 우리를 위하여 죽으심으로 하나님께서 우리에 대한 자기의 사랑을 확증하셨느니라.

그가 또한 우리에게 인치시고 보증으로 우리 마음에 성령을 주셨느니라. —이는 우리 기업의 보증이 되사 그 얻으신 것을 속량하시고 그의 영광을 찬송하게 하려 하심이라.

긍휼이 풍성하신 하나님이 우리를 사랑하신 그 큰 사랑을 인하여 허물로 죽은 우리를 그리스도와 함께 살리셨고 (너희는 은혜로 구원을 받은 것이라) 또 함께 일으키사 그리스도 예수 안에서 함께 하늘에 앉히시느니라.

시 40:2 —갈 2:20 —롬 8:32 —롬 5:8. 고후 1:22 —엡 1:14. 엡 2:4~6

4월 10일

그리스도 예수 안에서 경건하게 살고자 하는 자는 박해를 받으리라(딤후 3:12).

내가 온 것은 사람이 그 아버지와, 딸이 어머니와, 며느리가 시어머니와 불화하게 하려 함이니 사람의 원수가 자기 집안 식구리라. ―누구든지 세상과 벗이 되고자 하는 자는 스스로 하나님과 원수 되는 것이니라. ―이 세상이나 세상에 있는 것들을 사랑하지 말라. 누구든지 세상을 사랑하면 아버지의 사랑이 그 안에 있지 아니하니 이는 세상에 있는 모든 것이 육신의 정욕과 안목의 정욕과 이생의 자랑이니 다 아버지께로부터 온 것이 아니요 세상으로부터 온 것이라.
세상이 너희를 미워하면 너희보다 먼저 나를 미워한 줄을 알라. 너희가 세상에 속하였으면 세상이 자기의 것을 사랑할 것이나 너희는 세상에 속한 자가 아니요 도리어 내가 너희를 세상에서 택하였기 때문에 세상이 너희를 미워하느니라. 종이 주인보다 더 크지 못하다. ―내가 아버지의 말씀을 그들에게 주었사오매 세상이 그들을 미워하였사오니 이는 내가 세상에 속하지 아니함같이 그들도 세상에 속하지 아니함으로 인함이니이다.

마 10:35~36 ―약 4:4 ―요일 2:15~16, 요 15:18~20 ―요 17:14

4월 11일

여호와여 주의 도를 내게 가르치시고(시 27:11).

내가 네 갈 길을 가르쳐 보이고 너를 주목하여 훈계하리로다. —여호와는 선하시고 정직하시니 그러므로 그의 도로 죄인들을 교훈하시리로다. 온유한 자를 정의로 지도하심이여 온유한 자에게 그의 도를 가르치시리로다.

내가 문이니 누구든지 나로 말미암아 들어가면 구원을 받고 또는 들어가며 나오며 꼴을 얻으리라.

예수께서 이르시되 내가 곧 길이요 진리요 생명이니 나로 말미암지 않고는 아버지께로 올 자가 없느니라. —형제들아, 우리가 예수의 피를 힘입어 성소에 들어갈 담력을 얻었나니 그 길은 우리를 위하여 휘장 가운데로 열어 놓으신 새로운 살 길이요 휘장은 곧 그의 육체니라. 또 하나님의 집 다스리는 큰 제사장이 계시매 참 마음과 온전한 믿음으로 하나님께 나아가자.

그러므로 우리가 여호와를 알자. 힘써 여호와를 알자. —여호와의 모든 길은 그의 언약과 증거를 지키는 자에게 인자와 진리로다.

시 32:8 —시 25:8~9. 요 10:9. 요 14:6 —히 10:19~22. 호 6:3 —시 25:10

4월 12일

모든 사람이 죄를 범하였으매 하나님의 영광에 이르지 못하더니(롬 3:23).

의인은 없나니 하나도 없으며 선을 행하는 자는 없나니 하나도 없도다. —선을 행하고 전혀 죄를 범하지 아니하는 의인은 세상에 없기 때문이로다. —여자에게서 난 자가 어찌 깨끗하다 하랴.

그러므로 우리는 두려워할지니 그의 안식에 들어갈 약속이 남아 있을지라도 너희 중에는 혹 이르지 못할 자가 있을까 함이라. 나는 내 죄과를 아오니 내 죄가 항상 내 앞에 있나이다. 내가 죄악 중에서 출생하였음이여 어머니가 죄 중에서 나를 잉태하였나이다.

여호와께서도 당신의 죄를 사하셨나니 당신이 죽지 아니하려니와 —의롭다 하신 그들을 또한 영화롭게 하셨느니라. —우리가 다 수건을 벗은 얼굴로 거울을 보는 것같이 주의 영광을 보매 그와 같은 형상으로 변화하여 영광에서 영광에 이르니 곧 주의 영으로 말미암음이니라. —너희가 믿음에 거하고 터 위에 굳게 서서 너희 들은 바 복음의 소망에서 흔들리지 아니하면 그리하리라.

너희를 부르사 자기 나라와 영광에 이르게 하시는 하나님께 합당히 행하게 하려 함이라.

롬 3:10, 12 —전 7:20 —욥 25:4. 히 4:1. 시 51:3, 5. 삼하 12:13 —롬 8:30 —고후 3:18 —골 1:23. 살전 2:12

4월 13일

거기에는 밤이 없음이라(계 21:25).

여호와가 네게 영원한 빛이 되며 네 하나님이 네 영광이 되리라.

그 성은 해나 달의 비침이 쓸데없으니 이는 하나님의 영광이 비치고 어린 양이 그 등불이 되심이라. ─등불과 햇빛이 쓸데없으니 이는 주 하나님이 그들에게 비치심이라.

너희는 택하신 족속이요 왕 같은 제사장들이요 거룩한 나라요 그의 소유가 된 백성이니 이는 너희를 어두운 데서 불러내어 그의 기이한 빛에 들어가게 하신 이의 아름다운 덕을 선포하게 하려 하심이라. ─우리로 하여금 빛 가운데서 성도의 기업의 부분을 얻기에 합당하게 하신 아버지께 감사하게 하시기를 원하노라. 그가 우리를 흑암의 권세에서 건져 내사 그의 사랑의 아들의 나라로 옮기셨으니 ─너희가 전에는 어둠이더니 이제는 주 안에서 빛이라. 빛의 자녀들처럼 행하라.

우리가 밤이나 어둠에 속하지 아니하느니라.

의인의 길은 돋는 햇살 같아서 크게 빛나 한낮의 광명에 이르느니라.

사 60:19. 계 21:23 ─계 22:5. 벧전 2:9 ─골 1:12~13 ─엡 5:8. 살전 5:5. 잠 4:18

4월 14일

주의 구원의 즐거움을 내게 회복시켜 주시고(시 51:12).

내가 그의 길을 보았은즉 그를 고쳐 줄 것이라. 그를 인도하
며 그와 그를 슬퍼하는 자들에게 위로를 다시 얻게 하리라.
여호와께서 말씀하시되 오라 우리가 서로 변론하자. 너희
의 죄가 주홍 같을지라도 눈과 같이 희어질 것이요 진홍같
이 붉을지라도 양털같이 희게 되리라. ─배역한 자식들아
돌아오라 내가 너희의 배역함을 고치리라 하시니라. 보소
서 우리가 주께 왔사오니 주는 우리 하나님 여호와이심이
니이다. ─내가 하나님 여호와께서 하실 말씀을 들으리니
무릇 그의 백성, 그의 성도들에게 화평을 말씀하실 것이라.
그들은 다시 어리석은 데로 돌아가지 말지로다.
내 영혼아, 여호와를 송축하며 그의 모든 은택을 잊지 말지
어다. 그가 네 모든 죄악을 사하시며 네 모든 병을 고치시며
─내 영혼을 소생시키시도다. ─여호와여, 주께서 전에는 내
게 노하셨사오나 이제는 주의 진노가 돌아섰고 또 주께서 나
를 안위하시오니 내가 주께 감사하겠나이다 할 것이니라.
나를 붙드소서. 그리하시면 내가 구원을 얻으리라.
나 곧 나는 나를 위하여 네 허물을 도말하는 자니 네 죄를 기
억하지 아니하리라.

사 57:18. 사 1:18 ─렘 3:22 ─시 85:8. 시 103:2~3 ─시 23:3 ─사 12:1.
시 119:117. 사 43:25

네가 너를 위하여 큰일을 찾느냐 그것을 찾지 말라(렘 45:5).

나는 마음이 온유하고 겸손하니 나의 멍에를 메고 내게 배우라. 그리하면 너희 마음이 쉼을 얻으리니 —너희 안에 이 마음을 품으라. 곧 그리스도 예수의 마음이니 그는 근본 하나님의 본체시나 하나님과 동등됨을 취할 것으로 여기지 아니하시고 오히려 자기를 비워 종의 형체를 가지사 사람들과 같이 되셨고 사람의 모양으로 나타나사 자기를 낮추시고 죽기까지 복종하셨으니 곧 십자가에 죽으심이라.

자기 십자가를 지고 나를 따르지 않는 자도 내게 합당하지 아니하니라. —그리스도도 너희를 위하여 고난을 받으사 너희에게 본을 끼쳐 그 자취를 따라오게 하려 하셨느니라.

자족하는 마음이 있으면 경건은 큰 이익이 되느니라. 우리가 세상에 아무것도 가지고 온 것이 없으매 또한 아무것도 가지고 가지 못하리니 우리가 먹을 것과 입을 것이 있은즉 족한 줄로 알 것이니라.

어떠한 형편에든지 나는 자족하기를 배웠노라.

마 11:29 —빌 2:5~8. 마 10:38 —벧전 2:21. 딤전 6:6~8. 빌 4:11

4월 16일

그가 내게 간구하리니 내가 그에게 응답하리라 그들이 환
난 당할 때에 내가 그와 함께하여 그를 건지고(시 91:15).

야베스가 이스라엘 하나님께 아뢰어 이르되 주께서 내게
복을 주시려거든 나의 지역을 넓히시고 주의 손으로 나를
도우사 나로 환난을 벗어나 내게 근심이 없게 하옵소서 하
였더니 하나님이 그가 구하는 것을 허락하셨더라. ─내가
네게 무엇을 주랴 너는 구하라 하시니 솔로몬이 하나님께
말하되 주는 이제 내게 지혜와 지식을 주사 이 백성 앞에서
출입하게 하옵소서. ─하나님이 솔로몬에게 지혜와 총명을
심히 많이 주시고 또 넓은 마음을 주시되 바닷가의 모래같
이 하시니라.
아사가 그의 하나님 여호와께 부르짖어 이르되 여호와여
힘이 강한 자와 약한 자 사이에는 주밖에 도와줄 이가 없사
오니 여호와여, 주는 우리 하나님이시오니 원하건대 사람
이 주를 이기지 못하게 하옵소서 하였더니 여호와께서 구
스 사람들을 아사 앞에서 치시니라.
기도를 들으시는 주여, 모든 육체가 주께 나아오리이다.

대상 4:10 ─대하 1:7~8, 10 ─왕상 4:29. 대하 14:11~12. 시 65:2

4월 17일

나를 인도하라 우리가 너를 따라 달려가리라(아 1:4).

내가 영원한 사랑으로 너를 사랑하기에 인자함으로 너를 이끌었다. —내가 사람의 줄 곧 사랑의 줄로 그들을 이끌었노라. —내가 땅에서 들리면 모든 사람을 내게로 이끌겠노라. —보라, 하나님의 어린 양이로다. —모세가 광야에서 뱀을 든 것같이 인자도 들려야 하리니 이는 그를 믿는 자마다 영생을 얻게 하려 하심이니라.

하늘에서는 주 외에 누가 내게 있으리요 땅에서는 주밖에 내가 사모할 이 없나이다. —우리가 사랑함은 그가 먼저 우리를 사랑하셨음이라.

나의 사랑하는 자가 내게 말하여 이르기를 나의 사랑, 내 어여쁜 자야, 일어나서 함께 가자. 겨울도 지나고 비도 그쳤고 지면에는 꽃이 피고 새가 노래할 때가 이르렀는데 비둘기의 소리가 우리 땅에 들리는구나. 무화과나무에는 푸른 열매가 익었고 포도나무는 꽃을 피워 향기를 토하는구나. 나의 사랑, 나의 어여쁜 자야, 일어나서 함께 가자.

렘 31:3 —호 11:4 —요 12:32 —요 1:36 —요 3:14~15. 시 73:25 —요일 4:19. 아 2:10~13

4월 18일

영원한 위로(살후 2:16).

내가 너의 어렸을 때에 너와 세운 언약을 기억하고 너와 영원한 언약을 세우리라.

그가 거룩하게 된 자들을 한 번의 제사로 영원히 온전하게 하셨느니라. ―자기를 힘입어 하나님께 나아가는 자들을 온전히 구원하실 수 있으니 이는 그가 항상 살아 계셔서 그들을 위하여 간구하심이라. ―내가 믿는 자를 내가 알고 또한 내가 의탁한 것을 그 날까지 그가 능히 지키실 줄을 확신함이라.

하나님의 은사와 부르심에는 후회하심이 없느니라. ―누가 우리를 그리스도의 사랑에서 끊으리요 ―보좌 가운데에 계신 어린 양이 그들의 목자가 되사 생명수 샘으로 인도하시고 하나님께서 그들의 눈에서 모든 눈물을 씻어 주실 것임이라. ―그리하여 우리가 항상 주와 함께 있으리라. 그러므로 이러한 말로 서로 위로하라.

이것은 너희가 쉴 곳이 아니니 ―우리가 여기에는 영구한 도성이 없으므로 장차 올 것을 찾느니라.

114

겔 16:60. 히 10:14 ―히 7:25 ―딤후 1:12. 롬 11:29 ―롬 8:35 ―계 7:17 ―살전 4:17~18. 미 2:10 ―히 13:14

4월 19일

나의 마음이 불붙는 것 같아서 골수에 사무치니 답답하여 견딜 수 없나이다(렘 20:9).

내가 부득불 할 일임이라. 만일 복음을 전하지 아니하면 내게 화가 있을 것이로다. 그런즉 내 상이 무엇이냐. 내가 복음을 전할 때에 값없이 전하고 복음으로 말미암아 내게 있는 권리를 다 쓰지 아니하는 이것이로다. -그들을 불러 경고하여 도무지 예수의 이름으로 말하지도 말고 가르치지도 말라 하니 베드로와 요한이 대답하여 이르되 우리는 보고 들은 것을 말하지 아니할 수 없다. -그리스도의 사랑이 우리를 강권하시는도다.

두려워하여 나가서 당신의 달란트를 땅에 감추어 두었었나이다. 주인이 이르되 악하고 게으른 종아, 네가 마땅히 내 돈을 취리하는 자들에게나 맡겼다면 내가 돌아와서 내 원금과 이자를 받게 하였을 것이니라.

돌아가 주께서 네게 어떻게 큰일을 행하셨는지를 네 가족에게 알리라.

고전 9:16, 18 -행 4:18~20 -고후 5:14. 마 25:25~27. 막 5:19

4월 20일

주님 누구시니이까 나는 예수라(행 26:15).

나니 두려워하지 말라. —네가 물 가운데로 지날 때에 내가
너와 함께할 것이라. 강을 건널 때에 물이 너를 침몰하지
못할 것이며 네가 불 가운데로 지날 때에 타지도 아니할 것
이요 불꽃이 너를 사르지도 못하리니 대저 나는 여호와 네
하나님이요 네 구원자임이라.

내가 사망의 음침한 골짜기로 다닐지라도 해를 두려워하
지 않을 것은 주께서 나와 함께하심이라. 주의 지팡이와 막
대기가 나를 안위하시나이다. —임마누엘, 하나님이 우리와
함께 계시다.

이름을 예수라 하라. 이는 그가 자기 백성을 그들의 죄에서
구원할 자이심이라. —만일 누가 죄를 범하여도 아버지 앞
에서 우리에게 대언자가 있으니 곧 의로우신 예수 그리스
도시라. —누가 정죄하리요. 죽으실 뿐 아니라 다시 살아나
신 이는 그리스도 예수시니 그는 하나님 우편에 계신 자요
우리를 위하여 간구하시는 자시니라. 누가 우리를 그리스
도의 사랑에서 끊으리요. 환난이나 곤고나 박해나 기근이
나 적신이나 위험이나 칼이랴.

116

마 14:27 —사 43:2~3. 시 23:4 —마 1:23. 마 1:21 —요일 2:1 —롬
8:34~35

4월 21일

[에녹은] 하나님과 동행하며(창 5:22).

두 사람이 뜻이 같지 않은데 어찌 동행하겠느냐.

그의 십자가의 피로 화평을 이루사 전에 악한 행실로 멀리 떠나 마음으로 원수가 되었던 너희를 이제는 그의 육체의 죽음으로 말미암아 화목하게 하사 너희를 거룩하고 흠 없고 책망할 것이 없는 자로 그 앞에 세우고자 하셨으니 -전에 멀리 있던 너희가 그리스도 예수 안에서 그리스도의 피로 가까워졌느니라.

우리가 원수 되었을 때에 그의 아들의 죽으심으로 말미암아 하나님과 화목하게 되었은즉 화목하게 된 자로서는 더욱 그의 살아나심으로 말미암아 구원을 받을 것이니라. 우리 주 예수 그리스도로 말미암아 하나님 안에서 또한 즐거워하느니라.

우리의 사귐은 아버지와 그의 아들 예수 그리스도와 더불어 누림이라.

주 예수 그리스도의 은혜와 하나님의 사랑과 성령의 교통하심이 너희 무리와 함께 있을지어다.

암 3:3. 골 1:20~22 -엡 2:13. 롬 5:10~11. 요일 1:3. 고후 13:13

4월 22일

내게 향하신 주의 인자하심이 크사 내 영혼을 깊은 스올에
서 건지셨음이니이다(시 86:13).

몸과 영혼을 능히 지옥에 멸하실 수 있는 이를 두려워하라.
너는 두려워하지 말라. 내가 너를 구속하였고 내가 너를 지
명하여 불렀나니 너는 내 것이라. 나 곧 나는 여호와라. 나
외에 구원자가 없느니라. 나 곧 나는 나를 위하여 네 허물
을 도말하는 자니 네 죄를 기억하지 아니하리라. ─자기의
재물을 의지하고 부유함을 자랑하는 자는 아무도 자기의
형제를 구원하지 못하며 그를 위한 속전을 하나님께 바치
지도 못할 것은 그들의 생명을 속량하는 값이 너무 엄청남
이라. ─내가 대속물을 얻었다. ─긍휼이 풍성하신 하나님이
우리를 사랑하신 그 큰 사랑을 인하여 허물로 죽은 우리를
그리스도와 함께 살리셨느니라.
다른 이로써는 구원을 받을 수 없나니 천하 사람 중에 구원
을 받을 만한 다른 이름을 우리에게 주신 일이 없음이라.

마 10:28. 사 43:1, 11, 25 ─시 49:6~8 ─욥 33:24 ─엡 2:4~5. 행 4:12

우리는 다 양 같아서 그릇 행하여(사 53:6).

만일 우리가 죄가 없다고 말하면 스스로 속이고 또 진리가 우리 속에 있지 아니할 것이요 -의인은 없나니 하나도 없으며 깨닫는 자도 없고 다 치우쳐 함께 무익하게 되니라.

너희가 전에는 양과 같이 길을 잃었더니 이제는 너희 영혼의 목자와 감독 되신 이에게 돌아왔느니라. -잃은 양같이 내가 방황하오니 주의 종을 찾으소서. 내가 주의 계명들을 잊지 아니함이니이다.

내 영혼을 소생시키시고 자기 이름을 위하여 의의 길로 인도하시는도다.

내 양은 내 음성을 들으며 나는 그들을 알며 그들은 나를 따르느니라. 내가 그들에게 영생을 주노니 영원히 멸망하지 아니할 것이요 또 그들을 내 손에서 빼앗을 자가 없느니라.

너희 중에 어떤 사람이 양 백 마리가 있는데 그중의 하나를 잃으면 아흔아홉 마리를 들에 두고 그 잃은 것을 찾아내기까지 찾아다니지 아니하겠느냐.

119

요일 1:8 -롬 3:10~12. 벧전 2:25 -시 119:176. 시 23:3. 요 10:27~28. 눅 15:4

4월 24일

모든 사람의 눈이 주를 앙망하오니(시 145:15).

이는 만민에게 생명과 호흡과 만물을 친히 주시는 이심이라. —여호와께서는 모든 것을 선대하시며 그 지으신 모든 것에 긍휼을 베푸시는도다. —공중의 새를 보라. 심지도 않고 거두지도 않고 창고에 모아들이지도 아니하되 너희 하늘 아버지께서 기르시느니라.

한 분이신 주께서 모든 사람의 주가 되사 그를 부르는 모든 사람에게 부요하시도다.

내가 산을 향하여 눈을 들리라. 나의 도움이 어디서 올까. —상전의 손을 바라보는 종들의 눈같이, 여주인의 손을 바라보는 여종의 눈같이 우리의 눈이 여호와 우리 하나님을 바라보나이다.

여호와는 정의의 하나님이심이라. 그를 기다리는 자마다 복이 있도다. —그날에 말하기를 이는 우리의 하나님이시라 우리가 그를 기다렸으니 그가 우리를 구원하시리로다 이는 여호와시라 우리가 그를 기다렸으니 우리는 그의 구원을 기뻐하며 즐거워하리라 할 것이라. —만일 우리가 보지 못하는 것을 바라면 참음으로 기다릴지니라.

행 17:25 —시 145:9 —마 6:26. 롬 10:12. 시 121:1 —시 123:2. 사 30:18 —사 25:9 —롬 8:25

4월 25일

우리 주 예수 그리스도 부요하신 이로서 너희를 위하여 가난하게 되심은 그의 가난함으로 말미암아 너희를 부요하게 하려 하심이라(고후 8:9).

아버지께서는 모든 충만으로 예수 안에 거하게 하시느니라. —하나님의 영광의 광채시요 그 본체의 형상이시라. 그의 능력의 말씀으로 만물을 붙드시며 죄를 정결하게 하는 일을 하시고 높은 곳에 계신 지극히 크신 이의 우편에 앉으셨느니라. 그가 천사보다 훨씬 뛰어남은 그들보다 더욱 아름다운 이름을 기업으로 얻으심이니라. —그는 근본 하나님의 본체시나 하나님과 동등됨을 취할 것으로 여기지 아니하시고 오히려 자기를 비우셨노라.

여우도 굴이 있고 공중의 새도 거처가 있으되 인자는 머리 둘 곳이 없다.

만물이 다 너희 것임이라. 바울이나 아볼로나 게바나 세계나 생명이나 사망이나 지금 것이나 장래 것이나 다 너희의 것이요 너희는 그리스도의 것이요 그리스도는 하나님의 것이니라.

골 1:19 -히 1:3~4 -빌 2:6~7, 마 8:20, 고전 3:21~23

4월 26일

아침 빛같이 뚜렷하고 달같이 아름답고 해같이 맑고 깃발을 세운 군대같이 당당한 여자가 누구인가(아 6:10).

하나님이 자기 피로 사신 교회니라.

그리스도께서 교회를 사랑하시고 그 교회를 위하여 자신을 주심같이 하라. 이는 곧 물로 씻어 말씀으로 깨끗하게 하사 거룩하게 하시고 자기 앞에 영광스러운 교회로 세우사 티나 주름 잡힌 것이나 이런 것들이 없이 거룩하고 흠이 없게 하려 하심이라.

하늘에 큰 이적이 보이니 해를 옷 입은 한 여자가 있더라.

―어린 양의 혼인 기약이 이르렀고 그의 아내가 자신을 준비하였으므로 그에게 빛나고 깨끗한 세마포 옷을 입도록 허락하셨으니 이 세마포 옷은 성도들의 옳은 행실이로다.

―곧 예수 그리스도를 믿음으로 말미암아 모든 믿는 자에게 미치는 하나님의 의니라.

내게 주신 영광을 내가 그들에게 주었나이다.

행 20:28. 엡 5:25~27. 계 12:1 ―계 19:7~8 ―롬 3:22. 요 17:22

새 이름(계 2:17).

제자들이 안디옥에서 비로소 그리스도인이라 일컬음을 받게 되었더라. ─주의 이름을 부르는 자마다 불의에서 떠날지어다. ─그리스도 예수의 사람들은 육체와 함께 그 정욕과 탐심을 십자가에 못 박았느니라. ─값으로 산 것이 되었으니 그런즉 너희 몸으로 하나님께 영광을 돌리라.
내게는 우리 주 예수 그리스도의 십자가 외에 결코 자랑할 것이 없으니 그리스도로 말미암아 세상이 나를 대하여 십자가에 못 박히고 내가 또한 세상을 대하여 그러하니라. 할례나 무할례가 아무것도 아니로되 오직 새로 지으심을 받는 것만이 중요하니라.
사랑을 받는 자녀같이 너희는 하나님을 본받는 자가 되고 그리스도께서 너희를 사랑하신 것같이 너희도 사랑 가운데서 행하라. 그는 우리를 위하여 자신을 버리사 향기로운 제물과 희생 제물로 하나님께 드리셨느니라. 음행과 온갖 더러운 것과 탐욕은 너희 중에서 그 이름조차도 부르지 말라. 이는 성도에게 마땅한 바니라. 이제는 주 안에서 빛이라. 빛의 자녀들처럼 행하라.

행 11:26 ─딤후 2:19 ─갈 5:24 ─고전 6:20. 갈 6:14~15. 엡 5:1~3, 8

4월 28일

나는 항상 소망을 품고 주를 더욱더욱 찬송하리이다(시 71:14).

내가 이미 얻었다 함도 아니요 온전히 이루었다 함도 아니라. —우리가 그리스도의 도의 초보를 버리고 죽은 행실을 회개함과 하나님께 대한 신앙의 터를 다시 닦지 말고 완전한 데로 나아갈지니라. —의인의 길은 돋는 햇살 같아서 크게 빛나 한낮의 광명에 이르느니라.

여호와께서 내 음성과 내 간구를 들으시므로 내가 그를 사랑하는도다. 그의 귀를 내게 기울이셨으므로 내가 평생에 기도하리로다. —내가 여호와를 항상 송축함이여 내 입술로 항상 주를 찬양하리이다.

하나님이여, 찬송이 시온에서 주를 기다리오며 —그들이 밤낮 쉬지 않고 이르기를 거룩하다, 거룩하다, 거룩하다, 주 하나님 곧 전능하신 이여 하더라. —감사로 제사를 드리는 자가 나를 영화롭게 하나니 —항상 기뻐하라. 쉬지 말고 기도하라. 범사에 감사하라. 이것이 그리스도 예수 안에서 너희를 향하신 하나님의 뜻이니라. —주 안에서 항상 기뻐하라. 내가 다시 말하노니 기뻐하라.

빌 3:12 —히 6:1~2 —잠 4:18. 시 116:1~2 —시 34:1. 시 65:1 —계 4:8 —시 50:23 —살전 5:16~18 —빌 4:4

4월 29일

복스러운 소망과 우리의 크신 하나님 구주 예수 그리스도 의 영광이 나타나심(딛 2:13).

우리가 이 소망을 가지고 있는 것은 영혼의 닻 같아서 튼튼 하고 견고하여 휘장 안에 들어가나니 그리로 앞서 가신 예 수께서 우리를 위하여 들어가셨느니라. —만물을 회복하실 때까지는 하늘이 마땅히 그를 받아 두리라. —그날에 그가 강림하사 그의 성도들에게서 영광을 받으시고 모든 믿는 자들에게서 놀랍게 여김을 얻으시리라.

피조물이 다 이제까지 함께 탄식하며 함께 고통을 겪고 있 으며 그뿐 아니라 또한 우리까지도 속으로 탄식하여 양자 될 것 곧 우리 몸의 속량을 기다리느니라. —사랑하는 자들 아, 우리가 지금은 하나님의 자녀라. 장래에 어떻게 될지는 아직 나타나지 아니하였으나 그가 나타나시면 우리가 그와 같을 줄을 아는 것은 그의 참모습 그대로 볼 것이기 때문이 니 —우리 생명이신 그리스도께서 나타나실 그때에 너희도 그와 함께 영광 중에 나타나리라.

내가 진실로 속히 오리라 하시거늘 아멘 주 예수여 오시옵 소서.

히 6:19~20 —행 3:21 —살후 1:10. 롬 8:22~23 —요일 3:2 —골 3:4. 계 22:20

4월 30일

노하기를 더디 하는 자는 크게 명철[함을] 나타내느니라 (잠 14:29).

여호와께서 그의 앞으로 지나시며 선포하시되 여호와라 여호와라 자비롭고 은혜롭고 노하기를 더디하[는 이시라]. ─주의 약속은 어떤 이들이 더디다고 생각하는 것같이 더딘 것이 아니라. 오직 주께서는 너희를 대하여 오래 참으사 아무도 멸망하지 아니하고 다 회개하기에 이르기를 원하시느니라. 사랑을 받는 자녀같이 너희는 하나님을 본받는 자가 되고 사랑 가운데서 행하라. ─성령의 열매는 사랑과 희락과 화평과 오래 참음과 자비와 양선과 충성과 온유와 절제니 이같은 것을 금지할 법이 없느니라. ─부당하게 고난을 받아도 하나님을 생각함으로 슬픔을 참으면 이는 아름다우나 선을 행함으로 고난을 받고 참으면 이는 하나님 앞에 아름다우니라. 그리스도도 너희를 위하여 고난을 받으사 너희에게 본을 끼쳐 그 자취를 따라오게 하려 하셨느니라. 욕을 당하시되 맞대어 욕하지 아니하시고 고난을 당하시되 위협하지 아니하시고 오직 공의로 심판하시는 이에게 부탁하시니라.

분을 내어도 죄를 짓지 말라.

출 34:6 ─벧후 3:9. 엡 5:1~2 ─갈 5:22~23 ─벧전 2:19~21, 23. 엡 4:26

5월 1일

여호와 삼마(여호와께서 거기 계시다)(겔 48:35).

보라, 하나님의 장막이 사람들과 함께 있으매 하나님이 그
들과 함께 계시리니 그들은 하나님의 백성이 되고 하나님
은 친히 그들과 함께 계시리라.
성 안에서 내가 성전을 보지 못하였으니 이는 주 하나님 곧
전능하신 이와 및 어린 양이 그 성전이심이라. 그 성은 해
나 달의 비침이 쓸데없으니 이는 하나님의 영광이 비치고
어린 양이 그 등불이 되심이라.
깰 때에 주의 형상으로 만족하리이다. ─하늘에서는 주 외
에 누가 내게 있으리요 땅에서는 주밖에 내가 사모할 이 없
나이다.
유다는 영원히 있겠고 예루살렘은 대대로 있으리라. 내가
전에는 그들의 피 흘림당한 것을 갚아 주지 아니하였거니
와 이제는 갚아 주리니 이는 여호와께서 시온에 거하심이
니라. ─여호와의 말씀에 시온의 딸아 노래하고 기뻐하라.
이는 내가 와서 네 가운데에 머물 것임이라. ─다시 저주가
없으며 하나님과 그 어린 양의 보좌가 그 가운데에 있으리
니 그의 종들이 그를 섬기리라.

계 21:3. 계 21:22~23. 시 17:15 ─시 73:25. 욜 3:20~21 ─슥 2:10 ─계
22:3

5월 2일

너희 자신을 지켜 우상에게서 멀리하라(요일 5:21).

내 아들아, 네 마음을 내게 주며 −위의 것을 생각하고 땅의
것을 생각하지 말라.

인자야, 이 사람들이 자기 우상을 마음에 들이며 죄악의 걸
림돌을 자기 앞에 두었으니 그들이 내게 묻기를 내가 조금인
들 용납하랴. −땅에 있는 지체를 죽이라. 곧 음란과 부정과
사욕과 악한 정욕과 탐심이니 탐심은 우상 숭배니라. −부하
려 하는 자들은 시험과 올무에 떨어지고 돈을 사랑함이 일
만 악의 뿌리가 되나니 이것을 탐내는 자들은 미혹을 받아
믿음에서 떠나 많은 근심으로써 자기를 찔렀도다. 오직 너
하나님의 사람아, 이것들을 피하라.

재물이 늘어도 거기에 마음을 두지 말지어다. −내 열매는
금이나 정금보다 나으며 내 소득은 순은보다 나으니라.

네 보물 있는 그곳에는 네 마음도 있느니라. −나 여호와는
중심을 보느니라.

잠 23:26 −골 3:2. 겔 14:3 −골 3:5 −딤전 6:9∼11. 시 62:10 −잠 8:19.
마 6:21 −삼상 16:7

5월 3일

하나님을 두려워하는 가운데서 거룩함을 온전히 이루어(고후 7:1).

사랑하는 자들아, 육과 영의 온갖 더러운 것에서 자신을 깨끗하게 하자.

보소서, 주께서는 중심이 진실함을 원하시오니 내게 지혜를 은밀히 가르치시리이다. ─우리를 양육하시되 경건하지 않은 것과 이 세상 정욕을 다 버리고 신중함과 의로움과 경건함으로 이 세상에 살고 ─이같이 너희 빛이 사람 앞에 비치게 하여 그들로 너희 착한 행실을 보고 하늘에 계신 너희 아버지께 영광을 돌리게 하라. ─내가 이미 얻었다 함도 아니요 온전히 이루었다 함도 아니라.

주를 향하여 이 소망을 가진 자마다 그의 깨끗하심과 같이 자기를 깨끗하게 하느니라.

곧 이것을 우리에게 이루게 하시고 보증으로 성령을 우리에게 주신 이는 하나님이시니라. ─이는 성도를 온전하게 하여 봉사의 일을 하게 하며 그리스도의 몸을 세우려 하심이라. 우리가 다 하나님의 아들을 믿는 것과 아는 일에 하나가 되어 온전한 사람을 이루어 그리스도의 장성한 분량이 충만한 데까지 이르노라.

고후 7:1. 시 51:6 ─딛 2:12 ─마 5:16 ─빌 3:12. 요일 3:3. 고후 5:5 ─엡 4:12~13

5월 4일

아버지를 이 세상에서 영화롭게 하였사오니(요 17:4).

나의 양식은 나를 보내신 이의 뜻을 행하며 그의 일을 온전히 이루는 이것이니라. ─때가 아직 낮이매 나를 보내신 이의 일을 우리가 하여야 하리라. 밤이 오리니 그때는 아무도 일할 수 없느니라.

내가 내 아버지 집에 있어야 될 줄을 알지 못하셨나이까 하시니 그 부모가 그가 하신 말씀을 깨닫지 못하더라. ─이 병은 죽을병이 아니라. 하나님의 영광을 위함이요 하나님의 아들이 이로 말미암아 영광을 받게 하려 함이라. 내 말이 네가 믿으면 하나님의 영광을 보리라 하지 아니하였느냐.

예수는 지혜와 키가 자라가며 하나님과 사람에게 더욱 사랑스러워 가시더라. ─내 사랑하는 아들이라 내가 너를 기뻐하노라. ─그들이 다 그를 증언하고 그 입으로 나오는 바 은혜로운 말을 놀랍게 여기더라.

일찍이 죽임을 당하사 각 족속과 방언과 백성과 나라 가운데에서 사람들을 피로 사서 하나님께 드리시고 그들로 우리 하나님 앞에서 나라와 제사장들을 삼으셨으니 그들이 땅에서 왕 노릇 하리로다.

요 4:34 ─요 9:4. 눅 2:49~50 ─요 11:4, 40. 눅 2:52 ─눅 3:22 ─눅 4:22. 계 5:9~10

5월 5일

여호와께서 낮에는 구름을 펴사 덮개를 삼으시고 밤에는 불로 밝히셨으며(시 105:39).

아버지가 자식을 긍휼히 여김같이 여호와께서는 자기를 경외하는 자를 긍휼히 여기시나니 이는 그가 우리의 체질을 아시며 우리가 단지 먼지뿐임을 기억하심이로다.
낮의 해가 너를 상하게 하지 아니하며 밤의 달도 너를 해치지 아니하리로다. —또 초막이 있어서 낮에는 더위를 피하는 그늘을 지으며 또 풍우를 피하여 숨는 곳이 되리라.
여호와는 너를 지키시는 이시라. 여호와께서 네 오른쪽에서 네 그늘이 되시나니 여호와께서 너의 출입을 지금부터 영원까지 지키시리로다. —여호와께서 그들 앞에서 가시며 낮에는 구름 기둥으로 그들의 길을 인도하시고 밤에는 불기둥을 그들에게 비추사 낮이나 밤이나 진행하게 하시니 낮에는 구름 기둥, 밤에는 불기둥이 백성 앞에서 떠나지 아니하니라.
예수 그리스도는 어제나 오늘이나 영원토록 동일하시니라.

시 103:13〜14. 시 121:6 —사 4:6. 시 121:5, 8 —출 13:21〜22. 히 13:8

5월 6일

죽은 자들이 어떻게 다시 살아나며 어떠한 몸으로 오느냐
(고전 15:35).

사랑하는 자들아, 우리가 지금은 하나님의 자녀라. 장래에
어떻게 될지는 아직 나타나지 아니하였으나 그가 나타나시
면 우리가 그와 같을 줄을 아는 것은 그의 참모습 그대로
볼 것이기 때문이니 ―우리가 흙에 속한 자의 형상을 입은
것같이 또한 하늘에 속한 이의 형상을 입으리라.
구원하는 자 곧 주 예수 그리스도, 그는 만물을 자기에게
복종하게 하실 수 있는 자의 역사로 우리의 낮은 몸을 자기
영광의 몸의 형체와 같이 변하게 하시리라.
예수께서 친히 그들 가운데 서서 이르시되 너희에게 평강이
있을지어다 하시니 그들이 놀라고 무서워하여 그 보는 것을
영으로 생각하는지라. ―게바에게 보이시고 후에 열두 제자
에게와 그 후에 오백여 형제에게 일시에 보이셨느니라.
예수를 죽은 자 가운데서 살리신 이의 영이 너희 안에 거하
시면 그리스도 예수를 죽은 자 가운데서 살리신 이가 너희
안에 거하시는 그의 영으로 말미암아 너희 죽을 몸도 살리
시리라.

요일 3:2 ―고전 15:49. 빌 3:20~21. 눅 24:36~37 ―고전 15:5~6. 롬
8:11

5월 7일

무릇 그들이 주께서 치신 자를 핍박하며(시 69:26).

실족하게 하는 것이 없을 수는 없으나 그렇게 하게 하는 자에게는 화로다. ―그가 하나님께서 정하신 뜻과 미리 아신 대로 내준 바 되었거늘 너희가 법 없는 자들의 손을 빌려 못 박아 죽였노라. ―이에 예수의 얼굴에 침 뱉으며 주먹으로 치고 어떤 사람은 손바닥으로 때리며 이르되 그리스도야, 우리에게 선지자 노릇을 하라 너를 친 자가 누구냐 하더라. ―그와 같이 대제사장들도 서기관들과 장로들과 함께 희롱하여 이르되 그가 남은 구원하였으되 자기는 구원할 수 없도다 그가 이스라엘의 왕이로다 지금 십자가에서 내려올지어다. ―과연 헤롯과 본디오 빌라도는 이방인과 이스라엘 백성과 합세하여 하나님께서 기름 부으신 거룩한 종 예수를 거슬러 하나님의 권능과 뜻대로 이루려고 예정하신 그것을 행하려고 이 성에 모였나이다.
그는 실로 우리의 질고를 지고 우리의 슬픔을 당하였거늘 우리는 생각하기를 그는 징벌을 받아 하나님께 맞으며 고난을 당한다 하였노라.

눅 17:1 ―행 2:23 ―마 26:67~68 ―마 27:41~42 ―행 4:27~28. 사 53:4

5월 8일

너희 여호와로 기억하시게 하는 자들아 너희는 쉬지 말며
(사 62:6).

그들로 우리 하나님 앞에서 나라와 제사장들을 삼으셨느니
라. -그 나팔은 아론의 자손인 제사장들이 불지니 이는 너
희 대대에 영원한 율례니라. 또 너희 땅에서 너희가 자기를
압박하는 대적을 치러 나갈 때에는 나팔을 크게 불지니 그
리하면 너희 하나님 여호와가 너희를 기억하고 너희를 너
희의 대적에게서 구원하시리라.
야곱 자손에게 너희가 나를 혼돈 중에서 찾으라고 이르지
아니하였노라. -그 소리가 하늘에 들리고 그 기도가 여호와의
거룩한 처소 하늘에 이르렀더라. -여호와의 눈은 의인을 향하
시고 그의 귀는 그들의 부르짖음에 기울이시는도다. -서로 기
도하라. 의인의 간구는 역사하는 힘이 큼이니라.
주 예수여, 오시옵소서. -나의 하나님이여, 지체하지 마소서.
-하나님의 날이 임하기를 바라보고 간절히 사모하나이다.

계 5:10 -민 10:8~9. 사 45:19 -대하 30:27 -시 34:15 -약 5:16. 계
22:20 -시 40:17 -벧후 3:12

5월 9일

내니 두려워하지 말라(요 6:20).

내가 볼 때에 그의 발 앞에 엎드러져 죽은 자같이 되매 그가 오른손을 내게 얹고 이르시되 두려워하지 말라. 나는 처음이요 마지막이니 곧 살아 있는 자라. 내가 전에 죽었었노라. 볼지어다. 이제 세세토록 살아 있어 사망과 음부의 열쇠를 가졌노라. ―나 곧 나는 나를 위하여 네 허물을 도말하는 자니 네 죄를 기억하지 아니하리라.

화로다. 나여, 망하게 되었도다. 만군의 여호와이신 왕을 뵈었음이로다. 그 스랍 중의 하나가 부젓가락으로 제단에서 집은 바 핀 숯을 손에 가지고 내게로 날아와서 그것을 내 입술에 대며 이르되 보라. 이것이 네 입에 닿았으니 네 악이 제하여졌고 네 죄가 사하여졌느니라 하더라. ―내가 네 허물을 빽빽한 구름같이, 네 죄를 안개같이 없이하였으니 너는 내게로 돌아오라. 내가 너를 구속하였음이니라.

만일 누가 죄를 범하여도 아버지 앞에서 우리에게 대언자가 있으니 곧 의로우신 예수 그리스도시라.

계 1:17~18 ―사 43:25. 사 6:5~7 ―사 44:22. 요일 2:1

5월 10일

헛되고 헛되니 모든 것이 헛되도다(전 1:2).

우리의 평생이 순식간에 다하였나이다. 우리의 연수가 칠십이요 강건하면 팔십이라도 그 연수의 자랑은 수고와 슬픔뿐이요 신속히 가니 우리가 날아가나이다.

만일 그리스도 안에서 우리가 바라는 것이 다만 이 세상의 삶뿐이면 모든 사람 가운데 우리가 더욱 불쌍한 자이리라. ─우리가 여기에는 영구한 도성이 없으므로 장차 올 것을 찾나니 ─나 여호와는 변하지 아니하노라. ─우리의 시민권은 하늘에 있는지라. 거기로부터 구원하는 자 곧 주 예수 그리스도를 기다리노니 그는 만물을 자기에게 복종하게 하실 수 있는 자의 역사로 우리의 낮은 몸을 자기 영광의 몸의 형체와 같이 변하게 하시리라. ─피조물이 허무한 데 굴복하는 것은 자기 뜻이 아니요 오직 굴복하게 하시는 이로 말미암음이라.

예수 그리스도는 어제나 오늘이나 영원토록 동일하시니라. ─거룩하다, 거룩하다, 거룩하다, 주 하나님 곧 전능하신 이여 전에도 계셨고 이제도 계시고 장차 오실 이시라.

시 90:9~10. 고전 15:19 ─히 13:14 ─말 3:6 ─빌 3:20~21 ─롬 8:20. 히 13:8 ─계 4:8

5월 11일

내 양은 내 음성을 들으며(요 10:27).

볼지어다, 내가 문 밖에 서서 두드리노니 누구든지 내 음성을 듣고 문을 열면 내가 그에게로 들어가 그와 더불어 먹고 그는 나와 더불어 먹으리라.

내가 잘지라도 마음은 깨었는데 나의 사랑하는 자의 소리가 들리는구나. 문을 두드려 이르기를 나의 누이, 나의 사랑, 나의 비둘기, 나의 완전한 자야, 문을 열어 다오. 내가 내 사랑하는 자를 위하여 문을 열었으나 그는 벌써 물러갔네. 그가 말할 때에 내 혼이 나갔구나. 내가 그를 찾아도 못 만났고 불러도 응답이 없었노라.

말씀하옵소서, 주의 종이 듣겠나이다. —예수께서 그곳에 이르사 쳐다보시고 이르시되 삭개오야, 속히 내려오라 내가 오늘 네 집에 유하여야 하겠다 하시니 급히 내려와 즐거워하며 영접하더라. —내가 하나님 여호와께서 하실 말씀을 들으리니 무릇 그의 백성, 그의 성도들에게 화평을 말씀하실 것이라. 그들은 다시 어리석은 데로 돌아가지 말지로다.

계 3:20. 아 5:2, 6. 삼상 3:10 —눅 19:5~6 —시 85:8

5월 12일

비방이 나의 마음을 상하게 하여(시 69:20).

이는 그 목수의 아들이 아니냐. ─나사렛에서 무슨 선한 것이 날 수 있느냐. ─우리가 너를 사마리아 사람이라 또는 귀신이 들렸다 하는 말이 옳지 아니하냐. ─그가 귀신의 왕을 의지하여 귀신을 쫓아낸다 하더라. ─우리는 이 사람이 죄인인 줄 아노라. ─예수에 대하여 무리를 미혹한다 하더라. ─이 사람이 신성을 모독하도다. ─보라, 먹기를 탐하고 포도주를 즐기는 사람이요 세리와 죄인의 친구로다.

제자가 그 선생 같고 종이 그 상전 같으면 족하도다. ─부당하게 고난을 받아도 하나님을 생각함으로 슬픔을 참으면 이는 아름다우나 이를 위하여 너희가 부르심을 받았으니 그리스도도 너희를 위하여 고난을 받으사 너희에게 본을 끼쳐 그 자취를 따라오게 하려 하셨느니라. 그는 죄를 범하지 아니하시고 그 입에 거짓도 없으시며 욕을 당하시되 맞대어 욕하지 아니하시고 고난을 당하시되 위협하지 아니하시고 오직 공의로 심판하시는 이에게 부탁하시니라. ─너희가 그리스도의 이름으로 치욕을 당하면 복 있는 자로다.

마 13:55 ─요 1:46 ─요 8:48 ─마 9:34 ─요 9:24 ─요 7:12 ─마 9:3 ─마 11:19. 마 10:25 ─벧전 2:19, 21~23 ─벧전 4:14

5월 13일

내 심장이 뛰고 내 기력이 쇠하여(시 38:10).

하나님이여, 나의 부르짖음을 들으시며 내 기도에 유의하
소서. 내 마음이 약해질 때에 땅 끝에서부터 주께 부르짖으
오리니 나보다 높은 바위에 나를 인도하소서.

나에게 이르시기를 내 은혜가 네게 족하도다 이는 내 능력
이 약한 데서 온전하여짐이라 하신지라. 그러므로 도리어
크게 기뻐함으로 나의 여러 약한 것들에 대하여 자랑하리
니 이는 그리스도의 능력이 내게 머물게 하려 함이라. 내가
약한 그때에 강함이라.

[베드로가] 바람을 보고 무서워 빠져 가는지라. 소리 질러
이르되 주여 나를 구원하소서 하니 예수께서 즉시 손을 내
밀어 그를 붙잡으시며 이르시되 믿음이 작은 자여 왜 의심
하였느냐 하시더라. -네가 만일 환난 날에 낙담하면 네 힘
이 미약함을 보임이니라. -피곤한 자에게는 능력을 주시며
무능한 자에게는 힘을 더하시는 -영원하신 하나님이 네 처
소가 되시니 그의 영원하신 팔이 네 아래에 있도다. -그의
영광의 힘을 따라 모든 능력으로 능하게 하시느니라.

시 61:1~2. 고후 12:9~10. 마 14:30~31 -잠 24:10 -사 40:29 -신
33:27 -골 1:11

5월 14일

우리 형제들이 어린 양의 피로써 그를 이겼으니(계 12:11).

누가 능히 하나님께서 택하신 자들을 고발하리요. 의롭다 하신 이는 하나님이시니 누가 정죄하리요. 죽으셨던 그리스도 예수시니 −생명이 피에 있으므로 피가 죄를 속하느니라. −나는 여호와라. 그 피가 너희가 사는 집에 있어서 너희를 위하여 표적이 될지라. 내가 피를 볼 때에 너희를 넘어가리라.

그리스도 예수 안에 있는 자에게는 결코 정죄함이 없느니라. 이 흰 옷 입은 자들이 누구며 또 어디서 왔느냐. 이는 큰 환난에서 나오는 자들인데 어린 양의 피에 그 옷을 씻어 희게 하였느니라.

우리를 사랑하사 그의 피로 우리 죄에서 우리를 해방하시고 그의 아버지 하나님을 위하여 우리를 나라와 제사장으로 삼으신 그에게 영광과 능력이 세세토록 있기를 원하노라, 아멘.

롬 8:33~34 −레 17:11 −출 12:12~13. 롬 8:1. 계 7:13~14. 계 1:5~6

5월 15일

함께 일으키사 그리스도 예수 안에서(엡 2:6).

두려워하지 말라. 나는 곧 살아 있는 자라. ―아버지여, 내
게 주신 자도 나 있는 곳에 나와 함께 있나이다.
우리는 그 몸의 지체임이라. ―그는 몸인 교회의 머리시라.
그가 근본이시요 죽은 자들 가운데서 먼저 나신 이시니 ―너
희도 그 안에서 충만하여졌으니 그는 머리시라.
자녀들은 혈과 육에 속하였으매 그도 또한 같은 모양으로
혈과 육을 함께 지니심은 죽음을 통하여 죽음의 세력을 잡
은 자 곧 마귀를 멸하시며 또 죽기를 무서워하므로 한평생
매여 종노릇하는 모든 자들을 놓아 주려 하심이니라.
이 썩을 것이 반드시 썩지 아니할 것을 입겠고 이 죽을 것
이 죽지 아니함을 입으리로다. 이 썩을 것이 썩지 아니함을
입고 이 죽을 것이 죽지 아니함을 입을 때에는 사망을 삼키
고 이기리라고 기록된 말씀이 이루어지리라.

141

계 1:17~18 ―요 17:24. 엡 5:30 ―골 1:18 ―골 2:10. 히 2:14~15. 고전
15:53~54

5월 16일

나를 훈계하신 여호와를 송축할지라(시 16:7).

그의 이름은 기묘자라, 모사라. —내게는 계략과 참지식이
있으며 나는 명철이라, 내게 능력이 있노라. —주의 말씀은
내 발에 등이요 내 길에 빛이니이다. —너는 마음을 다하여
여호와를 신뢰하고 네 명철을 의지하지 말라. 너는 범사에
그를 인정하라. 그리하면 네 길을 지도하시리라.

여호와여, 내가 알거니와 사람의 길이 자신에게 있지 아니
하니 걸음을 지도함이 걷는 자에게 있지 아니하니이다. —너
희가 오른쪽으로 치우치든지 왼쪽으로 치우치든지 네 뒤에
서 말소리가 네 귀에 들려 이르기를 이것이 바른 길이니 너
희는 이리로 가라 할 것이라. —너의 행사를 여호와께 맡기
라. 그리하면 네가 경영하는 것이 이루어지리라. —내가 가
는 길을 그가 아시며 —사람의 걸음은 여호와로 말미암나니
사람이 어찌 자기의 길을 알 수 있으랴.

주의 교훈으로 나를 인도하시고 후에는 영광으로 나를 영
접하시리니 —이 하나님은 영원히 우리 하나님이시니 그가
우리를 죽을 때까지 인도하시리로다.

사 9:6 —잠 8:14 —시 119:105 —잠 3:5~6. 렘 10:23 —사 30:21 —잠
16:3 —욥 23:10 —잠 20:24. 시 73:24 —시 48:14

5월 17일

내가 백성 중에서 택함 받은 자를 높였으되(시 89:19).

확실히 천사들을 붙들어 주려 하심이 아니요 오직 아브라함의 자손을 붙들어 주려 하심이라. 그가 범사에 형제들과 같이 되심이 마땅하도다. —그 보좌의 형상 위에 한 형상이 있어 사람의 모양 같더라. —하늘에 인자시니라. —내 손과 발을 보고 나인 줄 알라. 또 나를 만져 보라. 영은 살과 뼈가 없으되 너희 보는 바와 같이 나는 있느니라.
자기를 비워 종의 형체를 가지사 사람들과 같이 되셨고 사람의 모양으로 나타나사 자기를 낮추시고 죽기까지 복종하셨으니 곧 십자가에 죽으심이라. 이러므로 하나님이 그를 지극히 높여 모든 이름 위에 뛰어난 이름을 주사 모든 무릎을 예수의 이름에 꿇게 하시니라. —너는 일깨어 그 남은 바 죽게 된 것을 굳건하게 하라. 내 하나님 앞에 네 행위의 온전한 것을 찾지 못하였노라.

히 2:16~17 —겔 1:26 —요 3:13 —눅 24:39. 빌 2:7~10 —계 3:2

5월 18일

헛된 영광을 구하지 말지니라(갈 5:26).

기드온이 또 그들에게 이르되 내가 너희에게 요청할 일이 있으니 너희는 각기 탈취한 귀고리를 내게 줄지니라 하였으니, 이는 그들이 이스마엘 사람들이므로 금귀고리가 있었음이라. 무리가 대답하되 우리가 즐거이 드리리이다 하고 겉옷을 펴고 각기 탈취한 귀고리를 그 가운데에 던지니 기드온이 그 금으로 에봇 하나를 만들어 자기의 성읍 오브라에 두었더니 온 이스라엘이 그것을 음란하게 위하더라.
네가 너를 위하여 큰일을 찾느냐. 그것을 찾지 말라. ─여러 계시를 받은 것이 지극히 크므로 너무 자만하지 않게 하시려고 내 육체에 가시를 주셨느니라.
아무 일에든지 다툼이나 허영으로 하지 말고 오직 겸손한 마음으로 각각 자기보다 남을 낫게 여기라. ─사랑은 시기하지 아니하며 자랑하지 아니하며 교만하지 아니하며 무례히 행하지 아니하며 자기의 유익을 구하지 아니하느니라.
나의 멍에를 메고 내게 배우라.

삿 8:24~25, 27. 렘 45:5 ─고후 12:7. 빌 2:3 ─고전 13:4~5. 마 11:29

5월 19일

복음을 위한 일(빌 1:5).

몸은 하나인데 많은 지체가 있고 몸의 지체가 많으나 한 몸임과 같이 그리스도도 그러하니라. 우리가 유대인이나 헬라인이나 종이나 자유인이나 다 한 성령으로 세례를 받아한 몸이 되었고 또 다 한 성령을 마시게 하셨느니라.

너희를 불러 그의 아들 예수 그리스도 우리 주와 더불어 교제하게 하시는 하나님은 미쁘시도다. —우리가 보고 들은 바를 너희에게도 전함은 너희로 우리와 사귐이 있게 하려 함이니 우리의 사귐은 아버지와 그의 아들 예수 그리스도와 더불어 누림이라.

그가 빛 가운데 계신 것같이 우리도 빛 가운데 행하면 우리가 서로 사귐이 있고 그 아들 예수의 피가 우리를 모든 죄에서 깨끗하게 하실 것이요. —예수께서 이 말씀을 하시고 내가 비옵는 것은 이 사람들만 위함이 아니요 또 그들의 말로 말미암아 나를 믿는 사람들도 위함이니 아버지여, 아버지께서 내 안에, 내가 아버지 안에 있는 것같이 그들도 다 하나가 되어 우리 안에 있게 하옵소서.

고전 12:12~13. 고전 1:9 —요일 1:3. 요일 1:7 —요 17:1, 20~21

5월 20일

예수께서 마리아야 하시거늘(요 20:16).

두려워하지 말라. 내가 너를 구속하였고 내가 너를 지명하여 불렀나니 너는 내 것이라. —양은 그의 음성을 듣나니 그가 자기 양의 이름을 각각 불러 양들이 그의 음성을 아는 고로 따라 오느니라.

내가 너를 내 손바닥에 새겼고 너의 성벽이 항상 내 앞에 있도다.

하나님의 견고한 터는 섰으니 인침이 있어 일렀으되 주께서 자기 백성을 아신다 하며 —우리에게 큰 대제사장이 계시니 승천하신 이 곧 하나님의 아들 예수시라.

호마노 두 개를 가져다가 그 위에 이스라엘 아들들의 이름을 새기고 아론이 여호와 앞에서 그들의 이름을 그 두 어깨에 메워서 기념이 되게 할지라. 너는 판결 흉패를 만들되 그것에 네 줄로 보석을 물리라. 이 보석들은 이스라엘 아들들의 이름대로 하라. 아론이 여호와 앞에 들어갈 때에 그의 가슴에 붙이게 하라.

사 43:1 —요 10:3~4. 사 49:16. 딤후 2:19 —히 4:14. 출 28:9, 12, 15, 17, 21, 30

5월 21일

예수 그리스도 우리 주(고전 1:9).

예수라 하라. 이는 그가 자기 백성을 그들의 죄에서 구원할 자이심이라. —자기를 낮추시고 죽기까지 복종하셨으니 곧 십자가에 죽으심이라. 이러므로 하나님이 그를 지극히 높여 모든 이름 위에 뛰어난 이름을 주사 하늘에 있는 자들과 땅에 있는 자들과 땅 아래에 있는 자들로 모든 무릎을 예수의 이름에 꿇게 하시느니라.

메시아 곧 그리스도라 하는 이시라. —여호와께서 내게 기름을 부으사 가난한 자에게 아름다운 소식을 전하게 하려 하심이라. 나를 보내사 마음이 상한 자를 고치며 포로된 자에게 자유를 선포하게 하심이라.

마지막 아담은 살려 주는 영이 되었나니 둘째 사람은 하늘에서 나셨느니라. —나의 주님이시요 나의 하나님이시니이다. —너희가 나를 선생이라 또는 주라 하니 너희 말이 옳도다. 내가 그러하다. 내가 주와 또는 선생이 되어 너희 발을 씻었으니 너희도 서로 발을 씻어 주는 것이 옳으니라. 내가 너희에게 행한 것같이 너희도 행하게 하려 하여 본을 보였노라.

마 1:21 —빌 2:8∼10. 요 4:25 —사 61:1. 고전 15:45, 47 —요 20:28 —요 13:13∼15

성령도 우리의 연약함을 도우시나니 (롬 8:26).

보혜사 곧 성령이시라. ─너희 몸은 너희가 하나님께로부터 받은 바 너희 가운데 계신 성령의 전인 줄을 알지 못하느냐. ─너희 안에서 행하시는 이는 하나님이시니라.

우리는 마땅히 기도할 바를 알지 못하나 오직 성령이 말할 수 없는 탄식으로 우리를 위하여 친히 간구하시느니라. 마음을 살피시는 이가 성령의 생각을 아시나니 이는 성령이 하나님의 뜻대로 성도를 위하여 간구하심이니라.

그가 우리의 체질을 아시며 우리가 단지 먼지뿐임을 기억하심이로다. ─상한 갈대를 꺾지 아니하며 꺼져 가는 등불을 끄지 아니하시는도다.

마음에는 원이로되 육신이 약하도다.

여호와는 나의 목자시니 내게 부족함이 없으리로다. 그가 나를 푸른 풀밭에 누이시며 쉴 만한 물가로 인도하시는도다.

148

요 14:26 ─고전 6:19 ─빌 2:13. 롬 8:26~27. 시 103:14 ─사 42:3. 마 26:41. 시 23:1~2

5월 23일

그날 밤에 왕이 잠이 오지 아니하므로(에 6:1).

주께서 내가 눈을 붙이지 못하게 하시니라. —여호와 우리 하나님과 같은 이가 누구리요 스스로 낮추사 천지를 살피시는 분이라.

하늘의 군대에게든지 땅의 사람에게든지 그는 자기 뜻대로 행하시나니 —주의 길이 바다에 있었고 주의 곧은길이 큰물에 있었으나 주의 발자취를 알 수 없었나이다. —진실로 사람의 노여움은 주를 찬송하게 될 것이요 그 남은 노여움은 주께서 금하시리이다.

여호와의 눈은 온 땅을 두루 감찰하사 전심으로 자기에게 향하는 자들을 위하여 능력을 베푸시나니 —우리가 알거니와 하나님을 사랑하는 자들에게는 모든 것이 합력하여 선을 이루느니라.

참새 두 마리가 한 앗사리온에 팔리지 않느냐. 그러나 너희 아버지께서 허락하지 아니하시면 그 하나도 땅에 떨어지지 아니하리라. 너희에게는 머리털까지 다 세신 바 되었노라.

시 77:4 —시 113:5~6. 단 4:35 —시 77:19 —시 76:10. 대하 16:9 —롬 8:28. 마 10:29~30

5월 24일

그들이 그 죄를 뉘우치고 내 얼굴을 구하기까지 내가 내 곳으로 돌아가리라(호 5:15).

오직 너희 죄악이 너희와 너희 하나님 사이를 갈라놓았고 너희 죄가 그의 얼굴을 가리었느라. ―내 사랑하는 자, 그는 벌써 물러갔네. 내가 그를 찾아도 못 만났고 불러도 응답이 없었느라. ―내 얼굴을 가리고 노하였으나 그가 아직도 패역하여 자기 마음의 길로 걸어가도다. 내가 그의 길을 보았은즉 그를 고쳐 줄 것이라. ―네 하나님 여호와가 너를 길로 인도할 때에 네가 그를 떠남으로 이를 자취함이 아니냐.

이에 일어나서 아버지께로 돌아가니라. 아직도 거리가 먼데 아버지가 그를 보고 측은히 여겨 달려가 목을 안고 입을 맞추니라. ―내가 그들의 반역을 고치고 기쁘게 그들을 사랑하리니 나의 진노가 그에게서 떠났음이니라.

만일 우리가 우리 죄를 자백하면 그는 미쁘시고 의로우사 우리 죄를 사하시며 우리를 모든 불의에서 깨끗하게 하실 것이요.

사 59:2 ―아 5:6 ―사 57:17~18 ―렘 2:17. 눅 15:20 ―호 14:4. 요일 1:9

5월 25일

그 눈이 불꽃 같은 하나님의 아들(계 2:18).

만물보다 거짓되고 심히 부패한 것은 마음이라. 누가 능히 이를 알리요마는 나 여호와는 심장을 살피며 폐부를 시험하고 각각 그의 행위와 그의 행실대로 보응하나니 ―주께서 우리의 죄악을 주의 앞에 놓으시며 우리의 은밀한 죄를 주의 얼굴 빛 가운데에 두셨나이다. ―주께서 돌이켜 베드로를 보시니 베드로가 밖에 나가서 심히 통곡하니라.

예수는 그의 몸을 그들에게 의탁하지 아니하셨으니 이는 친히 모든 사람을 아심이요. 또 사람에 대하여 누구의 증언도 받으실 필요가 없었으니 이는 그가 친히 사람의 속에 있는 것을 아셨음이니라. ―이는 그가 우리의 체질을 아시며 우리가 단지 먼지뿐임을 기억하심이로다. ―상한 갈대를 꺾지 아니하며 꺼져 가는 등불을 끄지 아니하시느니라.

주께서 자기 백성을 아신다. ―나는 선한 목자라. 나는 내 양을 알고 내 양은 내 음성을 들으며 나는 그들을 알며 그들은 나를 따르느니라. 내가 그들에게 영생을 주노니 영원히 멸망하지 아니할 것이요 또 그들을 내 손에서 빼앗을 자가 없느니라.

렘 17:9~10 ―시 90:8 ―눅 22:61~62. 요 2:24~25 ―시 103:14 ―사 42:3. 딤후 2:19 ―요 10:14, 27~28

5월 26일

그 성은 해나 달의 비침이 쓸데없으니 이는 하나님의 영광이 비치고 어린 양이 그 등불이 되심이라(계 21:23).

길에서 보니 하늘로부터 해보다 더 밝은 빛이 나를 둘러 비추는지라. 내가 대답하되 주님 누구시니이까. 주께서 이르시되 나는 네가 박해하는 예수라. ─예수께서 베드로와 야고보와 그 형제 요한을 데리시고 따로 높은 산에 올라가셨더니 그들 앞에서 변형되사 그 얼굴이 해같이 빛나며 옷이 빛과 같이 희어졌더라. ─다시는 낮에 해가 네 빛이 되지 아니하며 달도 네게 빛을 비추지 않을 것이요 오직 여호와가 네게 영원한 빛이 되며 네 하나님이 네 영광이 되리니 다시는 네 해가 지지 아니하며 네 달이 물러가지 아니할 것은 여호와가 네 영원한 빛이 되고 네 슬픔의 날이 끝날 것임이라. 모든 은혜의 하나님 곧 그리스도 안에서 너희를 부르사 자기의 영원한 영광에 들어가게 하신 이니라.

행 26:13, 15 ─마 17:1~2 ─사 60:19~20. 벧전 5:10

5월 27일

너희가 염려 없기를 원하노라(고전 7:32).

그가 너희를 돌보심이라. —여호와의 눈은 온 땅을 두루 감찰하사 전심으로 자기에게 향하는 자들을 위하여 능력을 베푸시노라.

너희는 여호와의 선하심을 맛보아 알지어다. 그에게 피하는 자는 복이 있도다. 젊은 사자는 궁핍하여 주릴지라도 여호와를 찾는 자는 모든 좋은 것에 부족함이 없으리로다. —그러므로 내가 너희에게 이르노니 목숨을 위하여 무엇을 먹을까 무엇을 마실까 몸을 위하여 무엇을 입을까 염려하지 말라. 목숨이 음식보다 중하지 아니하며 몸이 의복보다 중하지 아니하냐. 공중의 새를 보라. 심지도 않고 거두지도 않고 창고에 모아들이지도 아니하되 너희 하늘 아버지께서 기르시나니 너희는 이것들보다 귀하지 아니하냐. —아무것도 염려하지 말고 다만 모든 일에 기도와 간구로, 너희 구할 것을 감사함으로 하나님께 아뢰라. 그리하면 모든 지각에 뛰어난 하나님의 평강이 그리스도 예수 안에서 너희 마음과 생각을 지키시리라.

벧전 5:7 —대하 16:9, 시 34:8, 10 —마 6:25~26 —빌 4:6~7

153

5월 28일

너희도 상을 받도록 이와 같이 달음질하라(고전 9:24).

게으른 자는 말하기를 사자가 밖에 있은즉 −모든 무거운
것과 얽매이기 쉬운 죄를 벗어 버리고 인내로써 우리 앞에
당한 경주를 하며 믿음의 주요 또 온전하게 하시는 이인 예
수를 바라보자.
우리는 하나님을 두려워하는 가운데서 거룩함을 온전히 이
루어 육과 영의 온갖 더러운 것에서 자신을 깨끗하게 하자.
푯대를 향하여 −달음질하기를 향방 없는 것같이 아니하고
내가 내 몸을 쳐 복종하게 함은 자신이 도리어 버림을 당할
까 두려워함이로다.
이 세상의 외형은 지나감이니라.
우리는 그의 약속대로 의가 있는 곳인 새 하늘과 새 땅을
바라보도다. 그러므로 사랑하는 자들아, 너희가 이것을 바
라보고 힘쓰라. −너희 마음의 허리를 동이고 근신하여 예
수 그리스도께서 나타나실 때에 너희에게 가져다주실 은혜
를 온전히 바랄지어다.

잠 22:13 −히 12:1∼2. 고후 7:1. 빌 3:14 −고전 9:26∼27. 고전 7:31.
벧후 3:13∼14 −벧전 1:13

5월 29일

만일 내게 비둘기같이 날개가 있다면 날아가서 편히 쉬리로다(시 55:6).

해가 뜰 때에 하나님이 뜨거운 동풍을 예비하셨고 해는 요나의 머리에 쪼이매 요나가 혼미하여 스스로 죽기를 구하여 이르되 사는 것보다 죽는 것이 내게 나으니이다 하니라. 욥이 입을 열어 이르되 어찌하여 고난 당하는 자에게 빛을 주셨으며 마음이 아픈 자에게 생명을 주셨는고. 이러한 자는 죽기를 바라도 오지 아니하니 땅을 파고 숨긴 보배를 찾음보다 죽음을 구하는 것을 더하도다. ─의인은 고난이 많으나 여호와께서 그의 모든 고난에서 건지시는도다.

지금 내 마음이 괴로우니 무슨 말을 하리요 아버지여 나를 구원하여 이때를 면하게 하여 주옵소서. ─그가 범사에 형제들과 같이 되심이 마땅하도다. 이는 하나님의 일에 자비하고 신실한 대제사장이 되어 백성의 죄를 속량하려 하심이라. 그가 시험을 받아 고난을 당하셨은즉 시험 받는 자들을 능히 도우실 수 있느니라.

욘 4:8. 욥 3:2, 20~21 ─시 34:19. 요 12:27 ─히 2:17~18

5월 30일

항상 내 말을 들으시느니라(요 11:42).

예수께서 눈을 들어 우러러 보시고 이르시되 아버지여 내
말을 들으신 것을 감사하나이다. ─아버지여, 아버지의 이
름을 영광스럽게 하옵소서 하시니 이에 하늘에서 소리가
나서 이르되 내가 이미 영광스럽게 하였고 또 다시 영광스
럽게 하리라 하시니라. ─하나님이여, 보시옵소서. 하나님
의 뜻을 행하러 왔나이다. ─내 원대로 마시옵고 아버지의
원대로 되기를 원하나이다.

주께서 그러하심과 같이 우리도 이 세상에서 그러하니라.
─그를 향하여 우리가 가진 바 담대함이 이것이니 그의 뜻
대로 무엇을 구하면 들으심이라.

무엇이든지 구하는 바를 그에게서 받나니 이는 우리가 그
의 계명을 지키고 그 앞에서 기뻐하시는 것을 행함이라.

믿음이 없이는 하나님을 기쁘시게 하지 못하나니 하나님께
나아가는 자는 반드시 그가 계신 것과 또한 그가 자기를 찾
는 자들에게 상 주시는 이심을 믿어야 할지니라.

그가 항상 살아 계셔서 그들을 위하여 간구하심이라. ─아
버지 앞에서 우리에게 대언자가 있으니 곧 의로우신 예수
그리스도시라.

요 11:41 ─요 12:28 ─히 10:7 ─눅 22:42. 요일 4:17 ─요일 5:14. 요일
3:22. 히 11:6, 히 7:25 ─요일 2:1

5월 31일

자녀들아 이제 그의 안에 거하라(요일 2:28).

의심하는 자는 마치 바람에 밀려 요동하는 바다 물결 같으니 이런 사람은 무엇이든지 주께 얻기를 생각하지 말라. 두 마음을 품어 모든 일에 정함이 없는 자로다.

그리스도의 은혜로 너희를 부르신 이를 이같이 속히 떠나 다른 복음을 따르는 것을 내가 이상하게 여기노라. 다른 복음은 없나니 우리나 혹은 하늘로부터 온 천사라도 우리가 너희에게 전한 복음 외에 다른 복음을 전하면 저주를 받을지어다.

율법 안에서 의롭다 함을 얻으려 하는 너희는 그리스도에게서 끊어지고 은혜에서 떨어진 자로다. 너희가 달음질을 잘하더니 누가 너희를 막으랴.

가지가 포도나무에 붙어 있지 아니하면 스스로 열매를 맺을 수 없음같이 너희도 내 안에 있지 아니하면 그러하리라. 너희가 내 안에 거하고 내 말이 너희 안에 거하면 무엇이든지 원하는 대로 구하라. 그리하면 이루리라. —하나님의 약속은 얼마든지 그리스도 안에서 예가 되니 그런즉 그로 말미암아 우리가 아멘 하여 하나님께 영광을 돌리게 되느니라.

약 1:6~8. 갈 1:6~8. 갈 5:4, 7. 요 15:4, 7 —고후 1:20

6월 1일

임마누엘 하나님이 우리와 함께 계시다(마 1:23).

하나님이 참으로 사람과 함께 땅에 계시리이까. 보소서,
하늘과 하늘들의 하늘이라도 주를 용납하지 못하겠나이
다. ―말씀이 육신이 되어 우리 가운데 거하시매 우리가 그의
영광을 보니 아버지의 독생자의 영광이요 은혜와 진리가
충만하더라. ―크도다 경건의 비밀이여, 그렇지 않다 하는
이 없도다. 그는 육신으로 나타난 바 되셨느니라.
이 모든 날 마지막에는 아들을 통하여 우리에게 말씀하셨
으니 이 아들을 만유의 상속자로 세우시고 또 그로 말미암
아 모든 세계를 지으셨느니라.
안식 후 첫날 제자들이 모인 곳의 문들을 닫았더니 예수께
서 오사 가운데 서셨느니라. 제자들이 주를 보고 기뻐하더
라. 여드레를 지나서 제자들이 다시 집 안에 있을 때에 도
마도 함께 있더라. 예수께서 도마에게 이르시되 네 손가락
을 이리 내밀어 내 손을 보고 네 손을 내밀어 내 옆구리에
넣어 보라. 그리하여 믿음 없는 자가 되지 말고 믿는 자가
되라. 도마가 이르되 나의 주님이시요 나의 하나님이시니
이다. ―한 아들을 우리에게 주신 바 되었는데 전능하신 하
나님이라.

대하 6:18 ―요 1:14 ―딤전 3:16. 히 1:2. 요 20:19~20, 26~28 ―사 9:6

6월 2일

여호와는 나의 산업과 나의 잔의 소득이시니(시 16:5).

하나님의 상속자요 그리스도와 함께 한 상속자니 -만물이 다 너희 것임이라. -내 사랑하는 자는 내게 속하였도다. -나를 사랑하사 나를 위하여 자기 자신을 버리신 하나님의 아들이라.

여호와께서 또 아론에게 이르시되 너는 이스라엘 자손의 땅에 기업도 없겠고 그들 중에 아무 분깃도 없을 것이나 내가 이스라엘 자손 중에 네 분깃이요 네 기업이니라.

하늘에서는 주 외에 누가 내게 있으리요 땅에서는 주밖에 내가 사모할 이 없나이다. 내 육체와 마음은 쇠약하나 하나님은 내 마음의 반석이시요 영원한 분깃이시라.

내가 사망의 음침한 골짜기로 다닐지라도 해를 두려워하지 않을 것은 주께서 나와 함께하심이라. 주의 지팡이와 막대기가 나를 안위하시나이다. -내가 믿는 자를 내가 알고 또한 내가 의탁한 것을 그 날까지 그가 능히 지키실 줄을 확신함이라.

하나님이여, 주는 나의 하나님이시라. 내가 간절히 주를 찾되 마르고 황폐한 땅에서 내 영혼이 주를 갈망하며 내 육체가 주를 앙모하나이다.

롬 8:17 -고전 3:21 -아 2:16 -갈 2:20. 민 18:20. 시 73:25~26. 시 23:4 -딤후 1:12. 시 63:1

159

6월 3일

나는 전능한 하나님이라 너는 내 앞에서 행하여 완전하라
(창 17:1).

내가 이미 얻었다 함도 아니요 온전히 이루었다 함도 아니
라. 나는 아직 내가 잡은 줄로 여기지 아니하고 오직 한 일
즉 뒤에 있는 것은 잊어버리고 앞에 있는 것을 잡으려고 푯
대를 향하여 그리스도 예수 안에서 하나님이 위에서 부르
신 부름의 상을 위하여 달려가노라.
에녹이 하나님과 동행하더니 하나님이 그를 데려가시므로
세상에 있지 아니하였더라.
오직 우리 주 곧 구주 예수 그리스도의 은혜와 그를 아는
지식에서 자라 가라. ㅡ우리가 다 수건을 벗은 얼굴로 거울
을 보는 것같이 주의 영광을 보매 그와 같은 형상으로 변화
하여 영광에서 영광에 이르니 곧 주의 영으로 말미암음이
니라.
예수께서 이 말씀을 하시니 내가 비옵는 것은 그들을 세상
에서 데려가시기를 위함이 아니요 다만 악에 빠지지 않게
보전하시기를 위함이니이다. 곧 내가 그들 안에 있고 아버
지께서 내 안에 계시어 그들로 온전함을 이루어 하나가 되
게 하려 함이라.

빌 3:12~14. 창 5:24. 벧후 3:18 ㅡ고후 3:18. 요 17:1, 15, 23

6월 4일

우리가 빛의 갑옷을 입자(롬 13:12).

주 예수 그리스도로 옷 입으라. -그리스도를 얻고 그 안에서 발견되려 함이니 내가 가진 의는 율법에서 난 것이 아니요 오직 그리스도를 믿음으로 말미암은 것이니 곧 믿음으로 하나님께로부터 난 의라. -곧 예수 그리스도를 믿음으로 말미암아 모든 믿는 자에게 미치는 하나님의 의니라. 그가 공의의 겉옷을 내게 더하시니 -내가 주 여호와의 능하신 행적을 가지고 오겠사오며 주의 공의만 전하겠나이다. 너희가 전에는 어둠이더니 이제는 주 안에서 빛이라. 빛의 자녀들처럼 행하라. 너희는 열매 없는 어둠의 일에 참여하지 말고 도리어 책망하라. 책망을 받는 모든 것은 빛으로 말미암아 드러나나니 드러나는 것마다 빛이니라. 잠자는 자여, 깨어서 죽은 자들 가운데서 일어나라. 그리스도께서 너에게 비추이시리라. 그런즉 너희가 어떻게 행할지를 자세히 주의하라.

롬 13:14 -빌 3:8~9 -롬 3:22. 사 61:10 -시 71:16. 엡 5:8, 11, 13~15

6월 5일

그가 우리의 체질을 아시며 우리가 단지 먼지뿐임을 기억하심이로다(시 103:14).

여호와 하나님이 땅의 흙으로 사람을 지으시고 생기를 그 코에 불어넣으시니 사람이 생령이 되니라.
내가 주께 감사하옴은 나를 지으심이 심히 기묘하심이라. 주께서 하시는 일이 기이함을 내 영혼이 잘 아나이다. 내가 은밀한 데서 지음을 받은 때에 나의 형체가 주의 앞에 숨겨지지 못하였나이다. 내 형질이 이루어지기 전에 주의 눈이 보셨으며 나를 위하여 정한 날이 하루도 되기 전에 주의 책에 다 기록이 되었나이다.
우리는 한 아버지를 가지지 아니하였느냐. 한 하나님께서 지으신 바가 아니냐. ―우리가 그를 힘입어 살며 기동하며 존재하느니라. ―아버지가 자식을 긍휼히 여김같이 여호와께서는 자기를 경외하는 자를 긍휼히 여기시느니라.
오직 하나님은 긍휼하시므로 죄악을 덮어 주시어 멸망시키지 아니하시고 그의 진노를 여러 번 돌이키시며 그의 모든 분을 다 쏟아 내지 아니하셨으니 그들은 육체이며 가고 다시 돌아오지 못하는 바람임을 기억하셨음이라.

창 2:7. 시 139:14~16. 말 2:10 ―행 17:28 ―시 103:13. 시 78:38~39

6월 6일

새로운 살 길이요(히 10:20).

가인이 여호와 앞을 떠나더라. —너희 죄악이 너희와 너희 하나님 사이를 갈라놓았고 너희 죄가 그의 얼굴을 가리어서 —거룩함, 이것이 없이는 아무도 주를 보지 못하리라.
내가 곧 길이요 진리요 생명이니 나로 말미암지 않고는 아버지께로 올 자가 없느니라. —우리 구주 그리스도 예수, 그는 사망을 폐하시고 복음으로써 생명과 썩지 아니할 것을 드러내신지라.
첫 장막이 서 있을 동안에는 성소에 들어가는 길이 아직 나타나지 아니한 것이라. —그는 우리의 화평이신지라. 둘로 하나를 만드사 원수 된 것 곧 중간에 막힌 담을 자기 육체로 허셨으니 —성소 휘장이 위로부터 아래까지 찢어져 둘이 되었더라.
생명으로 인도하는 문은 좁고 길이 협착하여 찾는 자가 적음이라. —주께서 생명의 길을 내게 보이시리니 주의 앞에는 충만한 기쁨이 있고 주의 오른쪽에는 영원한 즐거움이 있나이다.

창 4:16 —사 59:2 —히 12:14. 요 14:6 —딤후 1:10. 히 9:8 —엡 2:14 —마 27:51. 마 7:14 —시 16:11

6월 7일

내 모든 죄를 사하소서(시 25:18).

여호와께서 말씀하시되 오라 우리가 서로 변론하자. 너희의 죄가 주홍 같을지라도 눈과 같이 희어질 것이요, 진홍같이 붉을지라도 양털같이 희게 되리라.

안심하라. 네 죄 사함을 받았느니라. —나 곧 나는 나를 위하여 네 허물을 도말하는 자니 네 죄를 기억하지 아니하리라.

인자가 세상에서 죄를 사하는 권능이 있으니 —우리는 그리스도 안에서 그의 은혜의 풍성함을 따라 그의 피로 말미암아 속량 곧 죄 사함을 받았느니라. —우리를 구원하시되 우리가 행한 바 의로운 행위로 말미암지 아니하고 오직 그의 긍휼하심을 따라 중생의 씻음과 성령의 새롭게 하심으로 하셨나니 우리 구주 예수 그리스도로 말미암아 우리에게 그 성령을 풍성히 부어 주사 —우리의 모든 죄를 사하시고 우리를 거스르고 불리하게 하는 법조문으로 쓴 증서를 지우시고 제하여 버리사 십자가에 못 박으셨노라.

내 영혼아, 여호와를 송축하라. 그가 네 모든 죄악을 사하시느니라.

사 1:18. 마 9:2 —사 43:25. 마 9:6 —엡 1:7 —딛 3:5~6 —골 2:13~14. 시 103:2~3

6월 8일

어찌하여 이것을 마음에 생각하느냐(막 2:8).

[아브라함이] 백 세나 되어 자기 몸이 죽은 것 같고 사라의 태가 죽은 것 같음을 알고도 믿음이 약하여지지 아니하고 믿음이 없어 하나님의 약속을 의심하지 않고 믿음으로 견고하여져서 하나님께 영광을 돌리더라.

중풍병자에게 네 죄 사함을 받았느니라 하는 말과 일어나 네 상을 가지고 걸어가라 하는 말 중에서 어느 것이 쉽겠느냐. ―할 수 있거든이 무슨 말이냐 믿는 자에게는 능히 하지 못할 일이 없느니라.

하늘과 땅의 모든 권세를 내게 주셨으니 ―어찌하여 이렇게 무서워하느냐. 너희가 어찌 믿음이 없느냐. ―공중의 새를 보라. 너희 하늘 아버지께서 기르시나니 너희는 이것들보다 귀하지 아니하냐. ―어찌 떡이 없으므로 서로 논의하느냐. 너희가 아직도 깨닫지 못하느냐. 떡 다섯 개로 오천 명을 먹였느니라.

나의 하나님이 그리스도 예수 안에서 영광 가운데 그 풍성한 대로 너희 모든 쓸 것을 채우시리라.

롬 4:19~20. 막 2:9 ―막 9:23. 마 28:18 ―막 4:40 ―마 6:26 ―마 16:8~9. 빌 4:19

6월 9일

악인이 이긴다는 자랑도 잠시요(욥 20:5).

너는 그의 발꿈치를 상하게 할 것이니라. -이제는 너희 때요 어둠의 권세로다. -자녀들은 혈과 육에 속하였으매 그도 또한 같은 모양으로 혈과 육을 함께 지니심은 죽음을 통하여 죽음의 세력을 잡은 자 곧 마귀를 멸하시며 -통치자들과 권세들을 무력화하여 드러내어 구경거리로 삼으시고 십자가로 그들을 이기셨느니라.
근신하라. 깨어라. 너희 대적 마귀가 우는 사자같이 두루 다니며 삼킬 자를 찾나니 너희는 믿음을 굳건하게 하여 -마귀를 대적하라. 그리하면 너희를 피하리라.
악인이 의인 치기를 꾀하고 그를 향하여 그의 이를 가는도다. 그러나 주께서 그를 비웃으시리니 그의 날이 다가옴을 보심이로다. -평강의 하나님께서 속히 사탄을 너희 발아래에서 상하게 하시리라. -마귀가 불과 유황 못에 던져지니 세세토록 밤낮 괴로움을 받으리라.

창 3:15 -눅 22:53 -히 2:14 -골 2:15. 벧전 5:8~9 -약 4:7. 시 37:12~13 -롬 16:20 -계 20:10

6월 10일

주께서 너희를 용서하신 것같이 너희도 그리하고(골 3:13).

이르시되 빚 주는 사람에게 빚진 자가 둘이 있어 하나는 오백 데나리온을 졌고 하나는 오십 데나리온을 졌는데 갚을 것이 없으므로 둘 다 탕감하여 주었더라. ―내가 네 빚을 전부 탕감하여 주었거늘 내가 너를 불쌍히 여김과 같이 너도 네 동료를 불쌍히 여김이 마땅하지 아니하냐.

서서 기도할 때에 아무에게나 혐의가 있거든 용서하라. 그리하여야 하늘에 계신 너희 아버지께서도 너희 허물을 사하여 주시리라. ―너희는 하나님이 택하사 거룩하고 사랑받는 자처럼 긍휼과 자비와 겸손과 온유와 오래 참음을 옷 입고 누가 누구에게 불만이 있거든 서로 용납하여 피차 용서하라.

형제가 내게 죄를 범하면 몇 번이나 용서하여 주리이까. 일곱 번까지 하오리이까. 예수께서 이르시되 네게 이르노니 일곱 번뿐 아니라 일곱 번을 일흔 번까지라도 할지니라.

사랑, 이는 온전하게 매는 띠니라.

눅 7:41~42 ―마 18:32~33. 막 11:25~26 ―골 3:12~13. 마 18:21~22. 골 3:14

6월 11일

보라 내가 만물을 새롭게 하노라(계 21:5).

사람이 거듭나지 아니하면 하나님의 나라를 볼 수 없느니라. ─누구든지 그리스도 안에 있으면 새로운 피조물이라. 이전 것은 지나갔으니 보라, 새 것이 되었도다.
또 새 영을 너희 속에 두고 새 마음을 너희에게 주되 너희 육신에서 굳은 마음을 제거하고 부드러운 마음을 줄 것이라. ─새 덩어리가 되기 위하여 묵은 누룩을 내버리라. ─하나님을 따라 의와 진리의 거룩함으로 지으심을 받은 새 사람을 입으라.
너는 여호와의 입으로 정하실 새 이름으로 일컬음이 될 것이니라.
보라, 내가 새 하늘과 새 땅을 창조하나니 이전 것은 기억되거나 마음에 생각나지 아니할 것이라. ─이 모든 것이 이렇게 풀어지리니 너희가 어떠한 사람이 되어야 마땅하냐. 거룩한 행실과 경건함으로 하라.

요 3:3 ─고후 5:17. 겔 36:26 ─고전 5:7 ─엡 4:24. 사 62:2. 사 65:17 ─벧후 3:11

6월 12일

우리로 죄에 대하여 죽고 의에 대하여 살게 하려 하심이라 (벧전 2:24).

너희는 유혹의 욕심을 따라 썩어져 가는 구습을 따르는 옛 사람을 벗어 버리고 오직 너희의 심령이 새롭게 되어 하나님을 따라 의와 진리의 거룩함으로 지으심을 받은 새 사람을 입으라.

너희가 죽었고 너희 생명이 그리스도와 함께 하나님 안에 감추어졌음이라. —아버지의 영광으로 말미암아 그리스도를 죽은 자 가운데서 살리심과 같이 우리로 또한 새 생명 가운데서 행하게 하려 함이라. 우리가 알거니와 우리의 옛 사람이 예수와 함께 십자가에 못 박힌 것은 죄의 몸이 죽어 다시는 우리가 죄에게 종노릇하지 아니하려 함이니 이는 죽은 자가 죄에서 벗어나 의롭다 하심을 얻었음이라. 이와 같이 너희도 너희 자신을 죄에 대하여는 죽은 자요 그리스도 예수 안에서 하나님께 대하여는 살아 있는 자로 여길지어다. 그러므로 너희는 죄가 너희 죽을 몸을 지배하지 못하게 하여 몸의 사욕에 순종하지 말고 너희 자신을 죽은 자 가운데서 다시 살아난 자같이 하나님께 드리며 너희 지체를 의의 무기로 하나님께 드리라.

엡 4:22~24, 골 3:3 —롬 6:4, 6~7, 11~13

6월 13일

네가 인자를 믿느냐(요 9:35).

주여, 그가 누구시오니이까. 내가 믿고자 하나이다.
하나님의 영광의 광채시요 그 본체의 형상이시라. ―하나님
은 복되시고 유일하신 주권자이시며 만왕의 왕이시며 만주
의 주시요 오직 그에게만 죽지 아니함이 있고 가까이 가지
못할 빛에 거하시고 어떤 사람도 보지 못하였고 또 볼 수
없는 이시니 그에게 존귀와 영원한 권능을 돌릴지어다. 아
멘. ―주 하나님이 이르시되 나는 알파와 오메가라 이제도
있고 전에도 있었고 장차 올 자요 전능한 자라 하시더라.
주여, 내가 믿나이다. ―내가 믿는 자를 내가 알고 또한 내가
의탁한 것을 그 날까지 그가 능히 지키실 줄을 확신함이라.
보라, 내가 택한 보배로운 모퉁잇돌을 시온에 두노니 그를
믿는 자는 부끄러움을 당하지 아니하리라 하였으니 그러므
로 믿는 너희에게는 보배이니라.

요 9:36. 히 1:3 ―딤전 6:15~16 ―계 1:8. 요 9:38 ―딤후 1:12. 벧전
2:6~7

6월 14일

마르다야 마르다야 네가 많은 일로 염려하고 근심하나(눅 10:41).

까마귀를 생각하라. 심지도 아니하고 거두지도 아니하느니라. 백합화를 생각하여 보라. 실도 만들지 않고 짜지도 아니하느니라. 너희는 무엇을 먹을까 무엇을 마실까 하여 구하지 말며 근심하지도 말라. 너희 아버지께서는 이런 것이 너희에게 있어야 할 것을 아시느니라.

우리가 먹을 것과 입을 것이 있은즉 족한 줄로 알 것이니라. 부하려 하는 자들은 시험과 올무와 여러 가지 어리석고 해로운 욕심에 떨어지나니 곧 사람으로 파멸과 멸망에 빠지게 하는 것이라. 돈을 사랑함이 일만 악의 뿌리가 되나니 이것을 탐내는 자들은 미혹을 받아 믿음에서 떠나 많은 근심으로써 자기를 찔렀도다.

세상의 염려와 재물의 유혹과 기타 욕심이 들어와 말씀을 막아 결실하지 못하게 되느니라.

모든 무거운 것과 얽매이기 쉬운 죄를 벗어 버리고 인내로써 우리 앞에 당한 경주를 하자.

눅 12:24, 27, 29~30. 딤전 6:8~10. 막 4:19. 히 12:1

6월 15일

성령이 하나님의 뜻대로 성도를 위하여 간구하심이니라(롬 8:27).

내가 진실로 진실로 너희에게 이르노니 너희가 무엇이든지 아버지께 구하는 것을 내 이름으로 주시리라. 지금까지는 너희가 내 이름으로 아무것도 구하지 아니하였으나 구하라. 그리하면 받으리니 너희 기쁨이 충만하리라. -모든 기도와 간구를 하되 항상 성령 안에서 기도하라.

그를 향하여 우리가 가진 바 담대함이 이것이니 그의 뜻대로 무엇을 구하면 들으심이라. 우리가 무엇이든지 구하는 바를 들으시는 줄을 안즉 우리가 그에게 구한 그것을 얻은 줄을 또한 아느니라. -하나님의 뜻은 이것이니 너희의 거룩함이라.

하나님이 우리를 부르심은 거룩하게 하심이니 너희에게 그의 성령을 주신 하나님이시라.

항상 기뻐하라. 쉬지 말고 기도하라. 범사에 감사하라. 이 것이 그리스도 예수 안에서 너희를 향하신 하나님의 뜻이니라. 성령을 소멸하지 말라.

요 16:23~24 -엡 6:18. 요일 5:14~15 -살전 4:3. 살전 4:7~8. 살전 5:16~19

6월 16일

네가 가진 것을 굳게 잡아 아무도 네 면류관을 빼앗지 못하게 하라(계 3:11).

그 겉옷만 만져도 구원을 받겠다 함이라. —주여, 원하시면 저를 깨끗하게 하실 수 있나이다 하거늘 내가 원하노니 깨끗함을 받으라. —믿음이 겨자씨 한 알만큼만 있어도 되느니라.

너희 담대함을 버리지 말라. 이것이 큰 상을 얻게 하느니라. —두렵고 떨림으로 너희 구원을 이루라. 너희 안에서 행하시는 이는 하나님이시니 자기의 기쁘신 뜻을 위하여 너희에게 소원을 두고 행하게 하시노라.

처음에는 싹이요 다음에는 이삭이요 그 다음에는 이삭에 충실한 곡식이라. —그러므로 우리가 여호와를 알자. 힘써 여호와를 알자. —천국은 침노를 당하나니 침노하는 자는 빼앗느니라. —너희도 상을 받도록 이와 같이 달음질하라.

나는 선한 싸움을 싸우고 나의 달려갈 길을 마치고 믿음을 지켰으니 이제 후로는 나를 위하여 의의 면류관이 예비되었으므로 주 곧 의로우신 재판장이 그 날에 내게 주실 것이라.

마 9:21 —마 8:2~3 —마 17:20. 히 10:35 —빌 2:12~13. 막 4:28 —호 6:3 —마 11:12 —고전 9:24. 딤후 4:7~8

6월 17일

여호와여 주께서 지으신 모든 것들이 주께 감사하며 주의 성도들이 주를 송축하리이다(시 145:10).

내 영혼아, 여호와를 송축하라. 내 속에 있는 것들아 다 그의 거룩한 이름을 송축하라. 내 영혼아, 여호와를 송축하며 그의 모든 은택을 잊지 말지어다. ─내가 여호와를 항상 송축함이여 내 입술로 항상 주를 찬양하리이다. ─내가 날마다 주를 송축하며 영원히 주의 이름을 송축하리이다.

주의 인자하심이 생명보다 나으므로 내 입술이 주를 찬양할 것이라. 이러므로 나의 평생에 주를 송축하며 주의 이름으로 말미암아 나의 손을 들리이다. 골수와 기름진 것을 먹음과 같이 나의 영혼이 만족할 것이라. 나의 입이 기쁜 입술로 주를 찬송하리이다.

내 영혼이 주를 찬양하며 내 마음이 하나님 내 구주를 기뻐하였나이다.

우리 주 하나님이여, 영광과 존귀와 권능을 받으시는 것이 합당하오니 주께서 만물을 지으신지라. 만물이 주의 뜻대로 있었고 또 지으심을 받았나이다.

174

시 103:1~2 ─시 34:1 ─시 145:2. 시 63:3~5. 눅 1:46~47. 계 4:11

6월 18일

믿음이 겨자씨 한 알만큼만 있어도(마 17:20).

바락이 그[드보라]에게 이르되 만일 당신이 나와 함께 가면 내가 가려니와 만일 당신이 나와 함께 가지 아니하면 나도 가지 아니하겠노라 하니 이 날에 하나님이 가나안 왕 야빈을 굴복하게 하신지라. ―기드온이 그의 아버지의 가문과 그 성읍 사람들을 두려워하므로 이 일을 감히 낮에 행하지 못하고 밤에 행하니라. 기드온이 하나님께 여쭈되 주께서 이미 말씀하심같이 내 손으로 이스라엘을 구원하시려거든 내게 이번만 시험하게 하소서. 하나님이 그대로 행하시더라.

네가 작은 능력을 가지고서도 내 말을 지키며 내 이름을 배반하지 아니하였도다. ―작은 일의 날이라고 멸시하는 자가 누구냐.

형제들아, 우리가 너희를 위하여 항상 하나님께 감사할지니 이것이 당연함은 너희의 믿음이 더욱 자라기 때문이라. ―우리에게 믿음을 더하소서. ―내가 이스라엘에게 이슬과 같으리니 그가 백합화같이 피겠고 레바논 백향목같이 뿌리가 박힐 것이라. 그의 가지는 퍼지며 그의 아름다움은 감람나무와 같고 그의 향기는 레바논 백향목 같으리라.

삿 4:8, 23 ―삿 6:27, 36, 39~40. 계 3:8 ―슥 4:10. 살후 1:3 ―눅 17:5 ―호 14:5~6

6월 19일

불로 연단한 금(계 3:18).

나와 복음을 위하여 집이나 형제나 자매나 어머니나 아버지나 자식이나 전토를 버린 자는 현세에 있어 집과 형제와 자매와 어머니와 자식과 전토를 백 배나 받되 박해를 겸하여 받고 내세에 영생을 받지 못할 자가 없느니라.
사랑하는 자들아, 너희를 연단하려고 오는 불 시험을 이상한 일 당하는 것같이 이상히 여기지 말라. —너희가 이제 여러 가지 시험으로 말미암아 잠깐 근심하게 되지 않을 수 없으나 너희 믿음의 확실함은 불로 연단하여도 없어질 금보다 더 귀하여 예수 그리스도께서 나타나실 때에 칭찬과 영광과 존귀를 얻게 할 것이니라.
모든 은혜의 하나님, 곧 그리스도 안에서 너희를 부르사 자기의 영원한 영광에 들어가게 하신 이가 잠깐 고난을 당한 너희를 친히 온전하게 하시며 굳건하게 하시며 강하게 하시며 터를 견고하게 하시리라. —세상에서는 너희가 환난을 당하나 담대하라. 내가 세상을 이기었노라.

막 10:29~30. 벧전 4:12 —벧전 1:6~7. 벧전 5:10 —요 16:33

나의 모든 길과 내가 눕는 것을 살펴보셨으므로(시 139:3).

야곱이 잠이 깨어 이르되 여호와께서 과연 여기 계시거늘 내가 알지 못하였도다. 이에 두려워하여 이르되 두렵도다 이곳이여 이것은 다름 아닌 하나님의 집이요 이는 하늘의 문이로다 하더라.

여호와의 눈은 온 땅을 두루 감찰하사 전심으로 자기에게 향하는 자들을 위하여 능력을 베푸시느니라.

내가 평안히 눕고 자기도 하리니 나를 안전히 살게 하시는 이는 오직 여호와이시니이다.

네가 말하기를 여호와는 나의 피난처시라 하고 지존자를 너의 거처로 삼았으므로 화가 네게 미치지 못하며 재앙이 네 장막에 가까이 오지 못하리니 그가 너를 위하여 그의 천사들을 명령하사 네 모든 길에서 너를 지키게 하심이라. —네가 누울 때에 두려워하지 아니하겠고 네가 누운즉 네 잠이 달리로다. —여호와께서 그의 사랑하시는 자에게는 잠을 주시는도다.

창 28:16~17. 대하 16:9. 시 4:8. 시 91:9~11 —잠 3:24 —시 127:2

내가 그를 찾아도 못 만났고 불러도 응답이 없었노라(아 5:6).

주여, 이스라엘이 그의 원수들 앞에서 돌아섰으니 내가 무슨 말을 하오리이까. 여호와께서 여호수아에게 이르시되 일어나라 어찌하여 이렇게 엎드렸느냐. 이스라엘이 범죄하여 그들이 온전히 바친 물건을 가져가고 그들의 물건들 가운데에 두었느니라.

여호와의 손이 짧아 구원하지 못하심도 아니요 귀가 둔하여 듣지 못하심도 아니라. 오직 너희 죄악이 너희와 너희 하나님 사이를 갈라놓았고 너희 죄가 그의 얼굴을 가리어서 너희에게서 듣지 않으시게 함이니라.

내가 나의 마음에 죄악을 품었더라면 주께서 듣지 아니하시리라.

사랑하는 자들아, 만일 우리 마음이 우리를 책망할 것이 없으면 하나님 앞에서 담대함을 얻고 무엇이든지 구하는 바를 그에게서 받나니 이는 우리가 그의 계명을 지키고 그 앞에서 기뻐하시는 것을 행함이라.

수 7:8, 10~11. 사 59:1~2. 시 66:18. 요일 3:21~22

6월 22일

보라 얼마나 사랑하셨는가(요 11:36).

그가 모든 사람을 대신하여 죽으셨노라. —사람이 친구를 위하여 자기 목숨을 버리면 이보다 더 큰 사랑이 없느니라. 그가 살아 계셔서 그들을 위하여 간구하심이라. —내가 너희를 위하여 거처를 예비하러 가노라.

내가 다시 와서 너희를 내게로 영접하여 나 있는 곳에 너희도 있게 하리라. —아버지여, 내게 주신 자도 나 있는 곳에 나와 함께 있나이다. —세상에 있는 자기 사람들을 사랑하시되 끝까지 사랑하시니라.

우리가 사랑함은 그가 먼저 우리를 사랑하셨음이라. —그리스도의 사랑이 우리를 강권하시는도다. 우리가 생각하건대 한 사람이 모든 사람을 대신하여 죽었은즉 모든 사람이 죽은 것이라. 그가 모든 사람을 대신하여 죽으심은 살아 있는 자들로 하여금 다시는 그들 자신을 위하여 살지 않고 오직 그들을 대신하여 죽었다가 다시 살아나신 이를 위하여 살게 하려 함이라.

내가 아버지의 계명을 지켜 그의 사랑 안에 거하는 것같이 너희도 내 계명을 지키면 내 사랑 안에 거하리라.

고후 5:15 —요 15:13, 히 7:25 —요 14:2, 요 14:3 —요 17:24 —요 13:1, 요일 4:19 —고후 5:14~15, 요 15:10

6월 23일

내가 너를 위하여 안식할 곳을 구하여 너를 복되게 하여야
하지 않겠느냐(룻 3:1).

안식할 때가 하나님의 백성에게 남아 있도다. —내 백성이
화평한 집과 안전한 거처와 조용히 쉬는 곳에 있으려니와
—거기서는 악한 자가 소요를 그치며 거기서는 피곤한 자가
쉼을 얻으며 —그들이 수고를 그치고 쉬리라.
그리로 앞서 가신 예수께서 멜기세덱의 반차를 따라 영원
히 대제사장이 되어 우리를 위하여 들어가셨느니라.
수고하고 무거운 짐 진 자들아, 다 내게로 오라. 내가 너희
를 쉬게 하리라. 나는 마음이 온유하고 겸손하니 나의 멍에
를 메고 내게 배우라. 그리하면 너희 마음이 쉼을 얻으리니
이는 내 멍에는 쉽고 내 짐은 가벼움이라. —너희가 돌이켜
조용히 있어야 구원을 얻을 것이요 잠잠하고 신뢰하여야
힘을 얻을 것이라.
여호와는 나의 목자시니 내게 부족함이 없으리로다. 그가 나
를 푸른 풀밭에 누이시며 쉴 만한 물가로 인도하시는도다.

히 4:9 —사 32:18 —욥 3:17 —계 14:13. 히 6:20. 마 11:28~30 —사
30:15. 시 23:1~2

6월 24일

선생이여 어디 계시오니이까 하니 예수께서 이르시되 와
서 보라(요 1:38~39).

내 아버지 집에 거할 곳이 많도다. 그렇지 않으면 너희에게
일렀으리라. 내가 너희를 위하여 거처를 예비하러 가노니
내가 다시 와서 너희를 내게로 영접하여 나 있는 곳에 너희
도 있게 하리라. ─이기는 그에게는 내가 내 보좌에 함께 앉
게 하여 주리라.

지극히 존귀하며 영원히 거하시며 거룩하다 이름하는 이가
이와 같이 말씀하시되 내가 높고 거룩한 곳에 있으며 또한
통회하고 마음이 겸손한 자와 함께 있나니 이는 겸손한 자
의 영을 소생시키며 통회하는 자의 마음을 소생시키려 함
이라.

볼지어다, 내가 문 밖에 서서 두드리노니 누구든지 내 음성
을 듣고 문을 열면 내가 그에게로 들어가 그와 더불어 먹고
그는 나와 더불어 먹으리라.

내가 세상 끝 날까지 너희와 항상 함께 있으리라. ─하나님
이여, 주의 인자하심이 어찌 그리 보배로우신지요. 사람들
이 주의 날개 그늘 아래에 피하나이다.

요 14:2~3 ─계 3:21, 사 57:15, 계 3:20, 마 28:20 ─시 36:7

6월 25일

만군의 여호와가 말하노라 [저는] 내 짝 된 자라(슥 13:7).

그 안에는 신성의 모든 충만이 육체로 거하시느니라. —내가 능력 있는 용사에게는 돕는 힘을 더하며 백성 중에서 택함 받은 자를 높였으되 —만민 가운데 나와 함께한 자가 없이 내가 홀로 포도즙 틀을 밟았노라.

크도다 경건의 비밀이여, 그는 육신으로 나타난 바 되셨으니 —한 아기가 우리에게 났고 한 아들을 우리에게 주신 바 되었는데 그의 어깨에는 정사를 메었고 그의 이름은 기묘자라, 모사라, 전능하신 하나님이라, 영존하시는 아버지라, 평강의 왕이라 할 것임이라.

하나님의 영광의 광채시요 그 본체의 형상이시라. 그의 능력의 말씀으로 만물을 붙드시며 죄를 정결하게 하는 일을 하시고 높은 곳에 계신 지극히 크신 이의 우편에 앉으셨느니라. 아들에 관하여는 하나님이여 주의 보좌는 영영하나이다.

하나님의 모든 천사들은 그에게 경배할지어다.

만왕의 왕이요 만주의 주라.

골 2:9 —시 89:19 —사 63:3, 딤전 3:16 —사 9:6, 히 1:3, 8, 히 1:6, 계 19:16

6월 26일

이 밤은 그들을 애굽 땅에서 인도하여 내심으로 말미암아 여호와 앞에 지킬 것이니(출 12:42).

주 예수께서 잡히시던 밤에 떡을 가지사 축사하시고 떼어 이르시되 이것은 너희를 위하는 내 몸이니 이것을 행하여 나를 기념하라 하시고, 식후에 또한 그와 같이 잔을 가지시고 이르시되 이 잔은 내 피로 세운 새 언약이니 이것을 행하여 마실 때마다 나를 기념하라 하셨느니라.
[그가] 무릎을 꿇고 기도하더라. 예수께서 힘쓰고 애써 더욱 간절히 기도하시니 땀이 땅에 떨어지는 핏방울같이 되더라.
이날은 유월절의 준비일이요 때는 제 육 시라. 예수를 그들에게 넘겨 주니라. 해골(히브리 말로 골고다)이라 하는 곳에 나가시니 그들이 거기서 예수를 십자가에 못 박으니라.
우리의 유월절 양 곧 그리스도께서 희생되셨느니라. 이러므로 우리가 명절을 지키자.

고전 11:23~25. 눅 22:41, 44. 요 19:14, 16~18. 고전 5:7~8

6월 27일

주의 종에게 심판을 행하지 마소서 주의 눈앞에는 의로운 인생이 하나도 없나이다(시 143:2).

여호와께서 말씀하시되 오라 우리가 서로 변론하자. 너희의 죄가 주홍 같을지라도 눈과 같이 희어질 것이요 진홍같이 붉을지라도 양털같이 희게 되리라.

내 힘을 의지하고 나와 화친하며 나와 화친할 것이니라. ㅡ너는 하나님과 화목하고 평안하라.

우리가 믿음으로 의롭다 하심을 받았으니 우리 주 예수 그리스도로 말미암아 하나님과 화평을 누리자. ㅡ사람이 의롭게 되는 것은 율법의 행위로 말미암음이 아니요 오직 예수 그리스도를 믿음으로 말미암음이라. ㅡ율법의 행위로 그의 앞에 의롭다 하심을 얻을 육체가 없느니라.

모세의 율법으로 너희가 의롭다 하심을 얻지 못하던 모든 일에도 이 사람을 힘입어 믿는 자마다 의롭다 하심을 얻는 이것이라.

우리 주 예수 그리스도로 말미암아 우리에게 승리를 주시는 하나님께 감사하노라.

사 1:18. 사 27:5 ㅡ욥 22:21. 롬 5:1 ㅡ갈 2:16 ㅡ롬 3:20. 행 13:39. 고전 15:57

6월 28일

성령이 밝히 말씀하시기를 후일에 어떤 사람들이 믿음에서 떠나 미혹하는 영을 따르리라(딤전 4:1).

그러므로 너희가 어떻게 들을까 스스로 삼가라. —그리스도의 말씀이 너희 속에 풍성히 거하여 모든 지혜로 —모든 것 위에 믿음의 방패를 가지고 이로써 능히 악한 자의 모든 불화살을 소멸하라.

주의 법을 사랑하는 자에게는 큰 평안이 있으니 그들에게 장애물이 없으리이다. 주의 말씀의 맛이 내게 어찌 그리 단지요 내 입에 꿀보다 더 다니이다. 주의 법도들로 말미암아 내가 명철하게 되었으므로 모든 거짓 행위를 미워하나이다.

주의 말씀은 내 발에 등이요 내 길에 빛이니이다. 내가 주의 증거들을 늘 읊조리므로 나의 명철함이 나의 모든 스승보다 나으리라.

사탄도 자기를 광명의 천사로 가장하나니 —그러나 우리나 혹은 하늘로부터 온 천사라도 우리가 너희에게 전한 복음 외에 다른 복음을 전하면 저주를 받을지어다.

눅 8:18 —골 3:16 —엡 6:16. 시 119:165, 103~104. 시 119:105, 99. 고후 11:14 —갈 1:8

6월 29일

여호와여 내 젊은 시절의 죄와 허물을 기억하지 마시고(시 25:7).

내가 네 허물을 빽빽한 구름같이, 네 죄를 안개같이 없이하였으니 —나 곧 나는 나를 위하여 네 허물을 도말하는 자니 네 죄를 기억하지 아니하리라. —여호와께서 말씀하시되 오라 우리가 서로 변론하자. 너희의 죄가 주홍 같을지라도 눈과 같이 희어질 것이요 진홍같이 붉을지라도 양털같이 희게 되리라. —내가 그들의 악행을 사하고 다시는 그 죄를 기억하지 아니하리라. —우리의 모든 죄를 깊은 바다에 던지시리이다.

주께서 내 영혼을 사랑하사 멸망의 구덩이에서 건지셨고 내 모든 죄를 주의 등 뒤에 던지셨나이다. —주와 같은 신이 어디 있으리이까. 주께서는 죄악을 사유하시며 인애를 기뻐하시므로 진노를 오래 품지 아니하시나이다. —우리를 사랑하사 그의 피로 우리 죄에서 우리를 해방하신 그에게 영광과 능력이 세세토록 있기를 원하노라, 아멘.

186

사 44:22 —사 43:25 —사 1:18 —렘 31:34 —미 7:19. 사 38:17 —미 7:18 —계 1:5~6

6월 30일

하나님은 하늘에 계시고 너는 땅에 있음이니라 그런즉 마땅히 말을 적게 할 것이라(전 5:2).

기도할 때에 이방인과 같이 중언부언하지 말라. 그들은 말을 많이 하여야 들으실 줄 생각하느니라. 그러므로 그들을 본받지 말라. 구하기 전에 너희에게 있어야 할 것을 하나님 너희 아버지께서 아시느니라.

그들이 아침부터 낮까지 바알의 이름을 불러 이르되 바알이여 우리에게 응답하소서.

두 사람이 기도하러 성전에 올라가니 하나는 바리새인이요 하나는 세리라. 바리새인은 서서 따로 기도하여 이르되 하나님이여, 나는 다른 사람들 곧 토색, 불의, 간음을 하는 자들과 같지 아니하고 이 세리와도 같지 아니함을 감사하나이다. 세리는 멀리 서서 감히 눈을 들어 하늘을 쳐다보지도 못하고 다만 가슴을 치며 이르되 하나님이여, 불쌍히 여기소서 나는 죄인이로소이다 하였느니라. 내가 너희에게 이르노니 이에 저 바리새인이 아니고 이 사람이 의롭다 하심을 받고 그의 집으로 내려갔느니라.

주여, 우리에게도 [기도를] 가르쳐 주옵소서.

마 6:7~8. 왕상 18:26. 눅 18:10~11, 13~14. 눅 11:1

7월 1일

여호와께서 여기까지 우리를 도우셨다 하고 그 이름을 에
벤에셀이라 하니라(삼상 7:12).

내가 어려울 때에 나를 구원하셨도다. —여호와를 찬송함이
여, 내 간구하는 소리를 들으심이로다. 여호와는 나의 힘과
나의 방패이시니 내 마음이 그를 의지하여 도움을 얻었도
다. 그러므로 내 마음이 크게 기뻐하며 내 노래로 그를 찬
송하리로다.
여호와께 피하는 것이 사람을 신뢰하는 것보다 나으며 여호
와께 피하는 것이 고관들을 신뢰하는 것보다 낫도다. —야곱
의 하나님을 자기의 도움으로 삼으며 여호와 자기 하나님
에게 자기의 소망을 두는 자는 복이 있도다. —[여호와께서]
바른 길로 인도하사 거주할 성읍에 이르게 하셨도다. —여호
와께서 이스라엘 족속에게 말씀하신 선한 말씀이 하나도 남
음이 없이 다 응하였더라.
내가 너희를 전대와 배낭과 신발도 없이 보내었을 때에 부
족한 것이 있더냐. 이르되 없었나이다. —주는 나의 도움이
되셨음이라. 내가 주의 날개 그늘에서 즐겁게 부르리이다.

시 116:6 —시 28:6~7. 시 118:8~9 —시 146:5 —시 107:7 —수 21:45.
눅 22:35 —시 63:7

7월 2일

[예수께서] 세 번째 같은 말씀으로 기도하신 후(마 26:44).

그는 육체에 계실 때에 자기를 죽음에서 능히 구원하실 이에게 심한 통곡과 눈물로 간구와 소원을 올렸더라.

그러므로 우리가 여호와를 알자, 힘써 여호와를 알자. —기도에 항상 힘쓰며 —모든 기도와 간구를 하되 항상 성령 안에서 기도하고 이를 위하여 깨어 구하기를 항상 힘쓰며 —기도와 간구로, 너희 구할 것을 감사함으로 하나님께 아뢰라. 그리하면 모든 지각에 뛰어난 하나님의 평강이 그리스도 예수 안에서 너희 마음과 생각을 지키시리라.

나의 원대로 마시옵고 아버지의 원대로 하옵소서. —그를 향하여 우리가 가진 바 담대함이 이것이니 그의 뜻대로 무엇을 구하면 들으심이라.

또 여호와를 기뻐하라. 그가 네 마음의 소원을 네게 이루어 주시리로다. 네 길을 여호와께 맡기라. 그를 의지하면 그가 이루시리라.

히 5:7. 호 6:3 —롬 12:12 —엡 6:18 —빌 4:6~7. 마 26:39 —요일 5:14. 시 37:4~5

7월 3일

하나님께서 멸시 받는 것들을 택하사(고전 1:28).

보라, 이 말하는 사람들이 다 갈릴리 사람이 아니냐.
[예수께서] 두 형제가 바다에 그물 던지는 것을 보시니 그
들은 어부라. 말씀하시되 나를 따라오라. ―그들이 베드로
와 요한이 담대하게 말함을 보고 그들을 본래 학문 없는 범
인으로 알았다가 이상히 여기며 또 전에 예수와 함께 있던
줄도 알았더라.
내 말과 내 전도함이 설득력 있는 지혜의 말로 하지 아니하
고 다만 성령의 나타나심과 능력으로 하여 너희 믿음이 사
람의 지혜에 있지 아니하고 다만 하나님의 능력에 있게 하
려 하였노라.
너희가 나를 택한 것이 아니요 내가 너희를 택하여 세웠나
니 이는 너희로 가서 열매를 맺게 하려 함이라. 그가 내 안
에, 내가 그 안에 거하면 사람이 열매를 많이 맺나니 나를
떠나서는 너희가 아무것도 할 수 없음이라. ―우리가 이 보
배를 질그릇에 가졌으니 이는 심히 큰 능력은 하나님께 있
음을 알게 하려 함이라.

행 2:7, 마 4:18~19 ―행 4:13, 고전 2:4~5, 요 15:16, 5 ―고후 4:7

7월 4일

의로우신 예수 그리스도시라 그는 우리 죄를 위한 화목제물이니(요일 2:1~2).

속죄소를 향하게 하고 속죄소를 궤 위에 얹고 내가 네게 줄 증거판을 궤 속에 넣으라. 내가 너와 만나고 네게 이르리라.
진실로 그의 구원이 그를 경외하는 자에게 가까우니 인애와 진리가 같이 만나고 의와 화평이 서로 입맞추었느니라.
여호와여, 주께서 죄악을 지켜보실진대 주여 누가 서리이까. 그러나 사유하심이 주께 있음은 주를 경외하게 하심이니이다. 이스라엘아, 여호와를 바랄지어다. 여호와께서는 인자하심과 풍성한 속량이 있음이라. 그가 이스라엘을 그의 모든 죄악에서 속량하시리로다. −모든 사람이 죄를 범하였으매 하나님의 영광에 이르지 못하더니 그리스도 예수 안에 있는 속량으로 말미암아 하나님의 은혜로 값없이 의롭다 하심을 얻은 자 되었느니라. 이 예수를 하나님이 그의 피로써 믿음으로 말미암는 화목제물로 세우셨으니 이는 하나님께서 죄를 간과하심으로 자기의 의로우심을 나타내려 하심이니라.

출 25:20~22. 시 85:9~10. 시 130:3~4, 7~8 −롬 3:23~25

7월 5일

높은 데 마음을 두지 말고 도리어 낮은 데 처하며(롬 12:16).

내 형제들아, 영광의 주 곧 우리 주 예수 그리스도에 대한 믿음을 너희가 가졌으니 사람을 차별하여 대하지 말라. 하나님이 세상에서 가난한 자를 택하사 믿음에 부요하게 하시고 또 자기를 사랑하는 자들에게 약속하신 나라를 상속으로 받게 하지 아니하셨느냐.

누구든지 자기의 유익을 구하지 말고 남의 유익을 구하라. ─우리가 먹을 것과 입을 것이 있은즉 족한 줄로 알 것이니라. 부하려 하는 자들은 시험과 올무와 여러 가지 어리석고 해로운 욕심에 떨어지나니 곧 사람으로 파멸과 멸망에 빠지게 하는 것이라.

하나님께서 세상의 미련한 것들을 택하사 지혜 있는 자들을 부끄럽게 하려 하시고 세상의 약한 것들을 택하사 강한 것들을 부끄럽게 하려 하시며 하나님께서 세상의 천한 것들과 멸시 받는 것들과 없는 것들을 택하사 있는 것들을 폐하려 하시나니 이는 아무 육체도 하나님 앞에서 자랑하지 못하게 하려 하심이라.

여호와여, 내 마음이 교만하지 아니하고 내 눈이 오만하지 아니하오니이다.

약 2:1, 5. 고전 10:24 ─딤전 6:8~9. 고전 1:27~29. 시 131:1

7월 6일

주의 인자하심이 내 목전에 있나이다(시 26:3).

여호와는 은혜로우시며 긍휼이 많으시며 노하기를 더디 하시며 인자하심이 크시도다. —하늘에 계신 너희 아버지께서 그 해를 악인과 선인에게 비추시며 비를 의로운 자와 불의한 자에게 내려 주심이라.
사랑을 받는 자녀같이 너희는 하나님을 본받는 자가 되고 그리스도께서 너희를 사랑하신 것같이 너희도 사랑 가운데서 행하라. 그는 우리를 위하여 자신을 버리사 향기로운 제물과 희생 제물로 하나님께 드리셨느니라. —서로 친절하게 하며 불쌍히 여기며 서로 용서하기를 하나님이 그리스도 안에서 너희를 용서하심과 같이 하라. —너희가 진리를 순종함으로 너희 영혼을 깨끗하게 하여 거짓이 없이 형제를 사랑하기에 이르렀으니 마음으로 뜨겁게 서로 사랑하라. —그리스도의 사랑이 우리를 강권하시는도다.
오직 너희는 원수를 사랑하고 선대하며 아무것도 바라지 말고 꾸어 주라. 그리하면 너희 상이 클 것이요 또 지극히 높으신 이의 아들이 되리니 그는 은혜를 모르는 자와 악한 자에게도 인자하시니라. 너희 아버지의 자비로우심같이 너희도 자비로운 자가 되라.

시 145:8 —마 5:45. 엡 5:1~2 —엡 4:32 —벧전 1:22 —고후 5:14. 눅 6:35~36

7월 7일

인자가 온 것은 자기 목숨을 많은 사람의 대속물로 주려
함이니라(마 20:28).

염소와 황소의 피와 및 암송아지의 재를 부정한 자에게 뿌
려 그 육체를 정결하게 하여 거룩하게 하거든 하물며 영원
하신 성령으로 말미암아 흠 없는 자기를 하나님께 드린 그
리스도의 피가 어찌 너희 양심을 죽은 행실에서 깨끗하게
하고 살아 계신 하나님을 섬기게 하지 못하겠느냐.
마치 도수장으로 끌려가는 어린 양 [같으신 이가] ─양을
위하여 목숨을 버리노라. 이를 내게서 빼앗는 자가 있는 것
이 아니라 내가 스스로 버리노라. 나는 버릴 권세도 있고
다시 얻을 권세도 있느니라.
육체의 생명은 피에 있음이라. 내가 이 피를 너희에게 주어
제단에 뿌려 너희의 생명을 위하여 속죄하게 하였나니 생
명이 피에 있으므로 피가 죄를 속하느니라. ─피 흘림이 없
은즉 사함이 없느니라.
우리가 아직 죄인 되었을 때에 그리스도께서 우리를 위하
여 죽으심으로 이제 우리가 그의 피로 말미암아 의롭다 하
심을 받았으니 더욱 그로 말미암아 진노하심에서 구원을
받을 것이라.

히 9:13~14. 사 53:7 ─요 10:15, 18. 레 17:11 ─히 9:22. 롬 5:8~9

7월 8일

악한 재판장이 어찌 주와 어울리리이까(시 94:20).

우리의 사귐은 아버지와 그의 아들 예수 그리스도와 더불어 누림이라. —사랑하는 자들아, 우리가 지금은 하나님의 자녀라. 장래에 어떻게 될지는 아직 나타나지 아니하였으나 그가 나타나시면 우리가 그와 같을 줄을 아는 것은 그의 참모습 그대로 볼 것이기 때문이니 주를 향하여 이 소망을 가진 자마다 그의 깨끗하심과 같이 자기를 깨끗하게 하느니라.
이 세상의 임금이 오겠음이라. 그러나 그는 내게 관계할 것이 없으니 —대제사장은 거룩하고 악이 없고 더러움이 없음이라.
우리의 씨름은 혈과 육을 상대하는 것이 아니요 통치자들과 권세들과 이 어둠의 세상 주관자들과 하늘에 있는 악의 영들을 상대함이라. —공중의 권세 잡은 자 곧 지금 불순종의 아들들 가운데서 역사하는 영이라.
하나님께로부터 난 자는 다 범죄하지 아니하는 줄을 우리가 아노라. 하나님께로부터 나신 자가 그를 지키시매 악한 자가 그를 만지지도 못하느니라. 또 아는 것은 우리는 하나님께 속하고 온 세상은 악한 자 안에 처한 것이라.

요일 1:3 -요일 3:2~3. 요 14:30 -히 7:26. 엡 6:12 -엡 2:2. 요일 5:18~19

7월 9일

그날이 공적을 밝히리니(고전 3:13).

때가 이르기 전 곧 주께서 오시기까지 아무것도 판단하지 말라. 그가 어둠에 감추인 것들을 드러내고 마음의 뜻을 나타내시리니 그때에 각 사람에게 하나님으로부터 칭찬이 있으리라.

네가 어찌하여 네 형제를 비판하느냐. 어찌하여 네 형제를 업신여기느냐. 우리가 다 하나님의 심판대 앞에 서리라. 이러므로 우리 각 사람이 자기 일을 하나님께 직고하리라. 그런즉 우리가 다시는 서로 비판하지 말자.

하나님이 예수 그리스도로 말미암아 사람들의 은밀한 것을 심판하시나 ─아버지께서 아무도 심판하지 아니하시고 심판을 다 아들에게 맡기셨으니 또 인자됨으로 말미암아 심판하는 권한을 주셨느니라.

크고 능력 있으신 하나님이시요 이름은 만군의 여호와시니이다. 주는 책략에 크시며 하시는 일에 능하시며 인류의 모든 길을 주목하시며 그의 길과 그의 행위의 열매대로 보응하시나이다.

고전 4:5. 롬 14:10, 12~13. 롬 2:16 ─요 5:22, 27. 렘 32:18~19

7월 10일

내 아들아 네 마음을 내게 주며(잠 23:26).

다만 그들이 항상 이 같은 마음을 품어 나를 경외하며 내 모든 명령을 지켜서 그들과 그 자손이 영원히 복 받기를 원하노라.

하나님 앞에서 네 마음이 바르지 못하니라. —육신의 생각은 하나님과 원수가 되나니 이는 하나님의 법에 굴복하지 아니할 뿐 아니라 할 수도 없음이라. 육신에 있는 자들은 하나님을 기쁘시게 할 수 없느니라.

그들이 먼저 자신을 주께 드리고 —그가 행하는 모든 일에 그의 하나님을 찾고 한 마음으로 행하여 형통하였더라.

모든 지킬 만한 것 중에 더욱 네 마음을 지키라. 생명의 근원이 이에서 남이니라.

무슨 일을 하든지 마음을 다하여 주께 하듯 하라. —그리스도의 종들처럼 마음으로 하나님의 뜻을 행하고 기쁜 마음으로 섬기기를 주께 하듯 하고 사람들에게 하듯 하지 말라.

주께서 내 마음을 넓히시면 내가 주의 계명들의 길로 달려가리이다.

신 5:29. 행 8:21 —롬 8:7~8. 고후 8:5 —대하 31:21. 잠 4:23. 골 3:23 —엡 6:6~7. 시 119:32

7월 11일

그가 사모하는 영혼에게 만족을 주시며 주린 영혼에게 좋은 것으로 채워 주심이로다(시 107:9).

너희가 주의 인자하심을 맛보았노라.

하나님이여, 주는 나의 하나님이시라. 내가 간절히 주를 찾되 물이 없어 마르고 황폐한 땅에서 내 영혼이 주를 갈망하며 내 육체가 주를 앙모하나이다. 내가 주의 권능과 영광을 보기 [원하노라]. —내 영혼이 여호와의 궁정을 사모하여 쇠약함이여 내 마음과 육체가 살아 계시는 하나님께 부르짖나이다. —차라리 세상을 떠나서 그리스도와 함께 있는 것이 훨씬 더 좋은 일이라 그렇게 하고 싶나이다.

깰 때에 주의 형상으로 만족하리이다. —그들이 다시는 주리지도 아니하며 목마르지도 아니하고 해나 아무 뜨거운 기운에 상하지도 아니하리니 이는 보좌 가운데에 계신 어린 양이 그들의 목자가 되사 생명수 샘으로 인도하시고 하나님께서 그들의 눈에서 모든 눈물을 씻어 주실 것임이라. —그들이 주의 집에 있는 살진 것으로 풍족할 것이라. 주께서 주의 복락의 강물을 마시게 하시리이다. —내 복으로 내 백성을 만족하게 하리라. 여호와의 말씀이니라.

벧전 2:3. 시 63:1~2 —시 84:2 —빌 1:23. 시 17:15 —계 7:16~17 —시 36:8 —렘 31:14

7월 12일

서로 돌아보아 사랑과 선행을 격려하며(히 10:24).

옳은 말이 어찌 그리 고통스러운고! ―너희의 진실한 마음을 일깨워 생각나게 하라.

여호와를 경외하는 자들이 피차에 말하매 여호와께서 그것을 분명히 들으시고 여호와를 경외하는 자와 그 이름을 존중히 여기는 자를 위하여 여호와 앞에 있는 기념 책에 기록하셨느니라. ―너희 중의 두 사람이 땅에서 합심하여 무엇이든지 구하면 하늘에 계신 내 아버지께서 그들을 위하여 이루게 하시리라.

여호와 하나님이 이르시되 사람이 혼자 사는 것이 좋지 아니하니 ―두 사람이 한 사람보다 나음은 그들이 수고함으로 좋은 상을 얻을 것임이라. 혹시 그들이 넘어지면 하나가 그 동무를 붙들어 일으키려니와 홀로 있어 넘어지고 붙들어 일으킬 자가 없는 자에게는 화가 있으리라.

부딪칠 것이나 거칠 것을 형제 앞에 두지 아니하도록 주의하라. ―너희가 짐을 서로 지라. 그리하여 그리스도의 법을 성취하라. 너 자신을 살펴보아 너도 시험을 받을까 두려워하라.

욥 6:25 ―벧후 3:1. 말 3:16 ―마 18:19. 창 2:18 ―전 4:9~10. 롬 14:13 ―갈 6:2, 1

7월 13일

너희는 여호와의 책에서 찾아(사 34:16).

너희는 나의 이 말을 너희의 마음과 뜻에 두고 또 그것을 너희의 손목에 매어 기호를 삼고 너희 미간에 붙여 표를 삼으며 -이 율법 책을 네 입에서 떠나지 말게 하며 주야로 그것을 묵상하여 그 안에 기록된 대로 다 지켜 행하라. 그리하면 네 길이 평탄하게 될 것이며 네가 형통하리라.

그의 마음에는 하나님의 법이 있으니 그의 걸음은 실족함이 없으리로다. -나는 주의 입술의 말씀을 따라 스스로 삼가서 포악한 자의 길을 가지 아니하였사오며 -내가 주께 범죄하지 아니하려 하여 주의 말씀을 내 마음에 두었나이다.

우리에게는 더 확실한 예언이 있어 어두운 데를 비추는 등불과 같으니 날이 새어 샛별이 너희 마음에 떠오르기까지 너희가 이것을 주의하는 것이 옳으니라. -우리로 하여금 인내로 또는 성경의 위로로 소망을 가지게 함이니라.

신 11:18 -수 1:8. 시 37:31 -시 17:4 -시 119:11. 벧후 1:19 -롬 15:4

7월 14일

속히 보기를 바라노니 또한 우리가 대면하여 말하리라(요삼 1:14).

원하건대 주는 하늘을 가르고 강림하소서. -하나님이여, 사슴이 시냇물을 찾기에 갈급함같이 내 영혼이 주를 찾기에 갈급하니이다. 내 영혼이 하나님 곧 살아 계시는 하나님을 갈망하나니 내가 어느 때에 나아가서 하나님의 얼굴을 뵈올까. -내 사랑하는 자야, 너는 빨리 달리라. 향기로운 산 위에 있는 노루와도 같고 어린 사슴과도 같아라.

우리의 시민권은 하늘에 있는지라. 거기로부터 구원하는 자 곧 주 예수 그리스도를 기다리노니 -복스러운 소망과 우리의 크신 하나님 구주 예수 그리스도의 영광이 나타나심을 기다리게 하셨느니라. -우리 구주 하나님과 우리의 소망이신 그리스도 예수 -[그분을] 너희가 보지 못하였으나 사랑하는도다.

이것들을 증언하신 이가 이르시되 내가 진실로 속히 오리라 하시거늘 아멘 주 예수여 오시옵소서. -그 날에 말하기를 이는 우리의 하나님이시라. 우리가 그를 기다렸으니 그가 우리를 구원하시리로다. 이는 여호와시라. 우리가 그를 기다렸으니 우리는 그의 구원을 기뻐하며 즐거워하리라.

사 64:1 -시 42:1~2 -아 8:14. 빌 3:20 -딛 2:13 -딤전 1:1 -벧전 1:8. 계 22:20 -사 25:9

7월 15일

입이 음식물의 맛을 분별함같이 귀가 말을 분별하나니(욥 34:3).

사랑하는 자들아, 영을 다 믿지 말고 오직 영들이 하나님께 속하였나 분별하라. 많은 거짓 선지자가 세상에 나왔음이라. ―외모로 판단하지 말고 공의롭게 판단하라. ―나는 지혜 있는 자들에게 말함과 같이 하노니 너희는 내가 이르는 말을 스스로 판단하라. ―그리스도의 말씀이 모든 지혜로 너희 속에 풍성히 거하느니라.

귀 있는 자는 성령이 하시는 말씀을 들을지어다. ―신령한 자는 모든 것을 판단하노라.

너희가 무엇을 듣는가 스스로 삼가라. ―내가 네 행위와 자칭 사도라 하되 아닌 자들을 시험하여 그의 거짓된 것을 네가 드러낸 것[을 아노라]. ―범사에 헤아려 좋은 것을 취하라. 그가 자기 양의 이름을 각각 불러 인도하여 내느니라. 자기 양을 다 내놓은 후에 앞서 가면 양들이 그의 음성을 아는 고로 따라오되 타인의 음성은 알지 못하는 고로 타인을 따르지 아니하고 도리어 도망하느니라.

요일 4:1 ―요 7:24 ―고전 10:15 ―골 3:16. 계 2:29 ―고전 2:15. 막 4:24 ―계 2:2 ―살전 5:21. 요 10:3~5

7월 16일

우리가 우리 하나님께 기도하며 그들로 말미암아 파수꾼을 두어 방비하는데(느 4:9).

시험에 들지 않게 깨어 기도하라. —기도를 계속하고 기도에 감사함으로 깨어 있으라. —너희 염려를 다 주께 맡기라. 이는 그가 너희를 돌보심이라. 근신하라. 깨어라. 너희 대적 마귀가 우는 사자같이 두루 다니며 삼킬 자를 찾나니 너희는 믿음을 굳건하게 하여 그를 대적하라.

너희는 나를 불러 주여 주여 하면서도 어찌하여 내가 말하는 것을 행하지 아니하느냐. —너희는 말씀을 행하는 자가 되고 듣기만 하여 자신을 속이는 자가 되지 말라.

너는 어찌하여 내게 부르짖느냐. 이스라엘 자손에게 명령하여 앞으로 나아가게 하라.

아무것도 염려하지 말고 다만 모든 일에 기도와 간구로, 너희 구할 것을 감사함으로 하나님께 아뢰라. 그리하면 모든 지각에 뛰어난 하나님의 평강이 그리스도 예수 안에서 너희 마음과 생각을 지키시리라.

마 26:41 —골 4:2 —벧전 5:7~9. 눅 6:46 —약 1:22. 출 14:15. 빌 4:6~7

7월 17일

성령의 거룩하게 하심(살후 2:13).

북풍아, 일어나라. 남풍아, 오라. 나의 동산에 불어서 향기를 날리라.

보라, 하나님의 뜻대로 하게 된 이 근심이 너희로 얼마나 간절하게 하며 얼마나 변증하게 하며 얼마나 분하게 하며 얼마나 두렵게 하며 얼마나 사모하게 하며 얼마나 열심 있게 하며 얼마나 벌하게 하였는가. ─빛의 열매는 모든 착함과 의로움과 진실함에 있느니라. 주를 기쁘시게 할 것이 무엇인가 시험하여 보라.

보혜사 성령 ─우리에게 주신 성령으로 말미암아 하나님의 사랑이 우리 마음에 부은 바 됨이라.

오직 성령의 열매는 사랑과 희락과 화평이라.

환난의 많은 시련 가운데서 그들의 넘치는 기쁨과 극심한 가난이 그들의 풍성한 연보를 넘치도록 하게 하였느니라.

이 모든 일은 같은 한 성령이 행하사 그의 뜻대로 각 사람에게 나누어 주시는 것이니라.

아 4:16. 고후 7:11 ─엡 5:9~10. 요 14:26 ─롬 5:5. 갈 5:22. 고후 8:2. 고전 12:11

7월 18일

그는 힘을 다하여(막 14:8).

이 가난한 과부가 다른 모든 사람보다 많이 넣었도다. ―누구든지 너희가 그리스도에게 속한 자라 하여 물 한 그릇이라도 주면 내가 진실로 너희에게 이르노니 그가 결코 상을 잃지 않으리라. ―할 마음만 있으면 있는 대로 받으실 터이요 없는 것은 받지 아니하시리라.

우리가 말과 혀로만 사랑하지 말고 행함과 진실함으로 하자. ―만일 형제나 자매가 헐벗고 일용할 양식이 없는데 너희 중에 누구든지 그에게 이르되 평안히 가라, 덥게 하라, 배부르게 하라 하며 그 몸에 쓸 것을 주지 아니하면 무슨 유익이 있으리요 ―많이 심는 자는 많이 거둔다 하는 말이로다. 각각 그 마음에 정한 대로 할 것이요 인색함으로나 억지로 하지 말지니 하나님은 즐겨 내는 자를 사랑하시느니라.

너희도 명령 받은 것을 다 행한 후에 이르기를 우리는 무익한 종이라 우리가 하여야 할 일을 한 것뿐이라 할지니라.

눅 21:3 ―막 9:41 ―고후 8:12. 요일 3:18 ―약 2:15~16 ―고후 9:6~7. 눅 17:10

7월 19일

헐몬의 이슬(시 133:3).

시온 산 곧 헤르몬 산 ―거기서 여호와께서 복을 명령하셨나니 곧 영생이로다. ―내가 이스라엘에게 이슬과 같으리니 그가 백합화같이 피겠고 레바논 백향목같이 뿌리가 박힐 것이라.

내 교훈은 비처럼 내리고 내 말은 이슬처럼 맺히나니 연한 풀 위의 가는 비 같고 채소 위의 단비 같도다. ―이는 비와 눈이 하늘로부터 내려서 그리로 되돌아가지 아니하고 땅을 적셔서 소출이 나게 하며 싹이 나게 하여 파종하는 자에게는 종자를 주며 먹는 자에게는 양식을 줌과 같이 내 입에서 나가는 말도 이와 같이 헛되이 내게로 되돌아오지 아니하고 나의 기뻐하는 뜻을 이루며 내가 보낸 일에 형통함이니라.

하나님이 성령을 한량없이 주심이니라. ―우리가 다 그의 충만한 데서 받으니 은혜 위에 은혜러라. ―머리에 있는 보배로운 기름이 아론, 그의 옷깃까지 내림 같더라.

신 4:48 ―시 133:3 ―호 14:5. 신 32:2 ―사 55:10~11. 요 3:34 ―요 1:16 ―시 133:2

7월 20일

마음이 즐거운 자는 항상 잔치하느니라(잠 15:15).

여호와로 인하여 기뻐하는 것이 너희의 힘이니라. —하나님의 나라는 먹는 것과 마시는 것이 아니요 오직 성령 안에 있는 의와 평강과 희락이라. —오직 성령으로 충만함을 받으라. 시와 찬송과 신령한 노래들로 서로 화답하며 너희의 마음으로 주께 노래하며 찬송하며 범사에 우리 주 예수 그리스도의 이름으로 항상 아버지 하나님께 감사하라.

우리는 예수로 말미암아 항상 찬송의 제사를 하나님께 드리자. 이는 그 이름을 증언하는 입술의 열매니라.

비록 무화과나무가 무성하지 못하며 포도나무에 열매가 없으며 감람나무에 소출이 없으며 밭에 먹을 것이 없으며 우리에 양이 없으며 외양간에 소가 없을지라도 나는 여호와로 말미암아 즐거워하며 나의 구원의 하나님으로 말미암아 기뻐하리로다. —근심하는 자 같으나 항상 기뻐하고 —우리가 환난 중에도 즐거워하노라.

느 8:10 —롬 14:17 —엡 5:18~20. 히 13:15. 합 3:17~18 —고후 6:10 —롬 5:3

7월 21일

성소 휘장이 위로부터 아래까지 찢어져 둘이 되고(마 27:51).

주 예수께서 잡히시던 밤에 떡을 가지사 축사하시고 떼어 이르시되 이것은 너희를 위하는 내 몸이니 이것을 행하여 나를 기념하라 하시고 —내가 줄 떡은 곧 세상의 생명을 위한 내 살이니라 하시니라.

인자의 살을 먹지 아니하고 인자의 피를 마시지 아니하면 너희 속에 생명이 없느니라. 내 살을 먹고 내 피를 마시는 자는 영생을 가졌고, 내 살을 먹고 내 피를 마시는 자는 내 안에 거하고 나도 그의 안에 거하나니 살아 계신 아버지께서 나를 보내시매 내가 아버지로 말미암아 사는 것같이 나를 먹는 그 사람도 나로 말미암아 살리라. 이 말이 너희에게 걸림이 되느냐. 그러면 너희는 인자가 이전에 있던 곳으로 올라가는 것을 본다면 어떻게 하겠느냐. 살리는 것은 영이니 육은 무익하니라.

그 길은 우리를 위하여 휘장 가운데로 열어 놓으신 새로운 살 길이요 휘장은 곧 그의 육체니라. 하나님께 나아가자.

고전 11:23~24 —요 6:51, 요 6:53~54, 56~57, 61~63, 히 10:20, 22

7월 22일

하나님의 사랑 안에서 자신을 지키며(유 1:21).

내 안에 거하라. 나도 너희 안에 거하리라. 가지가 포도나무
에 붙어 있지 아니하면 스스로 열매를 맺을 수 없음같이 너희
도 내 안에 있지 아니하면 그러하리라. 나는 포도나무요 너희
는 가지라. 그가 내 안에, 내가 그 안에 거하면 사람이 열매를
많이 맺나니 나를 떠나서는 너희가 아무것도 할 수 없음이라.
오직 성령의 열매는 사랑이라.

너희가 열매를 많이 맺으면 내 아버지께서 영광을 받으실
것이요 너희는 내 제자가 되리라. 아버지께서 나를 사랑하
신 것같이 나도 너희를 사랑하였으니 나의 사랑 안에 거하
라. 내가 아버지의 계명을 지켜 그의 사랑 안에 거하는 것
같이 너희도 내 계명을 지키면 내 사랑 안에 거하리라. ―누
구든지 그의 말씀을 지키는 자는 하나님의 사랑이 참으로
그 속에서 온전하게 되느니라.

내 계명은 곧 내가 너희를 사랑한 것같이 너희도 서로 사랑
하라 하는 이것이니라. ―우리가 아직 죄인 되었을 때에 그
리스도께서 우리를 위하여 죽으심으로 하나님께서 우리에
대한 자기의 사랑을 확증하셨느니라. ―하나님은 사랑이시
라. 사랑 안에 거하는 자는 하나님 안에 거하고 하나님도
그의 안에 거하시느니라.

요 15:4~5. 갈 5:22. 요 15:8~10 ―요일 2:5. 요 15:12 ―롬 5:8 ―요일
4:16

7월 23일

형제들아 우리를 위하여 기도하라(살전 5:25).

너희 중에 병든 자가 있느냐. 그는 교회의 장로들을 청할 것이요 그들은 그를 위하여 기도할지니라. 믿음의 기도는 병든 자를 구원하리니 주께서 그를 일으키시리라. 병이 낫기를 위하여 서로 기도하라. 의인의 간구는 역사하는 힘이 큼이니라. 엘리야는 우리와 성정이 같은 사람이로되 그가 비가 오지 않기를 간절히 기도한즉 삼 년 육 개월 동안 땅에 비가 오지 아니하고 다시 기도하니 하늘이 비를 주고 땅이 열매를 맺었느니라.

모든 기도와 간구를 하되 항상 성령 안에서 기도하고 이를 위하여 깨어 구하기를 항상 힘쓰며 여러 성도를 위하여 구하라.

항상 내 기도에 쉬지 않고 너희를 말하며 -항상 너희를 위하여 애써 기도하여 너희로 하나님의 모든 뜻 가운데서 완전하고 확신 있게 서기를 구하노라.

약 5:14~18. 엡 6:18. 롬 1:9 -골 4:12

7월 24일

믿음이 없어 하나님의 약속을 의심하지 않고(롬 4:20).

하나님을 믿으라. 누구든지 이 산더러 들리어 바다에 던져지라 하며 그 말하는 것이 이루어질 줄 믿고 마음에 의심하지 아니하면 그대로 되리라. 그러므로 내가 너희에게 말하노니 무엇이든지 기도하고 구하는 것은 받은 줄로 믿으라. 그리하면 너희에게 그대로 되리라. ─믿음이 없이는 하나님을 기쁘시게 하지 못하나니 하나님께 나아가는 자는 반드시 그가 계신 것과 또한 그가 자기를 찾는 자들에게 상 주시는 이심을 믿어야 할지니라.

아브라함은 약속들을 받은 자로되 그 외아들을 드렸느니라. 그에게 이미 말씀하시기를 네 자손이라 칭할 자는 이삭으로 말미암으리라 하셨으니 그가 하나님이 능히 이삭을 죽은 자 가운데서 다시 살리실 줄로 생각한지라. ─약속하신 그것을 또한 능히 이루실 줄을 확신하였더라.

여호와께 능하지 못한 일이 있겠느냐. ─하나님으로서는 다 하실 수 있느니라. ─우리에게 믿음을 더하소서.

막 11:22~24 ─히 11:6. 히 11:17~19 ─롬 4:21. 창 18:14 ─마 19:26 ─눅 17:5

주께서 생명의 길을 내게 보이시리니(시 16:11).

여호와께서 말씀하시기를 보라, 내가 너희 앞에 생명의 길
과 사망의 길을 두었노라. ─선하고 의로운 길을 너희에게
가르칠 것인즉 ─내가 곧 길이요 진리요 생명이니 나로 말
미암지 않고는 아버지께로 올 자가 없느니라. ─나를 따라
오라.
어떤 길은 사람이 보기에 바르나 필경은 사망의 길이니라.
─멸망으로 인도하는 문은 크고 그 길이 넓어 그리로 들어
가는 자가 많고 생명으로 인도하는 문은 좁고 길이 협착하
여 찾는 자가 적음이라.

거기에 대로가 있어 그 길을 거룩한 길이라 일컫는 바 되리
니 깨끗하지 못한 자는 지나가지 못하겠고 오직 구속함을
입은 자들을 위하여 있게 될 것이라. 우매한 행인은 그 길
로 다니지 못할 것이라. ─그러므로 우리가 여호와를 알자.
힘써 여호와를 알자.
내 아버지 집에 거할 곳이 많도다. 그렇지 않으면 너희에게
일렀으리라. 내가 너희를 위하여 거처를 예비하러 가노라.

렘 21:8 ─삼상 12:23 ─요 14:6 ─마 4:19. 잠 14:12 ─마 7:13~14. 사
35:8 ─호 6:3. 요 14:2

7월 26일

그의 거룩한 이름에 감사할지어다(시 97:12).

하늘이라도 그가 보시기에 부정하거든 하물며 악을 저지르기를 물 마심같이 하는 가증하고 부패한 사람을 용납하시겠느냐. ─그의 눈에는 별도 빛나지 못하거든 하물며 벌레 같은 인생이랴.

여호와여, 신 중에 주와 같은 자가 누구니이까. 주와 같이 거룩함으로 영광스러운 자가 누구니이까. ─거룩하다, 거룩하다, 거룩하다, 만군의 여호와여.

오직 너희를 부르신 거룩한 이처럼 너희도 모든 행실에 거룩한 자가 되라. 기록되었으되 내가 거룩하니 너희도 거룩할지어다 하셨느니라. ─그의 거룩하심에 참여하게 하시느니라.

하나님의 성전은 거룩하니 너희도 그러하니라. ─너희가 어떠한 사람이 되어야 마땅하냐. 거룩한 행실과 경건함으로 점도 없고 흠도 없이 하라.

무릇 더러운 말은 너희 입 밖에도 내지 말고 오직 덕을 세우는 데 소용되는 대로 선한 말을 하여 하나님의 성령을 근심하게 하지 말라. 그 안에서 너희가 구원의 날까지 인치심을 받았느니라.

욥 15:15~16 ─욥 25:5~6. 출 15:11 ─사 6:3. 벧전 1:15~16 ─히 12:10. 고전 3:17 ─벧후 3:11, 14. 엡 4:29~30

주께서 나를 전쟁하게 하려고 능력으로 내게 띠 띠우사(시 18:39).

내가 약한 그때에 강함이라.

아사가 그의 하나님 여호와께 부르짖어 이르되 여호와여, 힘이 강한 자와 약한 자 사이에는 주밖에 도와줄 이가 없사오니 우리 하나님 여호와여, 우리를 도우소서. 우리가 주를 의지하오며 주의 이름을 의탁하옵고 이 많은 무리를 치러 왔나이다. 여호와여, 주는 우리 하나님이시오니 원하건대 사람이 주를 이기지 못하게 하옵소서. —여호사밧이 소리를 지르매 여호와께서 그를 도우시더라.

여호와께 피하는 것이 사람을 신뢰하는 것보다 나으며 여호와께 피하는 것이 고관들을 신뢰하는 것보다 낫도다. —많은 군대로 구원 얻은 왕이 없으며 용사가 힘이 세어도 스스로 구원하지 못하는도다. 구원하는 데에 군마는 헛되며 군대가 많다 하여도 능히 구하지 못하는도다.

우리의 씨름은 혈과 육을 상대하는 것이 아니요 통치자들과 권세들과 이 어둠의 세상 주관자들과 하늘에 있는 악의 영들을 상대함이라. 그러므로 하나님의 전신 갑주를 취하라.

고후 12:10. 대하 14:11 -대하 18:31. 시 118:8~9 -시 33:16~17. 엡 6:12~13

7월 28일

너희 구할 것을 하나님께 아뢰라(빌 4:6).

아빠 아버지여, 아버지께는 모든 것이 가능하오니 이 잔을 내게서 옮기시옵소서. 그러나 나의 원대로 마시옵고 아버지의 원대로 하옵소서. —내 육체에 가시를 주셨으니 이것이 내게서 떠나가게 하기 위하여 내가 세 번 주께 간구하였더니 나에게 이르시기를 내 은혜가 네게 족하도다 이는 내 능력이 약한 데서 온전하여짐이라 하신지라. 그러므로 도리어 크게 기뻐함으로 나의 여러 약한 것들에 대하여 자랑하리라.

내가 내 원통함을 그의 앞에 토로하며 내 우환을 그의 앞에 진술하는도다. —한나가 마음이 괴로워서 여호와께 기도하고 통곡하며 서원하여 이르되 만군의 여호와여, 만일 주의 여종의 고통을 돌보시고 주의 여종에게 아들을 주시면 내가 그의 평생에 그를 여호와께 드리리라. 여호와께서 그를 생각하신지라.

우리는 마땅히 기도할 바를 알지 못하나 —[여호와는] 우리를 위하여 기업을 택하시느니라.

215

막 14:36 —고후 12:7~9. 시 142:2 —삼상 1:10~11, 19. 롬 8:26 —시 47:4

7월 29일

주의 이름을 경외하는 자가 얻을 기업을 내게 주셨나이다
(시 61:5).

너를 치려고 제조된 모든 연장이 쓸모가 없을 것이라. 일어
나 너를 대적하여 송사하는 모든 혀는 네게 정죄를 당하리
니 이는 여호와의 종들의 기업이요 이는 그들이 내게서 얻
은 공의니라. 여호와의 말씀이니라. ―여호와의 천사가 주
를 경외하는 자를 둘러 진 치고 그들을 건지시는도다. 너희
는 여호와의 선하심을 맛보아 알지어다. 그에게 피하는 자
는 복이 있도다. 너희 성도들아, 여호와를 경외하라. 그를
경외하는 자에게는 부족함이 없도다. 젊은 사자는 궁핍하
여 주릴지라도 여호와를 찾는 자는 모든 좋은 것에 부족함
이 없으리로다. ―내게 줄로 재어 준 구역은 아름다운 곳에
있음이여 나의 기업이 실로 아름답도다.
내 이름을 경외하는 너희에게는 공의로운 해가 떠올라서
치료하는 광선을 비추리니 너희가 나가서 외양간에서 나온
송아지같이 뛰리라. ―자기 아들을 아끼지 아니하시고 우리
모든 사람을 위하여 내주신 이가 어찌 그 아들과 함께 모든
것을 우리에게 주시지 아니하겠느냐.

사 54:17 ―시 34:7~10 ―시 16:6. 말 4:2 ―롬 8:32

7월 30일

곧 전에 예수께 왔던 니고데모(요 7:50).

베드로가 멀찍이 예수를 따르더라. ─관리 중에도 그를 믿는 자가 많되 바리새인들 때문에 드러나게 말하지 못하니 이는 출교를 당할까 두려워함이라. 그들은 사람의 영광을 하나님의 영광보다 더 사랑하였더라. ─사람을 두려워하면 올무에 걸리게 되거니와 여호와를 의지하는 자는 안전하리라.
내게 오는 자는 내가 결코 내쫓지 아니하리라. ─상한 갈대를 꺾지 아니하며 꺼져 가는 등불을 끄지 아니하리라. ─믿음이 겨자씨 한 알만큼만 있어도 되느니라.
하나님이 우리에게 주신 것은 두려워하는 마음이 아니요 오직 능력과 사랑과 절제하는 마음이니 그러므로 너는 내가 우리 주를 증언함을 부끄러워하지 말라. ─자녀들아, 이제 그의 안에 거하라. 이는 주께서 나타내신 바 되면 그가 강림하실 때에 우리로 담대함을 얻어 그 앞에서 부끄럽지 않게 하려 함이라. ─누구든지 사람 앞에서 나를 시인하면 나도 하늘에 계신 내 아버지 앞에서 그를 시인할 것이라.

217

마 26:58 ─요 12:42~43 ─잠 29:25. 요 6:37 ─사 42:3 ─마 17:20. 딤후 1:7~8 ─요일 2:28 ─마 10:32

7월 31일

성령이 하나 되게 하신 것(엡 4:3).

몸이 하나요 성령도 한 분이시니 −그로 말미암아 우리 둘이 한 성령 안에서 아버지께 나아감을 얻게 하려 하심이라. 그러므로 이제부터 너희는 외인도 아니요 나그네도 아니요 오직 성도들과 동일한 시민이요 하나님의 권속이라. 너희는 사도들과 선지자들의 터 위에 세우심을 입은 자라. 그리스도 예수께서 친히 모퉁잇돌이 되셨느니라. 그의 안에서 건물마다 서로 연결하여 주 안에서 성전이 되어 가고 너희도 성령 안에서 하나님이 거하실 처소가 되기 위하여 그리스도 예수 안에서 함께 지어져 가느니라.

보라, 형제가 연합하여 동거함이 어찌 그리 선하고 아름다운고. 머리에 있는 보배로운 기름이 수염 곧 아론의 수염에 흘러서 그의 옷깃까지 내림 같으니라.

너희가 진리를 순종함으로 너희 영혼을 깨끗하게 하여 거짓이 없이 형제를 사랑하기에 이르렀으니 마음으로 뜨겁게 서로 사랑하라.

218

엡 4:4 −엡 2:18∼22. 시 133:1∼2. 벧전 1:22

8월 1일

주는 가장 자비하시고 긍휼히 여기시는 이시니라(약 5:11).

아버지가 자식을 긍휼히 여김같이 여호와께서는 자기를 경외하는 자를 긍휼히 여기시나니 —여호와는 은혜로우시고 자비로우시도다. 그의 언약을 영원히 기억하시리로다.

너를 지키시는 이가 졸지 아니하시리로다. 이스라엘을 지키시는 이는 졸지도 아니하시고 주무시지도 아니하시리로다. —마치 독수리가 자기의 보금자리를 어지럽게 하며 자기의 새끼 위에 너풀거리며 그의 날개를 펴서 새끼를 받으며 그의 날개 위에 그것을 업는 것같이 여호와께서 홀로 그를 인도하셨고 그와 함께한 다른 신이 없었도다.

여호와의 긍휼이 무궁하시므로 이것들이 아침마다 새로우니 주의 성실하심이 크시도소이다.

예수께서 나오사 큰 무리를 보시고 불쌍히 여기사 그중에 있는 병자를 고쳐 주시니라. —어제나 오늘이나 영원토록 동일하시니라.

너희에게는 머리털까지 다 세신 바 되었나니, 참새 두 마리가 한 앗사리온에 팔리지 않느냐. 그러나 너희 아버지께서 허락하지 아니하시면 그 하나도 땅에 떨어지지 아니하리라. 두려워하지 말라.

시 103:13 —시 111:4~5. 시 121:3~4 —신 32:11~12. 애 3:22~23. 마 14:14 —히 13:8. 마 10:30, 29, 31

8월 2일

내가 홀로 포도즙 틀을 밟았는데(사 63:3).

여호와여, 신 중에 주와 같은 자가 누구니이까. 주와 같이 거룩함으로 영광스러우며 찬송할 만한 위엄이 있으며 기이한 일을 행하는 자가 누구니이까. —사람이 없음을 보시며 중재자가 없음을 이상히 여기셨으므로 자기 팔로 스스로 구원을 베푸시며 자기의 공의를 스스로 의지하사 —친히 나무에 달려 그 몸으로 우리 죄를 담당하셨으니 —그리스도께서 우리를 위하여 저주를 받은 바 되셨느니라.

새 노래로 여호와께 찬송하라. 그는 기이한 일을 행하사 그의 오른손과 거룩한 팔로 자기를 위하여 구원을 베푸셨음이로다. —통치자들과 권세들을 무력화하여 드러내어 구경거리로 삼으시고 십자가로 그들을 이기셨느니라. —그가 자기 영혼의 수고한 것을 보고 만족하게 여길 것이라. 나의 의로운 종이 자기 지식으로 많은 사람을 의롭게 하며 또 그들의 죄악을 친히 담당하리로다.

내 영혼아, 네가 힘 있는 자를 밟았도다. —우리를 사랑하시는 이로 말미암아 우리가 넉넉히 이기느니라. —우리 형제들이 어린 양의 피로 이겼노라.

출 15:11 —사 59:16 —벧전 2:24 —갈 3:13. 시 98:1 —골 2:15 —사 53:11. 삿 5:21 —롬 8:37 —계 12:11

8월 3일

나를 존중히 여기는 자를 내가 존중히 여기고(삼상 2:30).

누구든지 사람 앞에서 나를 시인하면 나도 하늘에 계신 내 아버지 앞에서 그를 시인할 것이요 ─아버지나 어머니를 나보다 더 사랑하는 자는 내게 합당하지 아니하고 아들이나 딸을 나보다 더 사랑하는 자도 내게 합당하지 아니하며 또 자기 십자가를 지고 나를 따르지 않는 자도 내게 합당하지 아니하니라. 자기 목숨을 얻는 자는 잃을 것이요 나를 위하여 자기 목숨을 잃는 자는 얻으리라.

시험을 참는 자는 복이 있나니 이는 시련을 견디어 낸 자가 주께서 자기를 사랑하는 자들에게 약속하신 생명의 면류관을 얻을 것이기 때문이라.

너는 장차 받을 고난을 두려워하지 말라. 네가 죽도록 충성하라. 그리하면 내가 생명의 관을 네게 주리라.

우리가 잠시 받는 환난의 경한 것이 지극히 크고 영원한 영광의 중한 것을 우리에게 이루게 함이니 ─예수 그리스도께서 나타나실 때에 칭찬과 영광과 존귀를 얻게 할 것이니라.

마 10:32 ─마 10:37∼39. 약 1:12. 계 2:10. 고후 4:17 ─벧전 1:7

8월 4일

그가 높은 곳에서 손을 펴사 나를 붙잡아 주심이여 많은 물에서 나를 건져내셨도다(시 18:16).

나를 기가 막힐 웅덩이와 수렁에서 끌어올리시고 내 발을 반석 위에 두사 내 걸음을 견고하게 하셨도다. ―그는 허물과 죄로 죽었던 너희를 살리셨도다. 그때에 너희는 그 가운데서 행하여 이 세상 풍조를 따르고 전에는 우리도 우리 육체의 욕심을 따라 지내었더라.

하나님이여, 나의 부르짖음을 들으시며 내 기도에 유의하소서. 내 마음이 약해질 때에 땅 끝에서부터 주께 부르짖으오리다. ―내가 스올의 뱃속에서 부르짖었더니 주께서 내 음성을 들으셨나이다. 주께서 나를 깊음 속 바다 가운데에 던지셨으므로 큰물이 나를 둘렀고 주의 파도와 큰 물결이 다 내 위에 넘쳤나이다. ―우리가 불과 물을 통과하였더니 주께서 우리를 끌어내사 풍부한 곳에 들이셨나이다.

네가 물 가운데로 지날 때에 내가 너와 함께할 것이라. 강을 건널 때에 물이 너를 침몰하지 못할 것이라.

시 40:2 ―엡 2:1~3. 시 61:1~2 ―욘 2:2~3 ―시 66:12. 사 43:2

8월 5일

아버지의 원대로 되기를 원하나이다(마 26:42).

여호와여, 내가 알거니와 사람의 길이 자신에게 있지 아니하니 걸음을 지도함이 걷는 자에게 있지 아니하니이다. -나의 원대로 마시옵고 아버지의 원대로 하옵소서. -실로 내가 내 영혼으로 고요하고 평온하게 하기를 젖 뗀 아이가 그의 어머니 품에 있음 같게 하였나니 내 영혼이 젖 뗀 아이와 같도다.

우리는 마땅히 기도할 바를 알지 못하나 오직 성령이 말할 수 없는 탄식으로 우리를 위하여 친히 간구하시느니라. 마음을 살피시는 이가 성령의 생각을 아시나니 이는 성령이 하나님의 뜻대로 성도를 위하여 간구하심이니라.

너희는 너희가 구하는 것을 알지 못하는도다. -여호와께서는 그들이 요구한 것을 그들에게 주셨을지라도 그들의 영혼은 쇠약하게 하셨도다. -이러한 일은 우리의 본보기가 되어 우리로 하여금 그들이 악을 즐겨한 것같이 즐겨하는 자가 되지 않게 하려 함이니라.

너희가 염려 없기를 원하노라. -주께서 심지가 견고한 자를 평강하고 평강하도록 지키시리니 이는 그가 주를 신뢰함이니이다.

렘 10:23 -마 26:39 -시 131:2. 롬 8:26~27. 마 20:22 -시 106:15 -고전 10:6. 고전 7:32 -사 26:3

땅과 거기에 충만한 것은 다 여호와의 것이로다(시 24:1).

곡식과 새 포도주와 기름은 내가 그에게 준 것이요 은과 금도 내가 그에게 더하여 준 것이거늘 그가 알지 못하도다. 그러므로 내가 내 곡식을 그것이 익을 계절에 도로 찾으며 내가 내 새 포도주를 그것이 맛 들 시기에 도로 찾으며 내 양털과 내 삼을 빼앗으리라.

모든 것이 주께로 말미암았사오니 우리가 주의 손에서 받은 것으로 주께 드렸을 뿐이니이다. 우리는 우리 조상들과 같이 주님 앞에서 이방 나그네와 거류민들이라. 세상에 있는 날이 그림자 같아서 희망이 없나이다. 우리 하나님 여호와여, 우리가 저축한 이 모든 물건이 다 주의 손에서 왔사오니 다 주의 것이니이다. ─만물이 주에게서 나오고 주로 말미암고 주에게로 돌아감이라. 그에게 영광이 세세에 있을지어다. 아멘.

우리에게 모든 것을 후히 주사 누리게 하시는 하나님. ─하나님께서 지으신 모든 것이 선하매 감사함으로 받으면 버릴 것이 없나니 하나님의 말씀과 기도로 거룩하여짐이라.

나의 하나님이 그리스도 예수 안에서 영광 가운데 그 풍성한 대로 너희 모든 쓸 것을 채우시리라.

호 2:8~9. 대상 29:14~16 ─롬 11:36. 딤전 6:17 ─딤전 4:4~5. 빌 4:19

224

8월 7일

너희는 그리스도에 대하여 어떻게 생각하느냐(마 22:42).

문들아, 너희 머리를 들지어다. 영원한 문들아, 들릴지어다. 영광의 왕이 들어가시리로다. 영광의 왕이 누구시냐. 만군의 여호와께서 곧 영광의 왕이시로다. ─그 옷과 그 다리에 이름을 쓴 것이 있으니 만왕의 왕이요 만주의 주라 하였더라.

믿는 너희에게는 보배이나 믿지 아니하는 자에게는 건축자들이 버린 그 돌이 모퉁이의 머릿돌이 되느니라. ─십자가에 못 박힌 그리스도가 유대인에게는 거리끼는 것이요 이방인에게는 미련한 것이로되 오직 부르심을 받은 자들에게는 유대인이나 헬라인이나 그리스도는 하나님의 능력이요 하나님의 지혜니라.

모든 것을 해로 여김은 내 주 그리스도 예수를 아는 지식이 가장 고상하기 때문이라. 내가 그를 위하여 모든 것을 잃어버리고 배설물로 여김은 그리스도를 얻음이라. ─주님, 모든 것을 아시오매 내가 주님을 사랑하는 줄을 주님께서 아시나이다.

시 24:9~10 ─계 19:16. 벧전 2:7 ─고전 1:23~24. 빌 3:8 ─요 21:17

8월 8일

누구든지 주의 이름을 부르는 자는 구원을 받으리라(롬 10:13).

내게 오는 자는 내가 결코 내쫓지 아니하리라. ㅡ예수여, 당신의 나라에 임하실 때에 나를 기억하소서 하니 예수께서 이르시되 내가 진실로 네게 이르노니 오늘 네가 나와 함께 낙원에 있으리라 하시니라. ㅡ너희에게 무엇을 하여 주기를 원하느냐. 이르되 주여, 우리의 눈 뜨기를 원하나이다. 예수께서 불쌍히 여기사 그들의 눈을 만지시니 곧 보게 되어 그들이 예수를 따르니라.

너희가 악할지라도 좋은 것을 자식에게 줄 줄 알거든 하물며 너희 하늘 아버지께서 구하는 자에게 성령을 주시지 않겠느냐. ㅡ내 영을 너희 속에 두리라. 주 여호와께서 이같이 말씀하셨느니라. 그래도 내게 구하여야 할지라.

그를 향하여 우리가 가진 바 담대함이 이것이니 그의 뜻대로 무엇을 구하면 들으심이라. 우리가 무엇이든지 구하는 바를 들으시는 줄을 안즉, 우리가 그에게 구한 그것을 얻은 줄을 또한 아느니라.

요 6:37 ㅡ눅 23:42~43 ㅡ마 20:32~34. 눅 11:13 ㅡ겔 36:27, 37. 요일 5:14~15

8월 9일

물을 가두지 못할 터진 웅덩이들이니라(렘 2:13).

하와가 가인을 낳고 이르되 내가 여호와로 말미암아 득남
하였다 하니라.

자, 성읍과 탑을 건설하여 그 탑 꼭대기를 하늘에 닿게 하자
하였더니 여호와께서 거기서 그들을 흩으셨더라. —롯이 요
단 온 지역을 택하고 온 땅에 물이 넉넉하니 여호와의 동산
같더라. 소돔 사람은 여호와 앞에 악하며 큰 죄인이었더라.

내가 다시 지혜를 알고자 하며 미친 것들과 미련한 것들을
알고자 하여 마음을 썼으나 이것도 바람을 잡으려는 것인
줄을 깨달았도다. 지혜가 많으면 번뇌도 많으니 지식을 더
하는 자는 근심을 더하느니라. —나의 사업을 크게 하였노
라. 내가 나를 위하여 집들을 짓고 포도원을 일구며 은금을
나를 위하여 쌓았으나 그 후에 내가 생각해 본즉 다 헛되어
바람을 잡는 것이더라.

누구든지 목마르거든 내게로 와서 마시라. —그가 사모하는
영혼에게 만족을 주시며 주린 영혼에게 좋은 것으로 채워
주심이로다.

위의 것을 생각하고 땅의 것을 생각하지 말라.

창 4:1. 창 11:4, 8 —창 13:11, 10, 13. 전 1:17~18 —전 2:4, 8, 11. 요
7:37 —시 107:9. 골 3:2

8월 10일

여호와를 의지하는 자는 안전하리라(잠 29:25).

여호와께서는 지극히 존귀하시니 그는 높은 곳에 거하심이
요. —여호와는 모든 나라보다 높으시며 그의 영광은 하늘
보다 높으시도다. 가난한 자를 먼지 더미에서 일으키시며
궁핍한 자를 거름 더미에서 들어 세워 지도자들과 함께 세
우시도다.

긍휼이 풍성하신 하나님이 우리를 사랑하신 그 큰 사랑을
인하여 허물로 죽은 우리를 그리스도와 함께 살리셨고 (너
희는 은혜로 구원을 받은 것이라), 또 함께 일으키사 그리
스도 예수 안에서 함께 하늘에 앉히셨느니라.

자기 아들을 아끼지 아니하시고 우리 모든 사람을 위하여
내주신 이가 어찌 그 아들과 함께 모든 것을 우리에게 주시
지 아니하겠느냐. 내가 확신하노니 사망이나 생명이나 천
사들이나 권세자들이나 현재 일이나 장래 일이나 능력이나
높음이나 깊음이나 다른 어떤 피조물이라도 우리를 우리
주 그리스도 예수 안에 있는 하나님의 사랑에서 끊을 수 없
으리라.

사 33:5 —시 113:4, 7~8. 엡 2:4~6. 롬 8:32, 38~39

8월 11일

어느 것이 광명이 있는 곳으로 가는 길이냐(욥 38:19).

하나님은 빛이시라. 그에게는 어둠이 조금도 없으시다는 것이니라. ―내가 세상에 있는 동안에는 세상의 빛이로라. 만일 우리가 하나님과 사귐이 있다 하고 어둠에 행하면 거짓말을 하고 진리를 행하지 아니함이거니와 그가 빛 가운데 계신 것같이 우리도 빛 가운데 행하면 우리가 서로 사귐이 있고 그 아들 예수의 피가 우리를 모든 죄에서 깨끗하게 하실 것이요. ―우리로 하여금 빛 가운데서 성도의 기업의 부분을 얻기에 합당하게 하신 아버지, 그가 우리를 흑암의 권세에서 건져내사 그의 사랑의 아들의 나라로 옮기셨으니 그 아들 안에서 우리가 속량 곧 죄 사함을 얻었도다. 너희는 다 빛의 아들이요 낮의 아들이라. 우리가 밤이나 어둠에 속하지 아니하나니 ―너희는 세상의 빛이라. 산 위에 있는 동네가 숨겨지지 못할 것이요 이같이 너희 빛이 사람 앞에 비치게 하여 그들로 너희 착한 행실을 보고 하늘에 계신 너희 아버지께 영광을 돌리게 하라.

요일 1:5 ―요 9:5. 요일 1:6~7 ―골 1:12~14. 살전 5:5 ―마 5:14, 16

세상의 약한 것들을 택하사 강한 것들을 부끄럽게 하려 하시며(고전 1:27).

이스라엘 자손이 여호와께 부르짖으매 여호와께서 그들을 위하여 한 구원자를 세우셨으니 왼손잡이 에훗이라. 에훗 후에는 삼갈이 있어 소 모는 막대기로 블레셋 사람 육백 명을 죽였고 그도 이스라엘을 구원하였더라.

여호와께서 그[기드온]를 향하여 이르시되 너는 가라, 내가 너를 보낸 것이 아니냐 하시니라. 그러나 기드온이 그에게 대답하되 오 주여, 내가 무엇으로 이스라엘을 구원하리이까 보소서, 나의 집은 므낫세 중에 극히 약하고 나는 내 아버지 집에서 가장 작은 자니이다 하더라.

여호와께서 기드온에게 이르시되 너를 따르는 백성이 너무 많은즉 이스라엘이 나를 거슬러 스스로 자랑하기를 내 손이 나를 구원하였다 할까 함이니라.

만군의 여호와께서 말씀하시되 이는 힘으로 되지 아니하며 능력으로 되지 아니하고 오직 나의 영으로 되느니라. ─너희가 주 안에서와 그 힘의 능력으로 강건하여지라.

삿 3:15, 31. 삿 6:14~15. 삿 7:2. 슥 4:6 ─엡 6:10

8월 13일

하나님께서 세상의 멸시 받는 것들과 없는 것들을 택하사 (고전 1:28).

미혹을 받지 말라. 음행하는 자나 우상 숭배하는 자나 간음하는 자나 탐색하는 자나 남색하는 자나 도적이나 탐욕을 부리는 자나 술 취하는 자나 모욕하는 자나 속여 빼앗는 자들은 하나님의 나라를 유업으로 받지 못하리라. 너희 중에 이와 같은 자들이 있더니 주 예수 그리스도의 이름과 우리 하나님의 성령 안에서 씻음과 거룩함과 의롭다 하심을 받았느니라.

그는 허물과 죄로 죽었던 너희를 살리셨도다. 그때에 너희는 그 가운데서 행하여 이 세상 풍조를 따르고 전에는 우리도 다 그 가운데서 우리 육체의 욕심을 따라 지내며 육체와 마음의 원하는 것을 하였더라.

오직 그의 긍휼하심을 따라 중생의 씻음과 성령의 새롭게 하심으로 하셨나니 우리 구주 예수 그리스도로 말미암아 우리에게 그 성령을 풍성히 부어 주셨느니라.

이는 내 생각이 너희의 생각과 다르며 내 길은 너희의 길과 다름이니라. 여호와의 말씀이니라.

고전 6:9~11. 엡 2:1~3. 딛 3:5~6. 사 55:8

하나님이 나와 더불어 영원한 언약을 세우사 만사에 구비하고 견고하게 하셨으니(삼하 23:5).

내가 믿는 자를 내가 알고 또한 내가 의탁한 것을 그 날까지 그가 능히 지키실 줄을 확신함이라.

찬송하리로다. 하나님 곧 우리 주 예수 그리스도의 아버지께서 그리스도 안에서 하늘에 속한 모든 신령한 복을 우리에게 주시되 곧 창세전에 그리스도 안에서 우리를 택하사 우리로 사랑 안에서 그 앞에 거룩하고 흠이 없게 하시려고 우리를 예정하사 예수 그리스도로 말미암아 자기의 아들들이 되게 하셨노라.

232

우리가 알거니와 하나님을 사랑하는 자 곧 그의 뜻대로 부르심을 입은 자들에게는 모든 것이 합력하여 선을 이루느니라. 하나님이 미리 아신 자들을 또한 그 아들의 형상을 본받게 하기 위하여 미리 정하셨으니 또 미리 정하신 그들을 또한 부르시고 부르신 그들을 또한 의롭다 하시고 의롭다 하신 그들을 또한 영화롭게 하셨느니라.

딤후 1:12. 엡 1:3~5. 롬 8:28~30

8월 15일

내가 그를 타일러 거친 들로 데리고 가서 말로 위로하고(호 2:14).

너희는 그들 중에서 나와서 따로 있고 부정한 것을 만지지 말라. 내가 너희를 영접하여 너희에게 아버지가 되고 너희는 내게 자녀가 되리라. 전능하신 주의 말씀이니라. ―그런즉 사랑하는 자들아, 이 약속을 가진 우리는 하나님을 두려워하는 가운데서 거룩함을 온전히 이루어 육과 영의 온갖 더러운 것에서 자신을 깨끗하게 하자.

예수도 자기 피로써 백성을 거룩하게 하려고 성문 밖에서 고난을 받으셨느니라. 그런즉 우리도 그의 치욕을 짊어지고 영문 밖으로 그에게 나아가자.

[예수께서] 이르시되 너희는 따로 한적한 곳에 가서 잠깐 쉬어라. ―여호와는 나의 목자시니 내게 부족함이 없으리로다. 그가 나를 푸른 풀밭에 누이시며 쉴 만한 물가로 인도하시는도다. 내 영혼을 소생시키시고 자기 이름을 위하여 의의 길로 인도하시는도다.

고후 6:17~18 ―고후 7:1. 히 13:12~13. 막 6:31 ―시 23:1~3

8월 16일

그가 만물보다 먼저 계시고(골 1:17).

아멘이시요, 하나님의 창조의 근본이신 이 -그가 근본이시
요 죽은 자들 가운데서 먼저 나신 이시니 이는 친히 만물의
으뜸이 되려 하심이요.

여호와께서 그 조화의 시작 곧 태초에 일하시기 전에 나를
가지셨으며 만세 전부터, 태초부터, 땅이 생기기 전부터 내
가 세움을 받았나니 그가 하늘을 지으시며 궁창을 해면에
두르실 때에 내가 거기 있었고 그가 위로 구름 하늘을 견고
하게 하시며 바다의 샘들을 힘 있게 하시며 바다의 한계를
정하여 물이 명령을 거스르지 못하게 하시며 내가 그 곁에
있어서 창조자가 되어 날마다 그의 기뻐하신 바가 되었으
며 항상 그 앞에서 즐거워하였노라. -과연 태초로부터 나
는 그이니라.

죽임을 당한 어린 양, 창세 이후로 -믿음의 주요 또 온전하
게 하시는 이인 예수, 그는 그 앞에 있는 기쁨을 위하여 십
자가를 참으사 부끄러움을 개의치 아니하시더니 하나님 보
좌 우편에 앉으셨느니라.

계 3:14 -골 1:18. 잠 8:22~23, 27~30 -사 43:13. 계 13:8 -히 12:2

8월 17일

인생은 그날이 풀과 같으며 그 영화가 들의 꽃과 같도다 그것은 바람이 지나가면 없어지나니 그 있던 자리도 다시 알지 못하거니와(시 103:15~16).

우리에게 우리 날 계수함을 가르치사 지혜로운 마음을 얻게 하소서. −사람이 만일 온 천하를 얻고도 자기 목숨을 잃으면 무엇이 유익하리요.

이 백성은 실로 풀이로다. 풀은 마르고 꽃은 시드나 우리 하나님의 말씀은 영원히 서리라 하라. −이 세상도, 그 정욕도 지나가되 오직 하나님의 뜻을 행하는 자는 영원히 거하느니라.

보라, 지금은 은혜 받을 만한 때요. 보라, 지금은 구원의 날이로다. −세상 물건을 쓰는 자들은 다 쓰지 못하는 자같이 하라. 이 세상의 외형은 지나감이니라. −서로 돌아보아 사랑과 선행을 격려하며 모이기를 폐하는 어떤 사람들의 습관과 같이 하지 말고 오직 권하여 그날이 가까움을 볼수록 더욱 그리하자.

시 90:12 −막 8:36. 사 40:7~8 −요일 2:17. 고후 6:2 −고전 7:31 −히 10:24~25

8월 18일

자랑하는 자는 주 안에서 자랑하라 함과 같게 하려 함이라
(고전 1:31).

지혜로운 자는 그의 지혜를 자랑하지 말라. 용사는 그의 용
맹을 자랑하지 말라. 부자는 그의 부함을 자랑하지 말라.
자랑하는 자는 이것으로 자랑할지니 곧 명철하여 나를 아
는 것과 깨닫는 것이라.

모든 것을 해로 여김은 내 주 그리스도 예수를 아는 지식이
가장 고상하기 때문이라. 내가 그를 위하여 모든 것을 잃어
버리고 배설물로 여김은 그리스도를 얻었음이요 ―내가 복
음을 부끄러워하지 아니하노니 이 복음은 모든 믿는 자에
게 구원을 주시는 하나님의 능력이 됨이라. ―내가 그리스
도 예수 안에서 하나님의 일에 대하여 자랑하는 것이 있나
이다.

하늘에서는 주 외에 누가 내게 있으리요 땅에서는 주밖에
내가 사모할 이 없나이다. ―내 마음이 여호와로 말미암아
즐거워하며 내가 주의 구원으로 말미암아 기뻐함이니이다.

여호와여, 영광을 우리에게 돌리지 마옵소서. 우리에게 돌
리지 마옵소서. 오직 주는 인자하시고 진실하시므로 주의
이름에만 영광을 돌리소서.

렘 9:23~24. 빌 3:8 ―롬 1:16 ―롬 15:17. 시 73:25 ―삼상 2:1. 시
115:1

8월 19일

너희가 장래 일을 내게 물으며 또 내 아들들과 내 손으로 한 일에 관하여 내게 명령하려느냐(사 45:11).

새 영을 너희 속에 두고 새 마음을 너희에게 주되 너희 육신에서 굳은 마음을 제거하고 부드러운 마음을 줄 것이며 또 내 영을 너희 속에 두어 너희로 내 율례를 행하게 하리라. 주 여호와께서 이같이 말씀하셨느니라. 그래도 이스라엘 족속이 이같이 자기들에게 이루어 주기를 내게 구하여야 할지라.

너희 중의 두 사람이 땅에서 합심하여 무엇이든지 구하면 하늘에 계신 내 아버지께서 그들을 위하여 이루게 하시리라. 두세 사람이 내 이름으로 모인 곳에는 나도 그들 중에 있느니라.

하나님을 믿으라. 내가 진실로 너희에게 이르노니 누구든지 이 산더러 들리어 바다에 던져지라 하며 그 말하는 것이 이루어질 줄 믿고 마음에 의심하지 아니하면 그대로 되리라.

겔 36:26~27, 37. 마 18:19~20. 막 11:22~23

8월 20일

네가 만일 환난 날에 낙담하면 네 힘이 미약함을 보임이니라(잠 24:10).

피곤한 자에게는 능력을 주시며 무능한 자에게는 힘을 더하시나니 —내 은혜가 네게 족하도다 이는 내 능력이 약한 데서 온전하여짐이라. —그가 내게 간구하리니 내가 그에게 응답하리라. 그들이 환난 당할 때에 내가 그와 함께하여 그를 건지리라. —영원하신 하나님이 네 처소가 되시니 그의 영원하신 팔이 네 아래에 있도다. 그가 네 앞에서 대적을 쫓으시리라.

불쌍히 여길 자를 바라나 없고 긍휼히 여길 자를 바라나 찾지 못하였나이다.

대제사장마다 사람 가운데서 택한 자이므로 하나님께 속한 일에 사람을 위하여 하나니 그가 무식하고 미혹된 자를 능히 용납할 수 있는 것은 이와 같이 그리스도께서 아들이시면서도 받으신 고난으로 순종함을 배워서 온전하게 되셨은즉 자기에게 순종하는 모든 자에게 영원한 구원의 근원이 되시었느니라. —그는 실로 우리의 질고를 지고 우리의 슬픔을 당하였노라.

사 40:29 —고후 12:9 —시 91:15 —신 33:27. 시 69:20. 히 5:1~2, 5, 8~9 —사 53:4

8월 21일

어떤 길은 사람이 보기에 바르나 필경은 사망의 길이니라
(잠 14:12).

자기의 마음을 믿는 자는 미련한 자요.
주의 말씀은 내 발에 등이요 내 길에 빛이니이다. ㅡ사람의
행사로 논하면 나는 주의 입술의 말씀을 따라 스스로 삼가
서 포악한 자의 길을 가지 아니하였나이다.
너희 중에 선지자나 꿈꾸는 자가 일어나서 너희가 알지 못
하던 다른 신들을 우리가 따라 섬기자고 말할지라도 너는
그 선지자의 말을 청종하지 말라. 이는 너희의 하나님 여호
와께서 너희가 마음을 다하고 뜻을 다하여 너희의 하나님
여호와를 사랑하는 여부를 알려 하사 너희를 시험하심이니
라. 너희는 너희의 하나님 여호와를 따르며 그를 경외하며
그의 명령을 지키며 그의 목소리를 청종하며 그를 섬기며
그를 의지하라.
내가 네 갈 길을 가르쳐 보이고 너를 주목하여 훈계하리로다.

잠 28:26. 시 119:105 ㅡ시 17:4. 신 13:1~4. 시 32:8

하나님이 솔로몬에게 넓은 마음을 주시되 바닷가의 모래 같이 하시니(왕상 4:29).

솔로몬보다 더 큰 이가 여기 있느니라. —평강의 왕이라. 의인을 위하여 죽는 자가 쉽지 않고 선인을 위하여 용감히 죽는 자가 혹 있거니와 우리가 아직 죄인 되었을 때에 그리스도께서 우리를 위하여 죽으심으로 하나님께서 우리에 대한 자기의 사랑을 확증하셨느니라. —그는 근본 하나님의 본체시나 하나님과 동등됨을 취할 것으로 여기지 아니하시고 오히려 자기를 비워 종의 형체를 가지사 사람들과 같이 되셨고 사람의 모양으로 나타나사 자기를 낮추시고 죽기까지 복종하셨으니 곧 십자가에 죽으심이라. —지식에 넘치는 그리스도의 사랑이라.

그리스도는 하나님의 능력이요 하나님의 지혜니라. —그 안에는 지혜와 지식의 모든 보화가 감추어져 있느니라. —측량할 수 없는 그리스도의 풍성함이라. —너희는 하나님으로부터 나서 그리스도 예수 안에 있고 예수는 하나님으로부터 나와서 우리에게 지혜와 의로움과 거룩함과 구원함이 되셨느니라.

마 12:42 —사 9:6. 롬 5:7~8 —빌 2:6~8 —엡 3:18. 고전 1:24 —골 2:3 —엡 3:8 —고전 1:30

8월 23일

내가 지었은즉 내가 업을 것이요(사 46:4).

야곱아, 너를 창조하신 여호와께서 지금 말씀하시느니라.
이스라엘아, 너를 지으신 이가 말씀하시느니라. 너는 두려
워하지 말라. 내가 너를 구속하였고 내가 너를 지명하여 불
렀나니 너는 내 것이라. 네가 물 가운데로 지날 때에 내가
너와 함께할 것이라. 강을 건널 때에 물이 너를 침몰하지
못할 것이라. ―너희가 노년에 이르기까지 내가 그리하겠고
백발이 되기까지 내가 너희를 품을 것이라.
마치 독수리가 자기의 보금자리를 어지럽게 하며 자기의
새끼 위에 너풀거리며 그의 날개를 펴서 새끼를 받으며 그
의 날개 위에 그것을 업는 것같이 여호와께서 홀로 그를 인
도하셨고 ―옛적 모든 날에 그들을 드시며 안으셨더라.
예수 그리스도는 어제나 오늘이나 영원토록 동일하시니라.
―내가 확신하노니 높음이나 깊음이나 다른 어떤 피조물이
라도 우리를 우리 주 그리스도 예수 안에 있는 하나님의 사
랑에서 끊을 수 없으리라.
여인이 어찌 그 젖 먹는 자식을 잊겠으며 자기 태에서 난
아들을 긍휼히 여기지 않겠느냐. 그들은 혹시 잊을지라도
나는 너를 잊지 아니할 것이라.

사 43:1~2 ―사 46:4. 신 32:11~12 ―사 63:9. 히 13:8 ―롬 8:38~39.
사 49:15

때가 아직 낮이매 나를 보내신 이의 일을 우리가 하여야 하리라(요 9:4).

게으른 자는 마음으로 원하여도 얻지 못하나 부지런한 자의 마음은 풍족함을 얻느니라. ―남을 윤택하게 하는 자는 자기도 윤택하여지리라.

나의 양식은 나를 보내신 이의 뜻을 행하며 그의 일을 온전히 이루는 이것이니라. 너희는 넉 달이 지나야 추수할 때가 이르겠다 하지 아니하느냐. 그러나 나는 너희에게 이르노니 너희 눈을 들어 밭을 보라. 희어져 추수하게 되었도다. 거두는 자가 이미 삯도 받고 영생에 이르는 열매를 모으나니 이는 뿌리는 자와 거두는 자가 함께 즐거워하게 하려 함이라. ―천국은 마치 품꾼을 얻어 포도원에 들여보내려고 이른 아침에 나간 집 주인과 같으니 그가 하루 한 데나리온씩 품꾼들과 약속하여 포도원에 들여보내느니라.

너는 말씀을 전파하라. 때를 얻든지 못 얻든지 항상 힘쓰라. ―내가 돌아올 때까지 장사하라.

내가 모든 사도보다 더 많이 수고하였으나 내가 한 것이 아니요 오직 나와 함께하신 하나님의 은혜로라.

잠 13:4 ―잠 11:25. 요 4:34~36 ―마 20:1~2. 딤후 4:2 ―눅 19:13. 고전 15:10

8월 25일

내가 여호와로 말미암아 크게 기뻐하며 내 영혼이 나의 하나님으로 말미암아 즐거워하리니(사 61:10).

내가 여호와를 항상 송축함이여 내 입술로 항상 주를 찬양하리이다. 내 영혼이 여호와를 자랑하리니 곤고한 자들이 이를 듣고 기뻐하리로다. 나와 함께 여호와를 광대하시다 하며 함께 그의 이름을 높이세. —여호와께서 은혜와 영화를 주시며 정직하게 행하는 자에게 좋은 것을 아끼지 아니하실 것임이니이다. 만군의 여호와여, 주께 의지하는 자는 복이 있나이다. —내 영혼아, 여호와를 송축하라. 내 속에 있는 것들아, 다 그의 거룩한 이름을 송축하라.

즐거워하는 자가 있느냐. 그는 찬송할지니라. —오직 성령으로 충만함을 받으라. 시와 찬송과 신령한 노래들로 서로 화답하며 너희의 마음으로 주께 노래하며 찬송하며 범사에 우리 주 예수 그리스도의 이름으로 항상 아버지 하나님께 감사하라. —감사하는 마음으로 하나님을 찬양하라.

한밤중에 바울과 실라가 기도하고 하나님을 찬송하매 죄수들이 듣더라. —주 안에서 항상 기뻐하라. 내가 다시 말하노니 기뻐하라.

시 34:1~3 —시 84:11~12 —시 103:1. 약 5:13 —엡 5:18~20 —골 3:16. 행 16:25 —빌 4:4

내 잔이 넘치나이다(시 23:5).

너희는 여호와의 선하심을 맛보아 알지어다. 그에게 피하는 자는 복이 있도다. 너희 성도들아, 여호와를 경외하라. 그를 경외하는 자에게는 부족함이 없도다. 젊은 사자는 궁핍하여 주릴지라도 여호와를 찾는 자는 모든 좋은 것에 부족함이 없으리로다. —여호와의 인자와 긍휼이 무궁하시므로 이것들이 아침마다 새로우니 주의 성실하심이 크시도소이다.

여호와는 나의 산업과 나의 잔의 소득이시니 나의 분깃을 지키시나이다. 내게 줄로 재어 준 구역은 아름다운 곳에 있음이여, 나의 기업이 실로 아름답도다. —세계나 생명이나 사망이나 지금 것이나 장래 것이나 다 너희의 것이요. —찬송하리로다. 하나님 곧 우리 주 예수 그리스도의 아버지께서 그리스도 안에서 하늘에 속한 모든 신령한 복을 우리에게 주시나라.

어떠한 형편에든지 나는 자족하기를 배웠노니 —자족하는 마음이 있으면 경건은 큰 이익이 되느니라. —나의 하나님이 그리스도 예수 안에서 영광 가운데 그 풍성한 대로 너희 모든 쓸 것을 채우시리라.

시 34:8~10 -애 3:22~23. 시 16:5~6 -고전 3:22 -엡 1:3. 빌 4:11 -딤전 6:6 -빌 4:19

244

8월 27일

자는 자여 어찌함이냐 일어나서(욘 1:6).

너희가 쉴 곳이 아니니 그것이 이미 더러워졌음이니라. 그
런즉 반드시 멸하리니 −위의 것을 생각하고 땅의 것을 생
각하지 말라. −재물이 늘어도 거기에 마음을 두지 말지어
다. −너희는 마음과 뜻을 바쳐서 너희 하나님 여호와를 구
하라. 그리고 일어나라.

어찌하여 자느냐. 시험에 들지 않게 일어나 기도하라. −너
희는 스스로 조심하라. 그렇지 않으면 방탕함과 술 취함과
생활의 염려로 마음이 둔하여지고 뜻밖에 그 날이 덫과 같
이 너희에게 임하리라.

신랑이 더디 오므로 다 졸며 잘새 −잠시 잠깐 후면 오실 이
가 오시리니 지체하지 아니하시리라. −자다가 깰 때가 벌
써 되었으니 이는 이제 우리의 구원이 처음 믿을 때보다 가
까웠음이라. −그러므로 깨어 있으라. 집 주인이 언제 올는
지 혹 저물 때일는지, 밤중일는지, 닭 울 때일는지, 새벽일
는지 너희가 알지 못함이라. 그가 홀연히 와서 너희가 자는
것을 보지 않도록 하라.

미 2:10 −골 3:2 −시 62:10 −대상 22:19. 눅 22:46 −눅 21:34. 마 25:5
−히 10:37 −롬 13:11 −막 13:35~36

8월 28일

생명나무(창 2:9).

하나님이 우리에게 영생을 주신 것과 이 생명이 그의 아들 안에 있는 그것이니라. —하나님이 독생자를 주셨으니 이는 그를 믿는 자마다 멸망하지 않고 영생을 얻게 하려 하심이라. —아버지께서 죽은 자들을 일으켜 살리심같이 아들도 자기가 원하는 자들을 살리느니라. 아버지께서 자기 속에 생명이 있음같이 아들에게도 생명을 주어 그 속에 있게 하셨더라.

이기는 그에게는 내가 하나님의 낙원에 있는 생명나무의 열매를 주어 먹게 하리니 —길 가운데로 흐르더라. 강 좌우에 생명나무가 있어 열두 가지 열매를 맺되 달마다 그 열매를 맺고 그 나무 잎사귀들은 만국을 치료하기 위하여 있더라.

지혜를 얻은 자는 복이 있나니 그의 오른손에는 장수가 있고 지혜는 그 얻은 자에게 생명나무라. 지혜를 가진 자는 복되도다. —그리스도 예수, 우리에게 지혜가 되셨느니라.

요일 5:11 —요 3:16 —요 5:21, 26. 계 2:7 —계 22:2. 잠 3:13, 16, 18 —고전 1:30

내가 평안히 눕고 자기도 하리니 나를 안전히 살게 하시는 이는 오직 여호와이시니이다(시 4:8).

너는 밤에 찾아오는 공포를 두려워하지 아니하리로다. 그가 너를 그의 깃으로 덮으시리니 네가 그의 날개 아래에 피하리로다. ―암탉이 그 새끼를 날개 아래에 모음같이 ―여호와께서 너를 실족하지 아니하게 하시며 너를 지키시는 이가 졸지 아니하시리로다. 이스라엘을 지키시는 이는 졸지도 아니하시고 주무시지도 아니하시리로다. 여호와는 너를 지키시는 이시라. 여호와께서 네 오른쪽에서 네 그늘이 되시니라.

내가 영원히 주의 장막에 머물며 내가 주의 날개 아래로 피하리이다. ―주에게서는 흑암이 숨기지 못하며 밤이 낮과 같이 비추이나니 주에게는 흑암과 빛이 같음이니이다.

자기 아들을 아끼지 아니하시고 우리 모든 사람을 위하여 내주신 이가 어찌 그 아들과 함께 모든 것을 우리에게 주시지 아니하겠느냐. ―너희는 그리스도의 것이요 그리스도는 하나님의 것이니라. ―내가 신뢰하고 두려움이 없으리로다.

시 91:5~6, 4 ―마 23:37 ―시 121:3~5. 시 61:4 ―시 139:12. 롬 8:32 ―고전 3:23 ―사 12:2

8월 30일

그것이 무엇인지 알지 못하여 서로 이르되 이것이 무엇이냐(출 16:15).

크도다 경건의 비밀이여, 그렇지 않다 하는 이 없도다. 그는 육신으로 나타난 바 되셨느니라. —하나님의 떡은 하늘에서 내려 세상에 생명을 주는 것이니라.
너희 조상들은 광야에서 만나를 먹었어도 죽었거니와 사람이 이 떡을 먹으면 영생하리라. 내가 줄 떡은 곧 세상의 생명을 위한 내 살이니라 하시니라. 내 살은 참된 양식이요 내 피는 참된 음료로다.
이스라엘 자손이 거둔 것이 많기도 하고 적기도 하나 많이 거둔 자도 남음이 없고 적게 거둔 자도 부족함이 없이 무리가 아침마다 각 사람은 먹을 만큼만 거두었더라.
염려하여 이르기를 무엇을 먹을까 무엇을 마실까 하지 말라. 너희 하늘 아버지께서 이 모든 것이 너희에게 있어야 할 줄을 아시느니라. 그런즉 너희는 먼저 그의 나라와 그의 의를 구하라. 그리하면 이 모든 것을 너희에게 더하시리라.

딤전 3:16 -요 6:33. 요 6:49, 51, 55. 출 16:17~18, 21. 마 6:31~33

8월 31일

내가 돌아올 때까지 장사하라(눅 19:13).

사람이 집을 떠나 타국으로 갈 때에 그 종들에게 권한을 주어 각각 사무를 맡기며 문지기에게 깨어 있으라 명함과 같으니 ―각각 그 재능대로 한 사람에게는 금 다섯 달란트를, 한 사람에게는 두 달란트를, 한 사람에게는 한 달란트를 주고 떠났더라.

때가 아직 낮이매 나를 보내신 이의 일을 우리가 하여야 하리라. 밤이 오리니 그때는 아무도 일할 수 없느니라. ―내가 내 아버지 집에 있어야 될 줄을 알지 못하셨나이까. ―너희에게 본을 끼쳐 그 자취를 따라오게 하려 하셨느니라.

너는 말씀을 전파하라. 때를 얻든지 못 얻든지 항상 힘쓰라. 범사에 오래 참음과 가르침으로 경책하며 경계하며 권하라. ―각 사람의 공적이 나타날 터인데 그 날이 공적을 밝히리니 ―그러므로 내 사랑하는 형제들아, 견실하며 흔들리지 말고 항상 주의 일에 더욱 힘쓰는 자들이 되라. 이는 너희 수고가 주 안에서 헛되지 않은 줄 앎이라.

막 13:34 ―마 25:15. 요 9:4 ―눅 2:49 ―벧전 2:21. 딤후 4:2 ―고전 3:13 ―고전 15:58

9월 1일

아무든지 나를 따라오려거든 자기를 부인하고 날마다 제 십자가를 지고 나를 따를 것이니라(눅 9:23).

영광과 욕됨으로 그러했으며 악한 이름과 아름다운 이름으로 그러했느니라. ―무릇 그리스도 예수 안에서 경건하게 살고자 하는 자는 박해를 받으리라. ―십자가의 걸림돌이니라. 내가 지금까지 사람들의 기쁨을 구하였다면 그리스도의 종이 아니니라.

너희가 그리스도의 이름으로 치욕을 당하면 복 있는 자로다. 너희 중에 누구든지 살인이나 도둑질이나 악행이나 남의 일을 간섭하는 자로 고난을 받지 말려니와 만일 그리스도인으로 고난을 받으면 부끄러워하지 말고 도리어 그 이름으로 하나님께 영광을 돌리라.

그리스도를 위하여 너희에게 은혜를 주신 것은 다만 그를 믿을 뿐 아니라 또한 그를 위하여 고난도 받게 하려 하심이라. ―한 사람이 모든 사람을 대신하여 죽었은즉 모든 사람이 죽은 것이라. 그가 모든 사람을 대신하여 죽으심은 살아 있는 자들로 하여금 다시는 그들 자신을 위하여 살지 않고 오직 그들을 대신하여 죽었다가 다시 살아나신 이를 위하여 살게 하려 함이라. ―참으면 또한 함께 왕 노릇할 것이요.

고후 6:8 ―딤후 3:12 ―갈 5:11. 갈 1:10. 벧전 4:14~16. 빌 1:29 ―고후 5:14~15 ―딤후 2:12

9월 2일

그가 나를 푸른 풀밭에 누이시며(시 23:2).

악인은 평온함을 얻지 못하고 요동하는 바다와 같으니라. 내 하나님의 말씀에 악인에게는 평강이 없다 하셨느니라. 수고하고 무거운 짐 진 자들아, 다 내게로 오라. 내가 너희를 쉬게 하리라. —여호와 앞에 잠잠하라. —그의 안식에 들어간 자는 자기의 일을 쉬느니라.

여러 가지 다른 교훈에 끌리지 말라. 마음은 은혜로써 굳게 함이 아름다우니 —우리가 이제부터 어린아이가 되지 아니하여 사람의 속임수와 간사한 유혹에 빠져 온갖 교훈의 풍조에 밀려 요동하지 않게 하려 함이라. 오직 사랑 안에서 참된 것을 하여 범사에 그에게까지 자랄지라. 그는 머리니 곧 그리스도라.

내가 그 그늘에 앉아서 심히 기뻐하였고 그 열매는 내 입에 달았도다. 그가 나를 인도하여 잔칫집에 들어갔으니 그 사랑은 내 위에 깃발이로구나.

251

사 57:20~21. 마 11:28 —시 37:7 —히 4:10. 히 13:9 —엡 4:14~15. 아 2:3~4

9월 3일

뱀이 여자에게 이르되 너희가 결코 죽지 아니하리라 너희 눈이 밝아져 하나님과 같이 되어 선악을 알 줄 하나님이 아심이니라(창 3:4~5).

뱀이 그 간계로 하와를 미혹한 것같이 너희 마음이 그리스도를 향하는 진실함과 깨끗함에서 떠나 부패할까 두려워하노라.

너희가 주 안에서와 그 힘의 능력으로 강건하여지고 마귀의 간계를 능히 대적하기 위하여 하나님의 전신 갑주를 입으라. 하나님의 전신 갑주를 취하라. 이는 악한 날에 너희가 능히 대적하고 모든 일을 행한 후에 서기 위함이라. 그런즉 서서 진리로 너희 허리띠를 띠고 의의 호심경을 붙이고 평안의 복음이 준비한 것으로 신을 신고 모든 것 위에 믿음의 방패를 가지고 이로써 능히 악한 자의 모든 불화살을 소멸하고 구원의 투구와 성령의 검 곧 하나님의 말씀을 가지라. —이는 우리로 사탄에게 속지 않게 하려 함이라. 우리는 그 계책을 알지 못하는 바가 아니로라.

고후 11:3, 엡 6:10~11, 13~17 —고후 2:11

9월 4일

내가 하는 것을 네가 지금은 알지 못하나 이후에는 알리라
(요 13:7).

네 하나님 여호와께서 이 사십 년 동안에 네게 광야 길을
걷게 하신 것을 기억하라. 이는 너를 낮추시며 너를 시험하
사 네 마음이 어떠한지 그 명령을 지키는지 지키지 않는지
알려 하심이라.
내가 네 곁으로 지나며 보니 네 때가 사랑을 할 만한 때라.
네게 맹세하고 언약하여 너를 내게 속하게 하였느니라. 나
주 여호와의 말이니라. —주께서 그 사랑하시는 자를 징계
하시느니라.
사랑하는 자들아, 너희를 연단하려고 오는 불 시험을 이상
한 일 당하는 것같이 이상히 여기지 말고 오히려 너희가 그
리스도의 고난에 참여하는 것으로 즐거워하라. 이는 그의
영광을 나타내실 때에 너희로 즐거워하고 기쁘게 하려
함이라. —우리가 잠시 받는 환난의 경한 것이 지극히 크고
영원한 영광의 중한 것을 우리에게 이루게 함이니 우리가
주목하는 것은 보이는 것이 아니요 보이지 않는 것이니라.

신 8:2. 겔 16:8 —히 12:6. 벧전 4:12~13 —고후 4:17~18

9월 5일

생수의 근원(렘 2:13).

하나님이여, 주의 인자하심이 어찌 그리 보배로우신지요 사람들이 주의 날개 그늘 아래에 피하나이다. 그들이 주의 집에 있는 살진 것으로 풍족할 것이라. 주께서 주의 복락의 강물을 마시게 하시리이다. 진실로 생명의 원천이 주께 있나이다.

주 여호와께서 이와 같이 말씀하시니라. 보라, 나의 종들은 먹을 것이로되 너희는 주릴 것이니라. 보라, 나의 종들은 마실 것이로되 너희는 갈할 것이니라. —내가 주는 물을 마시는 자는 영원히 목마르지 아니하리니 내가 주는 물은 그 속에서 영생하도록 솟아나는 샘물이 되리라. —이는 그를 믿는 자들이 받을 성령을 가리켜 말씀하신 것이라.

오호라, 너희 모든 목마른 자들아, 물로 나아오라. —성령과 신부가 말씀하시기를 오라 하시는도다. 듣는 자도 오라 할 것이요 목마른 자도 올 것이요 또 원하는 자는 값없이 생명수를 받으라 하시더라.

시 36:7~9. 사 65:13 —요 4:14 —요 7:39. 사 55:1 —계 22:17

9월 6일

파수꾼이여 밤이 어떻게 되었느냐(사 21:11).

자다가 깰 때가 벌써 되었으니 이는 이제 우리의 구원이 처음 믿을 때보다 가까웠음이라. 밤이 깊고 낮이 가까웠으니 그러므로 우리가 어둠의 일을 벗고 빛의 갑옷을 입자.
무화과나무의 비유를 배우라. 그 가지가 연하여지고 잎사귀를 내면 여름이 가까운 줄을 아나니 이와 같이 너희도 이모든 일을 보거든 인자가 가까이 곧 문 앞에 이른 줄 알라. 천지는 없어질지언정 내 말은 없어지지 아니하리라.
나 곧 내 영혼은 여호와를 기다리며 나는 주의 말씀을 바라는도다. 파수꾼이 아침을 기다림보다 내 영혼이 주를 더 기다리나니 참으로 파수꾼이 아침을 기다림보다 더하도다.
이것들을 증언하신 이가 이르시되 내가 진실로 속히 오리라 하시거늘 아멘 주 예수여 오시옵소서.
깨어 있으라. 너희는 그날과 그때를 알지 못하느니라.

롬 13:11~12. 마 24:32~33, 35. 시 130:5~6. 계 22:20. 마 25:13

9월 7일

나는 가난하고 궁핍하오나 주께서는 나를 생각하시오니(시 40:17).

여호와의 말씀이니라. 너희를 향한 나의 생각을 내가 아나니 평안이요 재앙이 아니니라. ─내 생각이 너희의 생각과 다르며 내 길은 너희의 길과 다름이니라. 여호와의 말씀이니라. 이는 하늘이 땅보다 높음같이 내 길은 너희의 길보다 높으며 내 생각은 너희의 생각보다 높음이니라.

하나님이여, 주의 생각이 내게 어찌 그리 보배로우신지요 그 수가 어찌 그리 많은지요. 내가 세려고 할지라도 그 수가 모래보다 많도소이다. 내가 깰 때에도 여전히 주와 함께 있나이다. ─여호와여, 주께서 행하신 일이 어찌 그리 크신지요 주의 생각이 매우 깊으시니이다. ─여호와 나의 하나님이여, 주께서 행하신 기적이 많고 우리를 향하신 주의 생각도 많나이다.

능한 자가 많지 아니하며 문벌 좋은 자가 많지 아니하도다. ─하나님이 세상에서 가난한 자를 택하사 믿음에 부요하게 하시고 나라를 상속으로 받게 하지 아니하셨느냐. ─아무것도 없는 자 같으나 모든 것을 가진 자로다. ─측량할 수 없는 그리스도의 풍성함이로다.

렘 29:11 ─사 55:8~9. 시 139:17~18 ─시 92:5 ─시 40:5. 고전 1:26 ─약 2:5 ─고후 6:10 ─엡 3:8

9월 8일

첫 열매인 그리스도요 (고전 15:23).

한 알의 밀이 땅에 떨어져 죽지 아니하면 한 알 그대로 있고 죽으면 많은 열매를 맺느니라. —제사하는 처음 익은 곡식 가루가 거룩한즉 떡덩이도 그러하고 뿌리가 거룩한즉 가지도 그러하니라. —이제 그리스도께서 죽은 자 가운데서 다시 살아나사 잠자는 자들의 첫 열매가 되셨도다. —만일 우리가 그의 죽으심과 같은 모양으로 연합한 자가 되었으면 또한 그의 부활과 같은 모양으로 연합한 자도 되리라. —주 예수 그리스도, 그는 만물을 자기에게 복종하게 하실 수 있는 자의 역사로 우리의 낮은 몸을 자기 영광의 몸의 형체와 같이 변하게 하시리라.
죽은 자들 가운데서 먼저 나신 이 —예수를 죽은 자 가운데서 살리신 이의 영이 너희 안에 거하시면 그리스도 예수를 죽은 자 가운데서 살리신 이가 너희 안에 거하시는 그의 영으로 말미암아 너희 죽을 몸도 살리시리라.
나는 부활이요 생명이니 나를 믿는 자는 죽어도 살리라.

요 12:24 —롬 11:16 —고전 15:20 —롬 6:5 —빌 3:20~21. 골 1:18 —롬 8:11. 요 11:25

9월 9일

나는 거의 넘어질 뻔하였고 나의 걸음이 미끄러질 뻔하였으니(시 73:2).

여호와여, 나의 발이 미끄러진다고 말할 때에 주의 인자하심이 나를 붙드셨나이다.

시몬아, 시몬아, 보라, 사탄이 너희를 밀 까부르듯 하려고 요구하였으나 그러나 내가 너를 위하여 네 믿음이 떨어지지 않기를 기도하였노라.

의인은 일곱 번 넘어질지라도 다시 일어나려니와 -그는 넘어지나 아주 엎드러지지 아니함은 여호와께서 그의 손으로 붙드심이로다.

나의 대적이여, 나로 말미암아 기뻐하지 말지어다. 나는 엎드러질지라도 일어날 것이요 어두운 데에 앉을지라도 여호와께서 나의 빛이 되실 것임이로다. -여섯 가지 환난에서 너를 구원하시며 일곱 가지 환난이라도 그 재앙이 네게 미치지 않게 하시리라.

만일 누가 죄를 범하여도 아버지 앞에서 우리에게 대언자가 있으니 곧 의로우신 예수 그리스도시라. -그러므로 자기를 힘입어 하나님께 나아가는 자들을 온전히 구원하실 수 있으니 이는 그가 항상 살아 계셔서 그들을 위하여 간구하심이라.

시 94:18. 눅 22:31~32. 잠 24:16 -시 37:24. 미 7:8 -욥 5:19. 요일 2:1 -히 7:25

9월 10일

오직 여호와를 앙망하는 자는 새 힘을 얻으리니(사 40:31).

내가 약한 그때에 강함이라. -나의 하나님은 나의 힘이 되
셨도다. -나에게 이르시기를 내 은혜가 네게 족하도다 이
는 내 능력이 약한 데서 온전하여짐이라 하신지라. 그러므
로 도리어 크게 기뻐함으로 나의 여러 약한 것들에 대하여
자랑하리니 이는 그리스도의 능력이 내게 머물게 하려 함
이라. -내[여호와] 힘을 의지하라.
네 짐을 여호와께 맡기라. 그가 너를 붙드시리라. -그의 팔
은 힘이 있으니 이는 야곱의 전능자의 손을 힘입음이라.
당신이 내게 축복하지 아니하면 가게 하지 아니하겠나이다.
너는 칼과 창과 단창으로 내게 나아오거니와 나는 만군의
여호와의 이름 곧 네가 모욕하는 이스라엘 군대의 하나님
의 이름으로 네게 나아가노라. -여호와여, 나와 다투는 자
와 다투시고 나와 싸우는 자와 싸우소서. 방패와 손 방패를
잡으시고 일어나 나를 도우소서.

고후 12:10 -사 49:5 -고후 12:9 -사 27:5. 시 55:22 -창 49:24. 창
32:26. 삼상 17:45 -시 35:1~2

9월 11일

사람은 나와서 일하며 저녁까지 수고하는도다(시 104:23).

네가 흙으로 돌아갈 때까지 얼굴에 땀을 흘려야 먹을 것을
먹으리니 ─너희에게 명하기를 누구든지 일하기 싫어하거
든 먹지도 말게 하라. ─조용히 자기 일을 하고 너희 손으로
일하기를 힘쓰라.
네 손이 일을 얻는 대로 힘을 다하여 할지어다. 네가 장차
들어갈 스올에는 일도 없고 계획도 없고 지식도 없고 지혜
도 없음이니라. ─밤이 오리니 그때는 아무도 일할 수 없느
니라.
우리가 선을 행하되 낙심하지 말지니 포기하지 아니하면 때
가 이르매 거두리라. ─항상 주의 일에 더욱 힘쓰는 자들이
되라. 이는 너희 수고가 주 안에서 헛되지 않은 줄 앎이라.
안식할 때가 하나님의 백성에게 남아 있도다. ─종일 수고
하며 더위를 견딘 우리라. ─이것이 너희 안식이요 이것이
너희 상쾌함이니 너희는 곤비한 자에게 안식을 주라.

창 3:19 ─살후 3:10 ─살전 4:11. 전 9:10 ─요 9:4. 갈 6:9 ─고전 15:58.
히 4:9 ─마 20:12 ─사 28:12

9월 12일

여호와께서 내 편이 되사(시 118:7).

환난 날에 여호와께서 네게 응답하시고 야곱의 하나님의
이름이 너를 높이 드시며 성소에서 너를 도와주시고 시온
에서 너를 붙드시며 우리가 너의 승리로 말미암아 개가를
부르며 우리 하나님의 이름으로 우리의 깃발을 세우리니
어떤 사람은 병거, 어떤 사람은 말을 의지하나 우리는 여호
와 우리 하나님의 이름을 자랑하리로다. 그들은 비틀거리
며 엎드러지고 우리는 일어나 바로 서도다.

여호와께서 그 기운에 몰려 급히 흐르는 강물같이 오실 것
임이로다. ─사람이 감당할 시험밖에는 너희가 당한 것이
없나니 오직 하나님은 미쁘사 너희가 감당하지 못할 시험
당함을 허락하지 아니하시고 시험 당할 즈음에 또한 피할
길을 내사 너희로 능히 감당하게 하시느니라.

만일 하나님이 우리를 위하시면 누가 우리를 대적하리요 ─여
호와는 내 편이시라. 내가 두려워하지 아니하리라.

우리가 섬기는 하나님이 능히 건져내시겠고 건져내시리이다.

시 20:1~2, 5, 7~8. 사 59:19 ─고전 10:13. 롬 8:31 ─시 118:6. 단
3:17

9월 13일

너희는 세상의 소금이니 (마 5:13).

썩지 아니할 것이라. —너희가 거듭난 것은 썩어질 씨로 된 것이 아니요 썩지 아니할 씨로 된 것이니 살아 있고 항상 있는 하나님의 말씀으로 되었느니라. —나를 믿는 자는 죽어도 살겠고 —부활의 자녀로서 하나님의 자녀임이라. —썩어지지 아니하는 하나님이시라.

누구든지 그리스도의 영이 없으면 그리스도의 사람이 아니라. 또 그리스도께서 너희 안에 계시면 몸은 죄로 말미암아 죽은 것이나 영은 의로 말미암아 살아 있는 것이니라. 예수를 죽은 자 가운데서 살리신 이의 영이 너희 안에 거하시면 그리스도 예수를 죽은 자 가운데서 살리신 이가 너희 안에 거하시는 그의 영으로 말미암아 너희 죽을 몸도 살리시리라. —썩을 것으로 심고 썩지 아니할 것으로 다시 살아나리라.

너희 속에 소금을 두고 서로 화목하라. —무릇 더러운 말은 너희 입 밖에도 내지 말고 오직 덕을 세우는 데 소용되는 대로 선한 말을 하여 듣는 자들에게 은혜를 끼치게 하라.

벧전 3:4 —벧전 1:23 —요 11:25 —눅 20:36 —롬 1:23. 롬 8:9~11 —고전 15:42. 막 9:50 —엡 4:29

9월 14일

너희를 불러 그의 아들과 더불어 교제하게 하시는(고전 1:9).

지극히 큰 영광 중에서 이러한 소리가 그에게 나기를 이는 내 사랑하는 아들이요 내 기뻐하는 자라 하실 때에 그가 하나님 아버지께 존귀와 영광을 받으셨느니라. ─보라, 아버지께서 어떠한 사랑을 우리에게 베푸사 하나님의 자녀라 일컬음을 받게 하셨는가, 우리가 그러하도다.

사랑을 받는 자녀같이 너희는 하나님을 본받는 자가 되고 ─자녀이면 또한 상속자 곧 하나님의 상속자요 그리스도와 함께 한 상속자라.

하나님의 영광의 광채시요 그 본체의 형상이시라. ─이같이 너희 빛이 사람 앞에 비치게 하여 그들로 너희 착한 행실을 보고 하늘에 계신 너희 아버지께 영광을 돌리게 하라.

믿음의 주요 또 온전하게 하시는 이인 예수, 그는 그 앞에 있는 기쁨을 위하여 십자가를 참으사 부끄러움을 개의치 아니하시더라. ─내가 세상에서 이 말을 하옵는 것은 그들로 내 기쁨을 그들 안에 충만히 가지게 하려 함이니이다. ─그리스도의 고난이 우리에게 넘친 것같이 우리가 받는 위로도 그리스도로 말미암아 넘치는도다.

벧후 1:17 ─요일 3:1. 엡 5:1 ─롬 8:17. 히 1:3 ─마 5:16. 히 12:2 ─요 17:13 ─고후 1:5

9월 15일

두 마음을 품어 모든 일에 정함이 없는 자로다(약 1:8).

손에 쟁기를 잡고 뒤를 돌아보는 자는 하나님의 나라에 합당하지 아니하니라.

하나님께 나아가는 자는 반드시 그가 계신 것과 또한 그가 자기를 찾는 자들에게 상 주시는 이심을 믿어야 할지니라. ―오직 믿음으로 구하고 조금도 의심하지 말라. 의심하는 자는 마치 바람에 밀려 요동하는 바다 물결 같으니 이런 사람은 무엇이든지 주께 얻기를 생각하지 말라. ―무엇이든지 기도하고 구하는 것은 받은 줄로 믿으라. 그리하면 너희에게 그대로 되리라.

어린아이가 되지 아니하여 사람의 속임수와 간사한 유혹에 빠져 온갖 교훈의 풍조에 밀려 요동하지 않게 하려 함이라. 오직 사랑 안에서 참된 것을 하여 범사에 그에게까지 자랄지라. 그는 머리니 곧 그리스도라.

내 안에 거하라. ―견실하며 흔들리지 말고 항상 주의 일에 더욱 힘쓰는 자들이 되라. 이는 너희 수고가 주 안에서 헛되지 않은 줄 앎이라.

눅 9:62. 히 11:6 ―약 1:6~7 ―막 11:24. 엡 4:14~15. 요 15:4 ―고전 15:58

9월 16일

저녁에는 울음이 깃들일지라도 아침에는 기쁨이 오리로다 (시 30:5).

아무도 이 여러 환난 중에 흔들리지 않게 하려 함이라. 우리가 이것을 위하여 세움 받은 줄을 너희가 친히 알리라. 우리가 너희와 함께 있을 때에 장차 받을 환난을 너희에게 미리 말하였는데 −너희로 내 안에서 평안을 누리게 하려 함이라. 세상에서는 너희가 환난을 당하나 담대하라. 내가 세상을 이기었노라.

깰 때에 주의 형상으로 만족하리이다. −밤이 깊고 낮이 가까웠으니 −그는 돋는 해의 아침 빛 같고 구름 없는 아침 같고 비 내린 후의 광선으로 땅에서 움이 돋는 새 풀 같으니라.

사망을 영원히 멸하실 것이라. 주 여호와께서 모든 얼굴에서 눈물을 씻기시며 −다시는 사망이 없고 애통하는 것이나 곡하는 것이나 아픈 것이 다시 있지 아니하리니 처음 것들이 다 지나갔음이러라. −우리 살아남은 자들도 그들과 함께 구름 속으로 끌어올려 공중에서 주를 영접하게 하시리니 그러므로 이러한 말로 서로 위로하라.

살전 3:3∼4 −요 16:33. 시 17:15 −롬 13:12 −삼하 23:4. 사 25:8 −계 21:4 −살전 4:17∼18

9월 17일

너희는 여호와의 선하심을 맛보아 알지어다 그에게 피하는 자는 복이 있도다(시 34:8).

연회장은 물로 된 포도주를 맛보고도 어디서 났는지 알지 못하되 말하되 사람마다 먼저 좋은 포도주를 내고 취한 후에 낮은 것을 내거늘 그대는 지금까지 좋은 포도주를 두었도다 하니라.

입이 음식물의 맛을 분별함같이 귀가 말을 분별하느니라. ─내가 믿었으므로 말하였다 한 것같이 ─내가 믿는 자를 내가 알고 ─내가 그 그늘에 앉아서 심히 기뻐하였고 그 열매는 내 입에 달았도다.

하나님의 인자하심으로 ─자기 아들을 아끼지 아니하시고 우리 모든 사람을 위하여 내주신 이가 어찌 그 아들과 함께 모든 것을 우리에게 주시지 아니하겠느냐.

갓난아기들같이 순전하고 신령한 젖을 사모하라. 이는 그로 말미암아 너희로 구원에 이르도록 자라게 하려 함이라. 너희가 주의 인자하심을 맛보았으면 그리하라.

주께 피하는 모든 사람은 다 기뻐하며 영원히 기뻐 외치리라.

요 2:9~10. 욥 34:3 ─고후 4:13 ─딤후 1:12 ─아 2:3. 롬 2:4 ─롬 8:32. 벧전 2:2~3. 시 5:11

9월 18일

엔학고레(부르짖는 자의 샘)(삿 15:19).

네가 만일 하나님의 선물과 또 네게 물 좀 달라 하는 이가 누구인 줄 알았더라면 네가 그에게 구하였을 것이요 그가 생수를 네게 주었으리라. —누구든지 목마르거든 내게로 와서 마시라. 이는 그를 믿는 자들이 받을 성령을 가리켜 말씀하신 것이라.

만군의 여호와가 이르노라. 그것으로 나를 시험하여 내가 하늘 문을 열고 너희에게 복을 쌓을 곳이 없도록 붓지 아니하나 보라. —너희가 악할지라도 좋은 것을 자식에게 줄 줄 알거든 하물며 너희 하늘 아버지께서 구하는 자에게 성령을 주시지 않겠느냐. 구하라 그러면 너희에게 주실 것이요 찾으라 그러면 찾아낼 것이요.

너희가 아들이므로 하나님이 그 아들의 영을 우리 마음 가운데 보내사 아빠 아버지라 부르게 하셨느니라. —너희는 다시 무서워하는 종의 영을 받지 아니하고 양자의 영을 받았으므로 우리가 아빠 아버지라고 부르짖느니라.

요 4:10 —요 7:37, 39. 말 3:10 —눅 11:13, 9. 갈 4:6 —롬 8:15

9월 19일

내가 산을 향하여 눈을 들리라 나의 도움이 어디서 올까 나의 도움은 여호와에게서로다(시 121:1~2).

산들이 예루살렘을 두름과 같이 여호와께서 그의 백성을 지금부터 영원까지 두르시리로다.

하늘에 계시는 주여, 내가 눈을 들어 주께 향하나이다. 상전의 손을 바라보는 종들의 눈같이, 여주인의 손을 바라보는 여종의 눈같이 우리의 눈이 여호와 우리 하나님을 바라보며 우리에게 은혜 베풀어 주시기를 기다리나이다. −주는 나의 도움이 되셨음이라. 내가 주의 날개 그늘에서 즐겁게 부르리이다.

우리 하나님이여, 그들을 징벌하지 아니하시나이까. 우리를 치러 오는 이 큰 무리를 우리가 대적할 능력이 없고 어떻게 할 줄도 알지 못하옵고 오직 주만 바라보나이다. −내 눈이 항상 여호와를 바라봄은 내 발을 그물에서 벗어나게 하실 것임이로다. −우리의 도움은 천지를 지으신 여호와의 이름에 있도다.

시 125:2. 시 123:1~2 −시 63:7. 대하 20:12 −시 25:15 −시 124:8

가난한 자 같으나 많은 사람을 부요하게 하고(고후 6:10).

우리 주 예수 그리스도의 은혜를 너희가 알거니와 부요하신 이로서 너희를 위하여 가난하게 되심은 그의 가난함으로 말미암아 너희를 부요하게 하려 하심이라. —우리가 다 그의 충만한 데서 받으니 은혜 위에 은혜러라. —나의 하나님이 그리스도 예수 안에서 영광 가운데 그 풍성한 대로 너희 모든 쓸 것을 채우시리라. —하나님이 능히 모든 은혜를 너희에게 넘치게 하시나니 이는 너희로 모든 일에 항상 모든 것이 넉넉하여 모든 착한 일을 넘치게 하게 하려 하심이라.

하나님이 세상에서 가난한 자를 택하사 믿음에 부요하게 하시고 또 자기를 사랑하는 자들에게 약속하신 나라를 상속으로 받게 하지 아니하셨느냐. —육체를 따라 지혜로운 자가 많지 아니하며 능한 자가 많지 아니하며 문벌 좋은 자가 많지 아니하도다. 그러나 하나님께서 세상의 미련한 것들을 택하사 지혜 있는 자들을 부끄럽게 하려 하시고 세상의 약한 것들을 택하사 강한 것들을 부끄럽게 하려 하시더라.

우리가 이 보배를 질그릇에 가졌으니 이는 심히 큰 능력은 하나님께 있고 우리에게 있지 아니함을 알게 하려 함이라.

고후 8:9 —요 1:16 —빌 4:19 —고후 9:8. 약 2:5 —고전 1:26~27. 고후 4:7

9월 21일

성령의 교통하심이 너희 무리와 함께 있을지어다(고후 13:13).

내가 아버지께 구하겠으니 그가 또 다른 보혜사를 너희에 게 주사 영원토록 너희와 함께 있게 하리니 그는 진리의 영이라. 세상은 능히 그를 받지 못하나니 이는 그를 보지도 못하고 알지도 못함이라. 그러나 너희는 그를 아나니 그는 너희와 함께 거하심이요 또 너희 속에 계시겠음이라. -그가 스스로 말하지 않고 그가 내 영광을 나타내리니 내 것을 가지고 너희에게 알리시겠음이라.

우리에게 주신 성령으로 말미암아 하나님의 사랑이 우리 마음에 부은 바 됨이라.

주와 합하는 자는 한 영이니라. -너희 몸은 너희가 하나님 께로부터 받은 바 너희 가운데 계신 성령의 전인 줄을 알지 못하느냐. 너희는 너희 자신의 것이 아니라.

하나님의 성령을 근심하게 하지 말라. 그 안에서 너희가 구원의 날까지 인치심을 받았느니라. -성령도 우리의 연약함을 도우시나니 우리는 마땅히 기도할 바를 알지 못하나 오직 성령이 우리를 위하여 친히 간구하시느니라.

요 14:16~17 -요 16:13~14. 롬 5:5. 고전 6:17 -고전 6:19. 엡 4:30 -롬 8:26

9월 22일

내 아버지여 만일 할 만하시거든 이 잔을 내게서 지나가게
하옵소서 그러나 나의 원대로 마시옵고 아버지의 원대로
하옵소서(마 26:39).

지금 내 마음이 괴로우니 무슨 말을 하리요 아버지여, 나를
구원하여 이때를 면하게 하여 주옵소서. 그러나 내가 이를
위하여 이때에 왔나이다.

내가 하늘에서 내려온 것은 내 뜻을 행하려 함이 아니요 나
를 보내신 이의 뜻을 행하려 함이니라. —죽기까지 복종하
셨으니 곧 십자가에 죽으심이라. —그는 육체에 계실 때에
자기를 죽음에서 능히 구원하실 이에게 심한 통곡과 눈물
로 간구와 소원을 올렸고 그의 경건하심으로 말미암아 들
으심을 얻었느니라. 그가 아들이시면서도 받으신 고난으로
순종함을 배웠노라.

너는 내가 내 아버지께 구하여 지금 열두 군단 더 되는 천
사를 보내시게 할 수 없는 줄로 아느냐. —그리스도가 고난
을 받고 제 삼 일에 죽은 자 가운데서 살아날 것과 또 그의
이름으로 죄 사함을 받게 하는 회개가 예루살렘에서 시작
하여 모든 족속에게 전파될 것이 기록되었느니라.

요 12:27. 요 6:38 —빌 2:8 —히 5:7~8. 마 26:53 —눅 24:46~47

9월 23일

이기는 자는 이것들을 상속으로 받으리라(계 21:7).

만일 그리스도 안에서 우리가 바라는 것이 다만 이 세상의 삶뿐이면 모든 사람 가운데 우리가 더욱 불쌍한 자이리라. ─그들이 이제는 더 나은 본향을 사모하니 곧 하늘에 있는 것이라. 이러므로 하나님이 그들의 하나님이라 일컬음 받으심을 부끄러워하지 아니하시고 그들을 위하여 한 성을 예비하셨느니라. ─썩지 않고 더럽지 않고 쇠하지 아니하는 유업을 잇게 하시나니 곧 너희를 위하여 하늘에 간직하신 것이라.

만물이 다 너희 것임이라. 세계나 생명이나 사망이나 지금 것이나 장래 것이나 다 너희의 것이요. ─하나님이 자기를 사랑하는 자들을 위하여 예비하신 모든 것은 눈으로 보지 못하고 귀로 듣지 못하고 사람의 마음으로 생각하지도 못하였다 함과 같으니라. 오직 하나님이 성령으로 이것을 우리에게 보이셨노라.

너희는 스스로 삼가 우리가 일한 것을 잃지 말고 오직 온전한 상을 받으라. ─모든 무거운 것과 얽매이기 쉬운 죄를 벗어 버리고 인내로써 우리 앞에 당한 경주를 하라.

고전 15:19 ─히 11:16 ─벧전 1:4. 고전 3:21~22 ─고전 2:9~10. 요이 1:8 ─히 12:1

9월 24일

우리 주 예수 그리스도의 은혜를 너희가 알거니와(고후 8:9).

말씀이 육신이 되어 우리 가운데 거하시매 우리가 그의 영광을 보니 아버지의 독생자의 영광이요 은혜와 진리가 충만하더라. —왕은 사람들보다 아름다워 은혜를 입술에 머금으니 —그들이 다 그를 증언하고 그 입으로 나오는 바 은혜로운 말을 놀랍게 여기더라.

너희가 주의 인자하심을 맛보았노라. —하나님의 아들을 믿는 자는 자기 안에 증거가 있고 —우리는 아는 것을 말하고 본 것을 증언하노라.

너희는 여호와의 선하심을 맛보아 알지어다. 그에게 피하는 자는 복이 있도다. —내가 그 그늘에 앉아서 심히 기뻐하였고 그 열매는 내 입에 달았도다.

나에게 이르시기를 내 은혜가 네게 족하도다 이는 내 능력이 약한 데서 온전하여짐이라 하신지라. —우리 각 사람에게 그리스도의 선물의 분량대로 은혜를 주셨나니 —각각 은사를 받은 대로 하나님의 여러 가지 은혜를 맡은 선한 청지기같이 서로 봉사하라.

요 1:14 —시 45:2 —눅 4:22. 벧전 2:3 —요일 5:10 —요 3:11. 시 34:8 —아 2:3. 고후 12:9 —엡 4:7 —벧전 4:10

9월 25일

하나님이 예수 그리스도로 말미암아 사람들의 은밀한 것을 심판하시느니라(롬 2:16).

때가 이르기 전 곧 주께서 오시기까지 아무것도 판단하지 말라. 그가 어둠에 감추인 것들을 드러내고 마음의 뜻을 나타내시리니 그때에 각 사람에게 하나님으로부터 칭찬이 있으리라. ㅡ아버지께서 아무도 심판하지 아니하시고 심판을 다 아들에게 맡기셨으니 인자됨으로 말미암음이라. ㅡ그 눈이 불꽃 같은 하나님의 아들이시라.

말하기를 하나님이 어찌 알랴 지존자에게 지식이 있으랴 하는도다. ㅡ네가 이 일을 행하여도 내가 잠잠하였더니 네가 나를 너와 같은 줄로 생각하였도다. 그러나 내가 너를 책망하여 네 죄를 네 눈앞에 낱낱이 드러내리라. ㅡ감추인 것이 드러나지 않을 것이 없고 숨긴 것이 알려지지 않을 것이 없도다.

주여, 나의 모든 소원이 주 앞에 있사오며 나의 탄식이 주 앞에 감추이지 아니하나이다. ㅡ여호와여, 나를 살피시고 시험하사 내 뜻과 내 양심을 단련하소서.

고전 4:5 ㅡ요 5:22, 27 ㅡ계 2:18. 시 73:11 ㅡ시 50:21 ㅡ눅 12:2. 시 38:9 ㅡ시 26:2

9월 26일

사망을 삼키고 이기리라(고전 15:54).

우리 주 예수 그리스도로 말미암아 우리에게 승리를 주시는 하나님께 감사하노라.

자녀들은 혈과 육에 속하였으매 그도 또한 같은 모양으로 혈과 육을 함께 지니심은 죽음을 통하여 죽음의 세력을 잡은 자 곧 마귀를 멸하시며 또 죽기를 무서워하므로 한평생 매여 종노릇하는 모든 자들을 놓아 주려 하심이니라.

만일 우리가 그리스도와 함께 죽었으면 또한 그와 함께 살 줄을 믿노니 이는 그리스도께서 죽은 자 가운데서 살아나셨으매 다시 죽지 아니하시고 사망이 다시 그를 주장하지 못할 줄을 앎이로라. 그가 죽으심은 죄에 대하여 단번에 죽으심이요 그가 살아 계심은 하나님께 대하여 살아 계심이니 이와 같이 너희도 너희 자신을 죄에 대하여는 죽은 자요 그리스도 예수 안에서 하나님께 대하여는 살아 있는 자로 여길지어다.

이 모든 일에 우리를 사랑하시는 이로 말미암아 우리가 넉넉히 이기느니라.

고전 15:57. 히 2:14~15. 롬 6:8~11. 롬 8:37

9월 27일

하나님이 참으로 [말씀]하시더냐(창 3:1).

시험하는 자가 예수께 나아와서 이르되 네가 만일 하나님의 아들이어든, 예수께서 대답하여 이르시되 기록되었으되, 기록되었으되, 기록되었으되 이에 마귀는 예수를 떠나니라.

나는 그대와 함께 돌아가지도 못하겠노라. 이는 여호와의 말씀이 내게 이르시기를 네가 거기서 떡도 먹지 말고 물도 마시지 말라 하셨음이로다. 그가 그 사람에게 이르되 나도 그대와 같은 선지자라 천사가 여호와의 말씀으로 내게 이르기를 그를 네 집으로 데리고 돌아가서 그에게 떡을 먹이고 물을 마시게 하라 하였느니라 하니 이는 그 사람을 속임이라. 이에 그 사람이 그와 함께 돌아가니라. 이는 여호와의 말씀을 어긴 하나님의 사람이로다. 여호와께서 그에게 하신 말씀과 같이 여호와께서 그를 사자에게 넘기시매 사자가 그를 찢어 죽였도다. —우리나 혹은 하늘로부터 온 천사라도 우리가 너희에게 전한 복음 외에 다른 복음을 전하면 저주를 받을지어다. —내가 주께 범죄하지 아니하려 하여 주의 말씀을 내 마음에 두었나이다.

마 4:3~4, 7, 10~11. 왕상 13:16~19, 26 —갈 1:8 —시 119:11

9월 28일

하늘이 하나님의 영광을 선포하고 궁창이 그의 손으로 하신 일을 나타내는도다(시 19:1).

창세로부터 그의 보이지 아니하는 것들 곧 그의 영원하신 능력과 신성이 그가 만드신 만물에 분명히 보여 알려졌나니 —자기를 증언하지 아니하신 것이 아니라. —날은 날에게 말하고 밤은 밤에게 지식을 전하니 언어도 없고 말씀도 없으며 들리는 소리도 없도다.

주의 손가락으로 만드신 주의 하늘과 주께서 베풀어 두신 달과 별들을 내가 보오니 사람이 무엇이기에 주께서 그를 생각하시며 인자가 무엇이기에 주께서 그를 돌보시나이까. 해의 영광이 다르고 달의 영광이 다르며 별의 영광도 다른데 별과 별의 영광이 다르도다. 죽은 자의 부활도 그와 같으니 —지혜 있는 자는 궁창의 빛과 같이 빛날 것이요 많은 사람을 옳은 데로 돌아오게 한 자는 별과 같이 영원토록 빛나리라.

롬 1:20 —행 14:17 —시 19:2~3. 시 8:3~4. 고전 15:41~42 —단 12:3

9월 29일

아버지께서 행하시는 그것을 아들도 그와 같이 행하느니라(요 5:19).

대저 여호와는 지혜를 주시며 지식과 명철을 그 입에서 내심이라. -내가 너희의 모든 대적이 능히 대항하거나 변박할 수 없는 구변과 지혜를 너희에게 주리라.

너는 여호와를 기다릴지어다. 강하고 담대하며 여호와를 기다릴지어다. -내 은혜가 네게 족하도다. 이는 내 능력이 약한 데서 온전하여짐이라.

하나님 아버지 안에서 사랑을 얻노라. -거룩하게 하시는 이와 거룩하게 함을 입은 자들이 다 한 근원에서 난지라. 그러므로 형제라 부르시기를 부끄러워하지 아니하시더라.

여호와가 말하노라. 나는 천지에 충만하지 아니하냐. -만물 안에서 만물을 충만하게 하시는 이의 충만함이니라.

나 곧 나는 여호와라. 나 외에 구원자가 없느니라. -그가 참으로 세상의 구주시라.

하나님 아버지와 그리스도 예수 우리 구주로부터 은혜와 평강이 네게 있을지어다.

278

잠 2:6 -눅 21:15. 시 27:14 -고후 12:9. 유 1:1 -히 2:11. 렘 23:24 -엡 1:23. 사 43:11 -요 4:42. 딛 1:4

9월 30일

여호와여 주의 도를 내게 보이시고 주의 길을 내게 가르치소서(시 25:4).

모세가 여호와께 아뢰되 내가 참으로 주의 목전에 은총을 입었사오면 원하건대 주의 길을 내게 보이사 내게 주를 알리소서. 여호와께서 이르시되 내가 친히 가리라, 내가 너를 쉬게 하리라. —그의 행위를 모세에게, 그의 행사를 이스라엘 자손에게 알리셨도다.

온유한 자를 정의로 지도하심이여, 온유한 자에게 그의 도를 가르치시리로다. 여호와를 경외하는 자 누구냐. 그가 택할 길을 그에게 가르치시리로다. —너는 마음을 다하여 여호와를 신뢰하고 네 명철을 의지하지 말라. 너는 범사에 그를 인정하라. 그리하면 네 길을 지도하시리라.

주께서 생명의 길을 내게 보이시리니 주의 앞에는 충만한 기쁨이 있고 주의 오른쪽에는 영원한 즐거움이 있나이다. —내가 네 갈 길을 가르쳐 보이고 너를 주목하여 훈계하리로다. —의인의 길은 돋는 햇살 같아서 크게 빛나 한낮의 광명에 이르리로다.

출 33:12~14 —시 103:7, 시 25:9, 12 —잠 3:5~6, 시 16:11 —시 32:8 —잠 4:18

10월 1일

범사에 그에게까지 자랄지라 그는 머리니 곧 그리스도라
(엡 4:15).

처음에는 싹이요 다음에는 이삭이요 그 다음에는 이삭에
충실한 곡식이라. ─우리가 다 하나님의 아들을 믿는 것과
아는 일에 하나가 되어 온전한 사람을 이루어 그리스도의
장성한 분량이 충만한 데까지 이르리라.

그들이 자기로써 자기를 헤아리고 자기로써 자기를 비교하
니 지혜가 없도다. 자랑하는 자는 주 안에서 자랑할지니라.
옳다 인정함을 받는 자는 자기를 칭찬하는 자가 아니요 오
직 주께서 칭찬하시는 자니라.

몸은 그리스도의 것이니라. 아무도 꾸며낸 겸손과 천사 숭
배를 이유로 너희를 정죄하지 못하게 하라. 그가 그 본 것
에 의지하여 그 육신의 생각을 따라 헛되이 과장하고 머리
를 붙들지 아니하는지라. 온몸이 머리로 말미암아 마디와
힘줄로 공급함을 받고 연합하여 하나님이 자라게 하시므로
자라느니라.

오직 우리 주, 곧 구주 예수 그리스도의 은혜와 그를 아는
지식에서 자라 가라.

막 4:28 ─엡 4:13. 고후 10:12, 17~18. 골 2:17~19. 벧후 3:18

10월 2일

누가 너를 남달리 구별하였느냐 네게 있는 것 중에 받지 아니한 것이 무엇이냐(고전 4:7).

내가 나 된 것은 하나님의 은혜로 된 것이니 —자기의 뜻을 따라 진리의 말씀으로 우리를 낳으셨느니라. —원하는 자로 말미암음도 아니요 달음박질하는 자로 말미암음도 아니요 오직 긍휼히 여기시는 하나님으로 말미암음이니라. —그런즉 자랑할 데가 어디냐. 있을 수가 없느니라. —그리스도 예수, 우리에게 지혜와 의로움과 거룩함과 구원함이 되셨으니 주 안에서 자랑하라 함과 같게 하려 함이라.

그는 허물과 죄로 죽었던 너희를 살리셨도다. 그때에 너희는 그 가운데서 행하여 이 세상 풍조를 따르고 공중의 권세 잡은 자를 따랐으니 곧 지금 불순종의 아들들 가운데서 역사하는 영이라. 전에는 우리도 다 그 가운데서 우리 육체의 욕심을 따라 지내며 육체와 마음의 원하는 것을 하여 다른 이들과 같이 본질상 진노의 자녀이었더니 —주 예수 그리스도의 이름과 우리 하나님의 성령 안에서 씻음과 거룩함과 의롭다 하심을 받았느니라.

281

고전 15:10 —약 1:18 —롬 9:16 —롬 3:27 —고전 1:30~31. 엡 2:1~3 —고전 6:11

10월 3일

직분은 여러 가지나 주는 같으며(고전 12:5).

아디엘의 아들 아스마웻은 왕의 곳간을 맡았고 요나단은 밭과 성읍과 망대의 곳간을 맡았고 에스리는 밭 가는 농민을 거느렸고 시므이는 포도원을 맡았으니 다윗 왕의 재산을 맡은 자들이 이러하였더라.

하나님이 교회 중에 몇을 세우셨으니 첫째는 사도요 둘째는 선지자요 셋째는 교사요 그 다음은 능력을 행하는 자요 그 다음은 병 고치는 은사와 서로 돕는 것과 다스리는 것과 각종 방언을 말하는 것이라. 이 모든 일은 같은 한 성령이 행하사 그의 뜻대로 각 사람에게 나누어 주시는 것이니라.

각각 은사를 받은 대로 하나님의 여러 가지 은혜를 맡은 선한 청지기같이 서로 봉사하라. 만일 누가 말하려면 하나님의 말씀을 하는 것같이 하고 누가 봉사하려면 하나님이 공급하시는 힘으로 하는 것같이 하라. 이는 범사에 예수 그리스도로 말미암아 하나님이 영광을 받으시게 하려 함이니 그에게 영광과 권능이 세세에 무궁하도록 있느니라.

대상 27:25~27, 31. 고전 12:28, 11. 벧전 4:10~11

사역은 여러 가지나 모든 것을 모든 사람 가운데서 이루시는 하나님은 같으니(고전 12:6).

므낫세 지파에서 두어 사람이 다윗에게 돌아왔으나 이 무리가 다윗을 도와 도둑 떼를 쳤으니 그들은 다 큰 용사요. —각 사람에게 성령을 나타내심은 유익하게 하려 하심이라. 잇사갈 자손 중에서 시세를 알고 이스라엘이 마땅히 행할 것을 아는 [이들이 있으니] —어떤 사람에게는 성령으로 말미암아 지혜의 말씀을, 어떤 사람에게는 같은 성령을 따라 지식의 말씀을 [주셨느니라].

스불론 중에서 전열을 갖추고 두 마음을 품지 아니하고 능히 진영에 나아가서 싸움을 잘하는 자가 오만 명이요 —두 마음을 품어 모든 일에 정함이 없는 자로다.

몸 가운데서 분쟁이 없고 오직 여러 지체가 서로 같이 돌보게 하셨느니라. 만일 한 지체가 고통을 받으면 모든 지체가 함께 고통을 받고 한 지체가 영광을 얻으면 모든 지체가 함께 즐거워하느니라.

주도 한 분이시요 믿음도 하나요 세례도 하나라.

대상 12:19, 21 —고전 12:7. 대상 12:32 —고전 12:8. 대상 12:33 —약 1:8. 고전 12:25~26. 엡 4:5

10월 5일

잠시 잠깐 후면 오실 이가 오시리니 지체하지 아니하시리라(히 10:37).

너는 이 묵시를 기록하여 판에 명백히 새기되 달려가면서도 읽을 수 있게 하라. 이 묵시는 정한 때가 있나니 그 종말이 속히 이르겠고 결코 거짓되지 아니하리라. 비록 더딜지라도 기다리라. 지체되지 않고 반드시 응하리라.
사랑하는 자들아, 주께는 하루가 천 년 같고 천 년이 하루 같다는 이 한 가지를 잊지 말라. 주의 약속은 어떤 이들이 더디다고 생각하는 것같이 더딘 것이 아니라. 오직 주께서는 너희를 대하여 오래 참으사 아무도 멸망하지 아니하고 다 회개하기에 이르기를 원하시느니라. ―주여, 주는 긍휼히 여기시며 은혜를 베푸시며 노하기를 더디 하시며 인자와 진실이 풍성하신 하나님이시오니 ―주는 하늘을 가르고 강림하시느니라. 주 외에는 자기를 앙망하는 자를 위하여 이런 일을 행한 신을 옛부터 들은 자도 없고 귀로 들은 자도 없고 눈으로 본 자도 없었나이다.

284

합 2:2~3. 벧후 3:8~9 ―시 86:15 ―사 64:1, 4

10월 6일

네게 무엇을 말씀하셨느냐(삼상 3:17).

사람아, 주께서 선한 것이 무엇임을 네게 보이셨나니 여호와께서 네게 구하시는 것은 오직 정의를 행하며 인자를 사랑하며 겸손하게 네 하나님과 함께 행하는 것이 아니냐. —내가 오늘 네 행복을 위하여 네게 명하는 여호와의 명령과 규례를 지킬 것이 아니냐.

무릇 율법 행위에 속한 자들은 저주 아래에 있나니 기록된 바 누구든지 율법 책에 기록된 대로 모든 일을 항상 행하지 아니하는 자는 저주 아래에 있는 자라 하였음이라. 또 하나님 앞에서 아무도 율법으로 말미암아 의롭게 되지 못할 것이 분명하니 이는 의인은 믿음으로 살리라 하였음이라. 그런즉 율법은 무엇이냐. 범법하므로 더하여진 것이라. 약속하신 자손이 오시기까지 있을 것이라.

옛적에 선지자들을 통하여 여러 부분과 여러 모양으로 우리 조상들에게 말씀하신 하나님이 이 모든 날 마지막에는 아들을 통하여 우리에게 말씀하셨노라.

여호와여, 말씀하옵소서. 주의 종이 듣겠나이다.

미 6:8 —신 10:13. 갈 3:10~11, 19. 히 1:1~2. 삼상 3:9

10월 7일

주의 종의 집이 영원히 복을 받게 하옵소서(삼하 7:29).

여호와여, 주께서 복을 주셨사오니 이 복을 영원히 누리리이다. ―여호와께서 주시는 복은 사람을 부하게 하고 근심을 겸하여 주지 아니하시느니라.

주 예수께서 친히 말씀하신 바 주는 것이 받는 것보다 복이 있다 하심을 기억하여야 할지니라. ―잔치를 베풀거든 차라리 가난한 자들과 몸 불편한 자들과 저는 자들과 맹인들을 청하라. 그리하면 그들이 갚을 것이 없으므로 네게 복이 되리니 이는 의인들의 부활 시에 네가 갚음을 받겠음이라. ―내 아버지께 복 받을 자들이여, 나아와 창세로부터 너희를 위하여 예비된 나라를 상속받으라. 내가 주릴 때에 너희가 먹을 것을 주었고 목마를 때에 마시게 하였고 나그네 되었을 때에 영접하였고 헐벗었을 때에 옷을 입혔고 병들었을 때에 돌보았고 옥에 갇혔을 때에 와서 보았느니라.

가난한 자를 보살피는 자에게 복이 있음이여 재앙의 날에 여호와께서 그를 건지시리로다.

여호와 하나님은 해요 방패이시라.

대상 17:27 ―잠 10:22. 행 20:35 ―눅 14:13~14 ―마 25:34~36. 시 41:1. 시 84:11

10월 8일

내 발을 반석 위에 두사(시 40:2).

그 반석은 곧 그리스도시라. ─시몬 베드로가 이르되 주는 그리스도시요 살아 계신 하나님의 아들이시니이다. 내가 이 반석 위에 내 교회를 세우리니 음부의 권세가 이기지 못하리라. ─다른 이로써는 구원을 받을 수 없나니 천하 사람 중에 구원을 받을 만한 다른 이름을 우리에게 주신 일이 없음이라.

온전한 믿음으로 우리가 믿는 도리의 소망을 움직이지 말며 ─믿음으로 조금도 의심하지 말라. 의심하는 자는 마치 바람에 밀려 요동하는 바다 물결 같으니라.

누가 우리를 그리스도의 사랑에서 끊으리요. 환난이나 곤고나 박해나 기근이나 적신이나 위험이나 칼이랴. 그러나 이 모든 일에 우리를 사랑하시는 이로 말미암아 우리가 넉넉히 이기느니라. 내가 확신하노니 사망이나 생명이나 천사들이나 권세자들이나 현재 일이나 장래 일이나 능력이나 높음이나 깊음이나 다른 어떤 피조물이라도 우리를 우리 주 그리스도 예수 안에 있는 하나님의 사랑에서 끊을 수 없으리라.

고전 10:4 ─마 16:16, 18 ─행 4:12. 히 10:22~23 ─약 1:6. 롬 8:35, 37~39

10월 9일

여호와의 말씀은 순결함이여(시 12:6).

주의 말씀이 심히 순수하므로 주의 종이 이를 사랑하나이다. —여호와의 교훈은 정직하여 마음을 기쁘게 하고 여호와의 계명은 순결하여 눈을 밝게 하시도다. —하나님의 말씀은 다 순전하며 하나님은 그를 의지하는 자의 방패시니라. 너는 그의 말씀에 더하지 말라. 그가 너를 책망하시겠고 너는 거짓말하는 자가 될까 두려우니라.

내가 주께 범죄하지 아니하려 하여 주의 말씀을 내 마음에 두었나이다. 내가 주의 법도들을 작은 소리로 읊조리며 주의 길들에 주의하나이다. —형제들아, 무엇에든지 참되며 무엇에든지 경건하며 무엇에든지 옳으며 무엇에든지 정결하며 무엇에든지 사랑받을 만하며 무엇에든지 칭찬받을 만하며 무슨 덕이 있든지 무슨 기림이 있든지 이것들을 생각하라. —갓난아기들같이 순전하고 신령한 젖을 사모하라. 이는 그로 말미암아 너희로 구원에 이르도록 자라게 하려 함이라.

우리는 수많은 사람들처럼 하나님의 말씀을 혼잡하게 하지 아니하고 곧 순전함으로 하나님께 받은 것같이 하나님 앞에서와 그리스도 안에서 말하노라. —하나님의 말씀을 혼잡하게 하지 아니하노라.

시 119:140 —시 19:8 —잠 30:5~6. 시 119:11, 15 —빌 4:8 —벧전 2:2. 고후 2:17 —고후 4:2

10월 10일

그러므로 너희는 이렇게 기도하라 하늘에 계신 우리 아버지여(마 6:9).

예수께서 눈을 들어 하늘을 우러러 이르시되 아버지여. -내 아버지 곧 너희 아버지시라.

너희가 다 믿음으로 말미암아 그리스도 예수 안에서 하나님의 아들이 되었으니 -너희는 다시 무서워하는 종의 영을 받지 아니하고 양자의 영을 받았으므로 우리가 아빠 아버지라고 부르짖느니라. 성령이 친히 우리의 영과 더불어 우리가 하나님의 자녀인 것을 증언하시느니라.

너희가 아들이므로 하나님이 그 아들의 영을 우리 마음 가운데 보내사 아빠 아버지라 부르게 하셨느니라. 그러므로 네가 이후로는 종이 아니요 아들이니라.

내가 진실로 진실로 너희에게 이르노니 너희가 무엇이든지 아버지께 구하는 것을 내 이름으로 주시리라. 지금까지는 너희가 내 이름으로 아무것도 구하지 아니하였으나 구하라. 그리하면 받으리니 너희 기쁨이 충만하리라.

내가 너희를 영접하여, 너희에게 아버지가 되고 너희는 내게 자녀가 되리라. 전능하신 주의 말씀이니라.

요 17:1 -요 20:17. 갈 3:26 -롬 8:15~16. 갈 4:6~7. 요 16:23~24. 고후 6:17~18

이름이 거룩히 여김을 받으시오며(마 6:9).

너는 다른 신에게 절하지 말라. 여호와는 질투라 이름하는 질투의 하나님임이니라.

여호와여, 신 중에 주와 같은 자가 누구니이까. 주와 같이 거룩함으로 영광스러우며 찬송할 만한 위엄이 있으며 기이한 일을 행하는 자가 누구니이까. —거룩하다, 거룩하다, 거룩하다, 주 하나님 곧 전능하신 이여.

아름답고 거룩한 것으로 여호와께 경배할지어다. —내가 본즉 주께서 높이 들린 보좌에 앉으셨는데 그의 옷자락은 성전에 가득하였고 스랍들이 모시고 섰는데 서로 불러 이르되 거룩하다, 거룩하다, 거룩하다, 만군의 여호와여 그의 영광이 온 땅에 충만하도다 하더라. 그때에 내가 말하되 화로다 나여 망하게 되었도다. —내가 주께 대하여 귀로 듣기만 하였사오나 이제는 눈으로 주를 뵈옵나이다. 그러므로 내가 스스로 거두어들이리라.

그 아들 예수의 피가 우리를 모든 죄에서 깨끗하게 하실 것이요 —그의 거룩하심에 참여하게 하시느니라. —그러므로 형제들아, 우리가 예수의 피를 힘입어 성소에 들어갈 담력을 얻었나니 참마음으로 하나님께 나아가자.

출 34:14, 출 15:11 —계 4:8, 대상 16:29 —사 6:1~3, 5 —욥 42:5~6, 요일 1:7 —히 12:10 —히 10:19, 22

10월 12일

나라가 임하시오며(마 6:10).

이 여러 왕들의 시대에 하늘의 하나님이 한 나라를 세우시
리니 이것은 영원히 망하지도 아니할 것이요 그 국권이 다
른 백성에게로 돌아가지도 아니할 것이요 도리어 이 모든
나라를 쳐서 멸망시키고 영원히 설 것이라. 손대지 아니한
돌이 나오리라. −만군의 여호와께서 말씀하시되 이는 힘으
로 되지 아니하며 능력으로 되지 아니하고 오직 나의 영으
로 되느니라. −하나님의 나라는 볼 수 있게 임하는 것이 아
니요 또 여기 있다 저기 있다고도 못하리니 하나님의 나라
는 너희 안에 있느니라.

하나님 나라의 비밀을 너희에게는 주었으나 하나님의 나
라는 사람이 씨를 땅에 뿌림과 같으니 그가 밤낮 자고 깨
고 하는 중에 씨가 나서 자라되 어떻게 그리 되는지를 알지
못하느니라. 열매가 익으면 곧 낫을 대나니 이는 추수 때가
이르렀음이라.

너희도 준비하고 있으라. 생각하지 않은 때에 인자가 오리라.
성령과 신부가 말씀하시기를 오라 하시는도다. 듣는 자도
오라 하시더라.

단 2:44, 34 −슥 4:6 −눅 17:20~21. 막 4:11, 26~27, 29. 마 24:44. 계
22:17

291

10월 13일

뜻이 하늘에서 이루어진 것같이 땅에서도 이루어지이다(마 6:10).

오직 주의 뜻이 무엇인가 이해하라.

이 작은 자 중의 하나라도 잃는 것은 하늘에 계신 너희 아버지의 뜻이 아니니라.

하나님의 뜻은 이것이니 너희의 거룩함이라. −그 후로는 다시 사람의 정욕을 따르지 않고 하나님의 뜻을 따라 육체의 남은 때를 살게 하려 함이라. −자기의 뜻을 따라 진리의 말씀으로 우리를 낳으셨느니라. 그러므로 모든 더러운 것을 내버리라.

내가 거룩하니 너희도 거룩할지어다. −[예수께서] 이르시되 누구든지 하나님의 뜻대로 행하는 자가 내 형제요 자매요 어머니이니라. −누구든지 나의 이 말을 듣고 행하는 자는 그 집을 반석 위에 지은 지혜로운 사람 같으리니 비가 내리고 창수가 나고 바람이 불어 그 집에 부딪치되 무너지지 아니하나니 이는 주추를 반석 위에 놓은 까닭이요 −이 세상도, 그 정욕도 지나가되 오직 하나님의 뜻을 행하는 자는 영원히 거하느니라.

엡 5:17. 마 18:14. 살전 4:3 −벧전 4:2 −약 1:18, 21. 벧전 1:16 −막 3:34∼35 −마 7:24∼25 −요일 2:17

10월 14일

오늘 우리에게 일용할 양식을 주시옵고(마 6:11).

내가 어려서부터 늙기까지 의인이 버림을 당하거나 그의 자손이 걸식함을 보지 못하였도다. ─그의 양식은 공급되고 그의 물은 끊어지지 아니하리라. ─까마귀들이 아침에도 떡과 고기를, 저녁에도 떡과 고기를 가져왔고 그가 시냇물을 마셨더라.

나의 하나님이 그리스도 예수 안에서 영광 가운데 그 풍성한 대로 너희 모든 쓸 것을 채우시리라. ─있는 바를 족한 줄로 알라. 그가 친히 말씀하시기를 내가 결코 너희를 버리지 아니하고 너희를 떠나지 아니하리라.

너를 낮추시며 너를 주리게 하시며 또 만나를 네게 먹이신 것은 사람이 떡으로만 사는 것이 아니요 여호와의 입에서 나오는 모든 말씀으로 사는 줄을 네가 알게 하려 하심이니라. ─예수께서 이르시되 내가 진실로 진실로 너희에게 이르노니 모세가 너희에게 하늘로부터 떡을 준 것이 아니라 내 아버지께서 너희에게 하늘로부터 참 떡을 주시나니 하나님의 떡은 하늘에서 내려 세상에 생명을 주는 것이니라. 주여, 이 떡을 항상 우리에게 주소서.

시 37:25 ─사 33:16 ─왕상 17:6. 빌 4:19 ─히 13:5. 신 8:3 ─요 6:32~34

우리가 우리에게 죄 지은 자를 사하여 준 것같이 우리 죄를 사하여 주시옵고(마 6:12).

주여, 형제가 내게 죄를 범하면 몇 번이나 용서하여 주리이까. 일곱 번까지 하오리이까. 예수께서 이르시되 네게 이르노니 일곱 번뿐 아니라 일곱 번을 일흔 번까지라도 할지니라. 악한 종아, 네가 빌기에 내가 네 빚을 전부 탕감하여 주었거늘 내가 너를 불쌍히 여김과 같이 너도 네 동료를 불쌍히 여김이 마땅하지 아니하냐 하고 주인이 노하여 그 빚을 다 갚도록 그를 옥졸들에게 넘기니라. 너희가 각각 마음으로부터 형제를 용서하지 아니하면 나의 하늘 아버지께서도 너희에게 이와 같이 하시리라. ―서로 친절하게 하며 불쌍히 여기며 서로 용서하기를 하나님이 그리스도 안에서 너희를 용서하심과 같이 하라. ―하나님이 살리시고 우리의 모든 죄를 사하시고 우리를 거스르고 불리하게 하는 법조문으로 쓴 증서를 지우시고 제하여 버리사 십자가에 못 박으셨노라. ―주께서 너희를 용서하신 것같이 너희도 그리하라.

마 18:21~22, 32~35 ―엡 4:32 ―골 2:13~14 ―골 3:13

10월 16일

우리를 시험에 들게 하지 마시옵고 다만 악에서 구하시옵
소서(마 6:13).

자기의 마음을 믿는 자는 미련한 자요 지혜롭게 행하는 자
는 구원을 얻을 자니라.

사람이 시험을 받을 때에 내가 하나님께 시험을 받는다 하
지 말지니 하나님은 악에게 시험을 받지도 아니하시고 친
히 아무도 시험하지 아니하시느니라. 오직 각 사람이 시험
을 받는 것은 자기 욕심에 끌려 미혹됨이니라. —그러므로
너희는 그들 중에서 나와서 따로 있고 부정한 것을 만지지
말라. 내가 너희를 영접하리라.

롯이 눈을 들어 요단 지역을 바라본즉 소알까지 온 땅에 물
이 넉넉하니 여호와의 동산 같았더라. 그러므로 롯이 요단
온 지역을 택한지라. 소돔 사람은 여호와 앞에 악하며 큰
죄인이었더라. —무법한 자들의 음란한 행실로 말미암아 고
통당하는 의로운 롯을 건지셨으니 주께서 경건한 자는 시
험에서 건지실 줄 아시느니라. —그가 세움을 받으리니 이
는 그를 세우시는 권능이 주께 있음이라.

잠 28:26. 약 1:13~14 —고후 6:17. 창 13:10~11, 13 —벧후 2:7, 9 —롬
14:4

10월 17일

나라와 권세와 영광이 아버지께 영원히 있사옵나이다(마 6:13).

여호와께서 다스리시니 스스로 권위를 입으셨도다. 주의 보좌는 예로부터 견고히 섰으며 주는 영원부터 계셨나이다. 여호와는 권능이 크시니 ─만일 하나님이 우리를 위하시면 누가 우리를 대적하리요. ─우리가 섬기는 하나님이 계시다면 능히 건져내시겠고 건져내시리이다. ─그들을 주신 내 아버지는 만물보다 크시매 아무도 아버지 손에서 빼앗을 수 없느니라. ─너희 안에 계신 이가 세상에 있는 자보다 크심이라.

여호와여, 영광을 우리에게 돌리지 마옵소서. 우리에게 돌리지 마옵소서. ─여호와여, 위대하심과 권능과 영광과 승리와 위엄이 다 주께 속하였사오니 천지에 있는 것이 다 주의 것이로소이다. 여호와여, 주권도 주께 속하였사오니 주는 높으사 만물의 머리이심이니이다. 우리 하나님이여, 이제 우리가 주께 감사하오며 주의 영화로운 이름을 찬양하나이다. 나와 내 백성이 무엇이기에 이처럼 즐거운 마음으로 드릴 힘이 있었나이까. 모든 것이 주께로 말미암았사오니 우리가 주의 손에서 받은 것으로 주께 드렸을 뿐이니이다.

시 93:1~2, 나 1:3 ─롬 8:31 ─단 3:17 ─요 10:29 ─요일 4:4, 시 115:1 ─대상 29:11, 13~14

10월 18일

아멘(마 6:13).

아멘, 하나님 여호와께서도 이렇게 말씀하시니라. —땅에서 맹세하는 자는 진리의 하나님으로 맹세하리라.

하나님이 아브라함에게 약속하실 때에 가리켜 맹세할 자가 자기보다 더 큰 이가 없으므로 자기를 가리켜 맹세하더라. 사람들은 자기보다 더 큰 자를 가리켜 맹세하나니 맹세는 그들이 다투는 모든 일의 최후 확정이니라. 하나님은 약속을 기업으로 받는 자들에게 그 뜻이 변하지 아니함을 충분히 나타내시려고 그 일을 맹세로 보증하셨나니 이는 하나님이 거짓말을 하실 수 없는 이 두 가지 변하지 못할 사실로 말미암아 앞에 있는 소망을 얻으려고 피난처를 찾은 우리에게 큰 안위를 받게 하려 하심이라.

아멘이시요 충성되고 참된 증인이신 이가 이르시되 —하나님의 약속은 얼마든지 그리스도 안에서 예가 되니 그런즉 그로 말미암아 우리가 아멘 하여 하나님께 영광을 돌리게 되느니라.

홀로 기이한 일들을 행하시는 여호와 하나님 곧 이스라엘의 하나님을 찬송하며 그 영화로운 이름을 영원히 찬송할지어다. 아멘 아멘.

왕상 1:36 —사 65:16. 히 6:13, 16~18. 계 3:14 —고후 1:20. 시 72:18~19

10월 19일

그리스도 안에 무슨 권면이나 사랑의 무슨 위로나 성령의
무슨 교제나(빌 2:1).

여인에게서 태어난 사람은 생애가 짧고 걱정이 가득하며
그는 꽃과 같이 자라나서 시들며 그림자같이 지나가며 머
물지 아니하나니 ―내 육체와 마음은 쇠약하나 하나님은 내
마음의 반석이시요 영원한 분깃이시라.

아버지 그가 또 다른 보혜사를 너희에게 주사 영원토록 너
희와 함께 있게 하리니 아버지께서 내 이름으로 보내실 성
령이시라. ―찬송하리로다. 그는 우리 주 예수 그리스도의
하나님이시요 자비의 아버지시요 모든 위로의 하나님이시
며 우리의 모든 환난 중에서 우리를 위로하사 우리로 하여
금 하나님께 받는 위로로써 모든 환난 중에 있는 자들을 능
히 위로하게 하시는 이시로다.

우리가 예수께서 죽으셨다가 다시 살아나심을 믿을진대 이
와 같이 예수 안에서 자는 자들도 하나님이 그와 함께 데
리고 오시리라. 그리하여 우리가 항상 주와 함께 있으리라.
그러므로 이러한 말로 서로 위로하라.

욥 14:1~2 ―시 73:26. 요 14:16, 26 ―고후 1:3~4. 살전 4:14, 17~18

10월 20일

왕의 하나님 여호와께서 왕을 기쁘게 받으시기를 원하나이다(삼하 24:23).

내가 무엇을 가지고 여호와 앞에 나아가며 높으신 하나님께 경배할까 내가 번제물로 일 년 된 송아지를 가지고 그 앞에 나아갈까 여호와께서 천천의 숫양이나 만만의 강물 같은 기름을 기뻐하실까 내 허물을 위하여 내 맏아들을, 내 영혼의 죄로 말미암아 내 몸의 열매를 드릴까 사람아, 주께서 선한 것이 무엇임을 네게 보이셨나니 여호와께서 네게 구하시는 것은 오직 정의를 행하며 인자를 사랑하며 겸손하게 네 하나님과 함께 행하는 것이 아니냐.

우리는 다 부정한 자 같아서 우리의 의는 다 더러운 옷 같노라. ─의인은 없나니 하나도 없으며 모든 사람이 죄를 범하였으매 하나님의 영광에 이르지 못하더니 그리스도 예수 안에 있는 속량으로 말미암아 하나님의 은혜로 값없이 의롭다 하심을 얻은 자 되었느니라. 이 예수를 하나님이 그의 피로써 믿음으로 말미암는 화목제물로 세우셨으니 이때에 자기의 의로우심을 나타내사 자기도 의로우시며 또한 예수 믿는 자를 의롭다 하려 하심이라.

사랑하시는 자 안에서 거저 주시는 바 ─너희도 그 안에서 충만하여졌느니라.

미 6:6~8. 사 64:6 ─롬 3:10, 23~26. 엡 1:6 ─골 2:10

종이 주인보다 크지 못하고 보냄을 받은 자가 보낸 자보다
크지 못하나니 너희가 이것을 알고 행하면 복이 있으리라
(요 13:16~17).

그들 사이에 그중 누가 크냐 하는 다툼이 난지라. 예수께서
이르시되 이방인의 임금들은 그들을 주관하며 그 집권자들
은 은인이라 칭함을 받으나 너희는 그렇지 않을지니 너희
중에 큰 자는 젊은 자와 같고 다스리는 자는 섬기는 자와
같을지니라. 앉아서 먹는 자가 크냐 섬기는 자가 크냐 앉아
서 먹는 자가 아니냐. 그러나 나는 섬기는 자로 너희 중에
있노라. —인자가 온 것은 섬김을 받으려 함이 아니라 도리
어 섬기려 하고 자기 목숨을 많은 사람의 대속물로 주려 함
이니라.

예수는 저녁 잡수시던 자리에서 일어나 겉옷을 벗고 수건
을 가져다가 허리에 두르시고 이에 대야에 물을 떠서 제자
들의 발을 씻으시고 그 두르신 수건으로 닦기를 시작하시
더라.

눅 22:24~27 —마 20:28. 요 13:3~5

10월 22일

여호와께서 그의 보좌를 하늘에 세우시고 그의 왕권으로 만유를 다스리시도다(시 103:19).

제비는 사람이 뽑으나 모든 일을 작정하기는 여호와께 있느니라. —여호와의 행하심이 없는데 재앙이 어찌 성읍에 임하겠느냐.

나는 여호와라. 나 외에 다른 이가 없나니 나밖에 신이 없느니라. 너는 나를 알지 못하였을지라도 나는 네 띠를 동일 것이요 해 뜨는 곳에서든지 지는 곳에서든지 나밖에 다른 이가 없는 줄을 알게 하리라. 나는 여호와라. 다른 이가 없느니라. 나는 빛도 짓고 어둠도 창조하며 나는 평안도 짓고 환난도 창조하나니 나는 여호와라. 이 모든 일들을 행하는 자니라.

하늘의 군대에게든지 땅의 사람에게든지 그는 자기 뜻대로 행하시나니 그의 손을 금하든지 혹시 이르기를 네가 무엇을 하느냐고 할 자가 아무도 없도다. —만일 하나님이 우리를 위하시면 누가 우리를 대적하리요.

그가 모든 원수를 그 발아래에 둘 때까지 반드시 왕 노릇하시리니 —적은 무리여, 무서워 말라. 너희 아버지께서 그 나라를 너희에게 주시기를 기뻐하시느니라.

잠 16:33 —암 3:6. 사 45:5~7. 단 4:35 —롬 8:31. 고전 15:25 —눅 12:32

10월 23일

살리는 것은 영이니(요 6:63).

첫 사람 아담은 생령이 되었다 함과 같이 마지막 아담은 살려 주는 영이 되었나니 ─육으로 난 것은 육이요 영으로 난 것은 영이니라. ─우리를 구원하시되 우리가 행한 바 의로운 행위로 말미암지 아니하고 오직 그의 긍휼하심을 따라 중생의 씻음과 성령의 새롭게 하심으로 하셨느니라.
누구든지 그리스도의 영이 없으면 그리스도의 사람이 아니라. 또 그리스도께서 너희 안에 계시면 몸은 죄로 말미암아 죽은 것이나 영은 의로 말미암아 살아 있는 것이니라. 예수를 죽은 자 가운데서 살리신 이의 영이 너희 안에 거하시면 그리스도 예수를 죽은 자 가운데서 살리신 이가 너희 안에 거하시는 그의 영으로 말미암아 너희 죽을 몸도 살리시리라. 이제는 내가 사는 것이 아니요 오직 내 안에 그리스도께서 사시는 것이라. 이제 내가 육체 가운데 사는 것은 하나님의 아들을 믿는 믿음 안에서 사는 것이라. ─너희도 너희 자신을 죄에 대하여는 죽은 자요, 그리스도 예수 안에서 하나님께 대하여는 살아 있는 자로 여길지어다.

고전 15:45 ─요 3:6 ─딛 3:5. 롬 8:9~11. 갈 2:20 ─롬 6:11

10월 24일

가련하고 가난한 자가 물을 구하되 물이 없어서 갈증으로 그들의 혀가 마를 때에 나 여호와가 그들에게 응답하겠고 (사 41:17).

여러 사람의 말이 우리에게 선을 보일 자 누구뇨. –사람이 해 아래에서 행하는 모든 수고와 마음에 애쓰는 것이 무슨 소득이 있으랴. 일평생에 근심하며 수고하는 것이 슬픔 뿐이라. 그의 마음이 밤에도 쉬지 못하나니 모두 다 헛되어 바람을 잡으려는 것이기 때문이로다. –그들이 생수의 근원되는 나[여호와]를 버린 것과 스스로 웅덩이를 [팠으나] 그것은 그 물을 가두지 못할 터진 웅덩이들[인 것과 같음이라]. 내게 오는 자는 내가 결코 내쫓지 아니하리라. –나는 목마른 자에게 물을 주리니 –의에 주리고 목마른 자는 복이 있나니 그들이 배부를 것임이요.

하나님이여, 주는 나의 하나님이시라. 내가 간절히 주를 찾되 물이 없어 마르고 황폐한 땅에서 내 영혼이 주를 갈망하며 내 육체가 주를 앙모하나이다.

시 4:6 –전 2:22~23, 17 –렘 2:13, 요 6:37 –사 44:3 –마 5:6, 시 63:1

10월 25일

만물의 마지막이 가까이 왔으니(벧전 4:7).

내가 크고 흰 보좌와 그 위에 앉으신 이를 보니 땅과 하늘이 그 앞에서 피하여 간 데 없더라. -이제 하늘과 땅은 불사르기 위하여 보호하신 바 되어 경건하지 아니한 사람들의 심판과 멸망의 날까지 보존하여 두신 것이니라.
하나님은 우리의 피난처시요 힘이시니 환난 중에 만날 큰 도움이시라. 그러므로 땅이 변하든지 산이 흔들려 바다 가운데에 빠지든지 바닷물이 솟아나고 뛰놀든지 그것이 넘침으로 산이 흔들릴지라도 우리는 두려워하지 아니하리로다. -난리와 난리 소문을 듣겠으나 너희는 삼가 두려워하지 말라.
하나님께서 지으신 집 곧 손으로 지은 것이 아니요 하늘에 있는 영원한 집이니라. -우리는 의가 있는 곳인 새 하늘과 새 땅을 바라보도다. 그러므로 사랑하는 자들아, 너희가 이것을 바라보나니 주 앞에서 점도 없고 흠도 없이 평강 가운데서 나타나기를 힘쓰라.

304

계 20:11 -벧후 3:7. 시 46:1~3 -마 24:6. 고후 5:1 -벧후 3:13~14

10월 26일

네 심령을 삼가 지켜(말 2:15).

주여, 어떤 사람이 주의 이름으로 귀신을 내쫓는 것을 우리가 보고 우리와 함께 따르지 아니하므로 금하였나이다. 예수께서 이르시되 금하지 말라, 너희를 반대하지 않는 자는 너희를 위하는 자니라 하시니라. 주여, 우리가 불을 명하여 하늘로부터 내려 저들을 멸하라 하기를 원하시나이까. 예수께서 꾸짖으시니라.

엘닷과 메닷이 진중에서 예언하나이다 하매 눈의 아들 여호수아가 말하여 이르되 내 주 모세여, 그들을 말리소서. 모세가 그에게 이르되 네가 나를 두고 시기하느냐. 여호와께서 그의 영을 그의 모든 백성에게 주사 다 선지자가 되게 하시기를 원하노라.

오직 성령의 열매는 사랑과 희락과 화평과 오래 참음과 자비와 양선과 충성과 온유와 절제니라. 그리스도 예수의 사람들은 육체와 함께 그 정욕과 탐심을 십자가에 못 박았느니라. 만일 우리가 성령으로 살면 또한 성령으로 행할지니 헛된 영광을 구하여 서로 노엽게 하거나 서로 투기하지 말지니라.

눅 9:49~50, 54~55. 민 11:27~29. 갈 5:22~27

10월 27일

복을 비는 자는 복을 받고(민 22:6).

심령이 가난한 자는 복이 있나니 천국이 그들의 것임이요. 애통하는 자는 복이 있나니 그들이 위로를 받을 것임이요. 온유한 자는 복이 있나니 그들이 땅을 기업으로 받을 것임이요. 의에 주리고 목마른 자는 복이 있나니 그들이 배부를 것임이요. 긍휼히 여기는 자는 복이 있나니 그들이 긍휼히 여김을 받을 것임이요. 마음이 청결한 자는 복이 있나니 그들이 하나님을 볼 것임이요. 화평하게 하는 자는 복이 있나니 그들이 하나님의 아들이라 일컬음을 받을 것임이요. 의를 위하여 박해를 받은 자는 복이 있나니 천국이 그들의 것임이라. 나로 말미암아 너희를 욕하고 박해하고 거짓으로 너희를 거슬러 모든 악한 말을 할 때에는 너희에게 복이 있나니 기뻐하고 즐거워하라. 하늘에서 너희의 상이 큼이라. —하나님의 말씀을 듣고 지키는 자가 복이 있느니라.
자기 두루마기를 빠는 자들은 복이 있으니 이는 그들이 생명나무에 나아가며 문들을 통하여 성에 들어갈 권세를 받으려 함이로다.

마 5:3~12 -눅 11:28. 계 22:14

306

10월 28일

원수(눅 10:19).

근신하라. 깨어라. 너희 대적 마귀가 우는 사자같이 두루
다니며 삼킬 자를 찾나니 —마귀를 대적하라. 그리하면 너
희를 피하리라.

마귀의 간계를 능히 대적하기 위하여 하나님의 전신 갑주
를 입으라. 우리의 씨름은 혈과 육을 상대하는 것이 아니
요 통치자들과 권세들과 이 어둠의 세상 주관자들과 하늘
에 있는 악의 영들을 상대함이라. 그러므로 하나님의 전신
갑주를 취하라. 이는 악한 날에 너희가 능히 대적하고 모
든 일을 행한 후에 서기 위함이라. 그런즉 서서 진리로 너
희 허리띠를 띠고 의의 호심경을 붙이고 평안의 복음이 준
비한 것으로 신을 신고 모든 것 위에 믿음의 방패를 가지고
이로써 능히 악한 자의 모든 불화살을 소멸하라.

나의 대적이여, 나로 말미암아 기뻐하지 말지어다. 나는 엎
드러질지라도 일어날 것이요, 어두운 데에 앉을지라도 여
호와께서 나의 빛이 되실 것임이로다.

벧전 5:8 -약 4:7. 엡 6:11~16. 미 7:8

10월 29일

다윗이 그의 하나님 여호와를 힘입고 용기를 얻었더라(삼상 30:6).

주여, 영생의 말씀이 주께 있사오니 우리가 누구에게로 가오리이까. ─내가 믿는 자를 내가 알고 또한 내가 의탁한 것을 그 날까지 그가 능히 지키실 줄을 확신함이라.

내가 환난 중에서 여호와께 아뢰며 나의 하나님께 부르짖었더니 그가 그의 성전에서 내 소리를 들으심이여 그의 앞에서 나의 부르짖음이 그의 귀에 들렸도다. 그들이 나의 재앙의 날에 내게 이르렀으나 여호와께서 나의 의지가 되셨도다. 나를 넓은 곳으로 인도하시고 나를 기뻐하시므로 나를 구원하셨도다.

내가 여호와를 항상 송축함이여, 내 입술로 항상 주를 찬양하리이다. 내 영혼이 여호와를 자랑하리니 곤고한 자들이 이를 듣고 기뻐하리로다. 나와 함께 여호와를 광대하시다 하며 함께 그의 이름을 높이세. 내가 여호와께 간구하매 내게 응답하시고 내 모든 두려움에서 나를 건지셨도다. 너희는 여호와의 선하심을 맛보아 알지어다. 그에게 피하는 자는 복이 있도다.

요 6:68 ─딤후 1:12, 시 18:6, 18~19, 시 34:1~4, 8

10월 30일

우리를 위하여 여우 곧 포도원을 허는 작은 여우를 잡으라
우리의 포도원에 꽃이 피었음이라(아 2:15).

자기 허물을 능히 깨달을 자 누구리요. 나를 숨은 허물에서
벗어나게 하소서. —너희는 하나님의 은혜에 이르지 못하는
자가 없도록 하고 또 쓴 뿌리가 나서 괴롭게 하여 많은 사
람이 이로 말미암아 더럽게 되지 않게 하라. —너희가 달음
질을 잘하더니 누가 너희를 막아 진리를 순종하지 못하게
하더냐.

너희 안에서 착한 일을 시작하신 이가 그리스도 예수의 날
까지 이루시리라. 오직 너희는 그리스도의 복음에 합당하
게 생활하라. —혀도 작은 지체로되 큰 것을 자랑하도다. 보
라, 얼마나 작은 불이 얼마나 많은 나무를 태우는가. 혀는
곧 불이요 불의의 세계라. 혀는 우리 지체 중에서 온몸을
더럽히고 삶의 수레바퀴를 불사르나니 그 사르는 것이 지
옥 불에서 나느니라. —너희 말을 항상 은혜 가운데서 소금
으로 맛을 냄과 같이 하라.

시 19:12 —히 12:15 —갈 5:7, 빌 1:6, 27 —약 3:5∼6 —골 4:6

10월 31일

말씀하신 대로 행하사(삼하 7:25).

주를 경외하게 하는 주의 말씀을 주의 종에게 세우소서. 그
리하시면 내가 나를 비방하는 자들에게 대답할 말이 있사
오리니 내가 주의 말씀을 의지함이니이다. 주의 종에게 하
신 말씀을 기억하소서. 주께서 내게 소망을 가지게 하셨나
이다. 내가 나그네 된 집에서 주의 율례들이 나의 노래가
되었나이다. 주의 입의 법이 내게는 천천 금은보다 좋으니
이다. 여호와여, 주의 말씀은 영원히 하늘에 굳게 섰사오며
주의 성실하심은 대대에 이르나이다.

하나님은 약속을 기업으로 받는 자들에게 그 뜻이 변하지
아니함을 충분히 나타내시려고 그 일을 맹세로 보증하셨나
니 이는 하나님이 거짓말을 하실 수 없는 이 두 가지 변하
지 못할 사실로 말미암아 앞에 있는 소망을 얻으려고 피난
처를 찾은 우리에게 큰 안위를 받게 하려 하심이라. 우리가
이 소망을 가지고 있는 것은 영혼의 닻 같아서 튼튼하고 견
고하여 휘장 안에 들어가나니, 그리로 앞서 가신 예수께서
우리를 위하여 들어가셨느니라.

보배롭고 지극히 큰 약속이라.

시 119:38, 42, 49, 54, 72, 89~90. 히 6:17~20. 벧후 1:4

11월 1일

그의 이름은 기묘자라, 모사라(사 9:6).

그의 위에 여호와의 영 곧 지혜와 총명의 영이요 모략과 재능의 영이요 지식과 여호와를 경외하는 영이 강림하시리니, 그가 여호와를 경외함으로 즐거움을 삼을 것이라.
지혜가 부르지 아니하느냐. 명철이 소리를 높이지 아니하느냐. 사람들아, 내가 너희를 부르며 내가 인자들에게 소리를 높이노라. 어리석은 자들아, 너희는 명철할지니라. 미련한 자들아, 너희는 마음이 밝을지니라. 너희는 들을지어다, 내가 가장 선한 것을 말하리라. 내 입술을 열어 정직을 내리라. 내게는 계략과 참지식이 있으며 나는 명철이라. 내게 능력이 있느니라.
만군의 여호와, 그의 경영은 기묘하며 지혜는 광대하니라. ─너희 중에 누구든지 지혜가 부족하거든 모든 사람에게 후히 주시고 꾸짖지 아니하시는 하나님께 구하라. 그리하면 주시리라. ─너는 마음을 다하여 여호와를 신뢰하고 네 명철을 의지하지 말라. 너는 범사에 그를 인정하라. 그리하면 네 길을 지도하시리라.

사 11:2~3. 잠 8:1, 4~6, 14. 사 28:29 ─약 1:5 ─잠 3:5~6

11월 2일

전능하신 하나님이라(사 9:6).

왕은 사람들보다 아름다워 은혜를 입술에 머금으니 그러므로 하나님이 왕에게 영원히 복을 주시도다. 용사여, 칼을 허리에 차고 왕의 영화와 위엄을 입으소서. 왕은 왕의 위엄을 세우시고 병거에 오르소서. 하나님이여, 주의 보좌는 영원하며 주의 나라의 규는 공평한 규이니이다. ―주께서 환상 중에 주의 성도들에게 말씀하여 이르시기를 내가 능력 있는 용사에게는 돕는 힘을 더하리라. ―만군의 여호와가 말하노라, 내 짝 된 자여.

보라, 하나님은 나의 구원이시라. 내가 신뢰하고 두려움이 없으리니 주 여호와는 나의 힘이시며 나의 노래시며 나의 구원이심이라. ―항상 우리를 그리스도 안에서 이기게 하시니 하나님께 감사하노라.

능히 너희를 보호하사 거침이 없게 하시고 너희로 그 영광 앞에 흠이 없이 기쁨으로 서게 하실 이 곧 우리 구주 홀로 하나이신 하나님께 우리 주 예수 그리스도로 말미암아 영광과 위엄과 권력과 권세가 영원 전부터 이제와 영원토록 있을지어다.

시 45:2~4, 6 ―시 89:19 ―슥 13:7. 사 12:2 ―고후 2:14. 유 1:24~25

11월 3일

영존하시는 아버지라(사 9:6).

이스라엘아, 들으라. 우리 하나님 여호와는 오직 유일한 여호와이시니라.

나와 아버지는 하나이니라. 아버지께서 내 안에 계시고 내가 아버지 안에 있으니 ―나를 알았더라면 내 아버지도 알았으리라. ―빌립이 이르되 주여, 아버지를 우리에게 보여 주옵소서. 그리하면 족하겠나이다. 예수께서 이르시되 빌립아, 내가 이렇게 오래 너희와 함께 있으되 네가 나를 알지 못하느냐. 나를 본 자는 아버지를 보았노라. ―볼지어다, 나와 및 하나님께서 내게 주신 자녀라. ―그가 자기 영혼의 수고한 것을 보고 만족하게 여길 것이라. ―주 하나님이 이르시되 나는 알파와 오메가라. 이제도 있고 전에도 있었고 장차 올 자요 전능한 자라. ―아브라함이 나기 전부터 내가 있느니라. ―하나님이 모세에게 이르시되 나는 스스로 있는 자이니라. 또 이르시되 너는 이스라엘 자손에게 이같이 이르기를 스스로 있는 자가 나를 너희에게 보내셨다 하라.

아들에 관하여는 하나님이여, 주의 보좌는 영영하니이다. ―그가 만물보다 먼저 계시고 만물이 그 안에 함께 섰느니라. ―그 안에는 신성의 모든 충만이 육체로 거하시느니라.

신 6:4. 요 10:30, 38 ―요 8:19 ―요 14:8~9 ―히 2:13 ―사 53:11 ―계 1:8 ―요 8:58 ―출 3:14. 히 1:8 ―골 1:17 ―골 2:9

평강의 왕이라(사 9:6).

그가 주의 백성을 공의로 재판하며 주의 가난한 자를 정의
로 재판하리니 의로 말미암아 산들이 백성에게 평강을 주
며 작은 산들도 그리하리로다. 그는 벤 풀 위에 내리는 비
같이, 땅을 적시는 소낙비같이 내리리니 그의 날에 의인이
흥왕하여 평강의 풍성함이 달이 다할 때까지 이르리로다.
-하나님께 영광이요 땅에서는 하나님이 기뻐하신 사람들
중에 평화로다 하니라.

이는 우리 하나님의 긍휼로 인함이라. 이로써 돋는 해가 위
로부터 우리에게 임하여 어둠과 죽음의 그늘에 앉은 자에
게 비치고 우리 발을 평강의 길로 인도하시리로다. -만유
의 주 되신 예수 그리스도로 말미암아 화평하니라.

이것을 너희에게 이르는 것은 너희로 내 안에서 평안을 누
리게 하려 함이라. 세상에서는 너희가 환난을 당하나 담대
하라. 내가 세상을 이기었노라. -평안을 너희에게 끼치노
니 곧 나의 평안을 너희에게 주노라. 내가 너희에게 주는
것은 세상이 주는 것과 같지 아니하니라. -모든 지각에 뛰
어난 하나님의 평강이 그리스도 예수 안에서 너희 마음과
생각을 지키시리라.

시 72:2~3, 6~7 -눅 2:14. 눅 1:78~79 -행 10:36. 요 16:33 -요
14:27 -빌 4:7

이 세상의 외형은 지나감이니라(고전 7:31).

그는 구백육십구 세를 살고 죽었더라.

낮은 형제는 자기의 높음을 자랑하고 부한 자는 자기의 낮
아짐을 자랑할지니 이는 그가 풀의 꽃과 같이 지나감이라.
해가 돋고 뜨거운 바람이 불어 풀을 말리면 꽃이 떨어져 그
모양의 아름다움이 없어지나니 부한 자도 그 행하는 일에 이
와 같이 쇠잔하리라. ―너희 생명이 무엇이냐. 너희는 잠깐
보이다가 없어지는 안개니라. ―이 세상도, 그 정욕도 지나가
되 오직 하나님의 뜻을 행하는 자는 영원히 거하느니라.

여호와여, 나의 종말과 연한이 언제까지인지 알게 하사 내
가 나의 연약함을 알게 하소서. ―그들이 평안하다. 안전하
다 할 그 때에 임신한 여자에게 해산의 고통이 이름과 같이
멸망이 갑자기 그들에게 이르리니 결코 피하지 못하리라.
형제들아, 너희는 어둠에 있지 아니하매 그 날이 도둑같이
너희에게 임하지 못하리로다.

315

창 5:27. 약 1:9~11 ―약 4:14 ―요일 2:17. 시 39:4 ―살전 5:3~4

11월 6일

주의 진리로 나를 지도하시고 교훈하소서(시 25:5).

진리의 성령이 오시면 그가 너희를 모든 진리 가운데로 인도하시리니 −너희는 거룩하신 자에게서 기름 부음을 받고 모든 것을 아느니라.

마땅히 율법과 증거의 말씀을 따를지니 그들이 말하는 바가 이 말씀에 맞지 아니하면 그들이 정녕 아침 빛을 보지 못하리라. −모든 성경은 하나님의 감동으로 된 것으로 교훈과 책망과 바르게 함과 의로 교육하기에 유익하니 이는 하나님의 사람으로 온전하게 하며 모든 선한 일을 행할 능력을 갖추게 하려 함이라. 성경은 능히 너로 하여금 그리스도 예수 안에 있는 믿음으로 말미암아 구원에 이르는 지혜가 있게 하느니라.

내가 네 갈 길을 가르쳐 보이고 너를 주목하여 훈계하리로다. −눈은 몸의 등불이니 그러므로 네 눈이 성하면 온몸이 밝을 것이요. −사람이 하나님의 뜻을 행하려 하면 이 교훈이 하나님께로부터 왔는지 알리라. −우매한 행인은 그 길로 다니지 못할 것이라.

요 16:13 −요일 2:20. 사 8:20 −딤후 3:16~17, 15. 시 32:8 −마 6:22 − 요 7:17 −사 35:8

11월 7일

보라 인내하는 자를 우리가 복되다 하나니(약 5:11).

우리가 환난 중에도 즐거워하나니 이는 환난은 인내를, 인내는 연단을, 연단은 소망을 이루는 줄 앎이로다. 소망이 우리를 부끄럽게 하지 아니함은 우리에게 주신 성령으로 말미암아 하나님의 사랑이 우리 마음에 부은 바 됨이니 —무릇 징계가 당시에는 즐거워 보이지 않고 슬퍼 보이나 후에 그로 말미암아 연단 받은 자들은 의와 평강의 열매를 맺느니라. —내 형제들아, 너희가 여러 가지 시험을 당하거든 온전히 기쁘게 여기라. 이는 너희 믿음의 시련이 인내를 만들어 내는 줄 너희가 앎이라. 인내를 온전히 이루라. 이는 너희로 온전하고 구비하여 조금도 부족함이 없게 하려 함이라. 시험을 참는 자는 복이 있나니 이는 시련을 견디어 낸 자가 주께서 자기를 사랑하는 자들에게 약속하신 생명의 면류관을 얻을 것이기 때문이라. —그러므로 도리어 크게 기뻐함으로 나의 여러 약한 것들에 대하여 자랑하리니 이는 그리스도의 능력이 내게 머물게 하려 함이라.

롬 5:3~5 —히 12:11 —약 1:2~4, 12 —고후 12:9

11월 8일

이스라엘 자손은 두 무리의 적은 염소 떼와 같고 아람 사람은 그 땅에 가득하였더라(왕상 20:27).

여호와의 말씀에 아람 사람이 말하기를 여호와는 산의 신이요 골짜기의 신은 아니라 하는도다. 그러므로 내가 이 큰 군대를 다 네 손에 넘기리니 너희는 내가 여호와인 줄을 알리라 하셨나이다 하니라. 진영이 서로 대치한 지 칠 일이라. 일곱째 날에 접전하여 이스라엘 자손이 하루에 아람 보병 십만 명을 죽이더라. –자녀들아, 너희는 하나님께 속하였고 또 그들을 이기었나니 이는 너희 안에 계신 이가 세상에 있는 자보다 크심이라.

두려워하지 말라. 내가 너와 함께함이라. 놀라지 말라. 나는 네 하나님이 됨이라. 내가 너를 굳세게 하리라. 참으로 너를 도와주리라. 참으로 나의 의로운 오른손으로 너를 붙들리라.

그들이 너를 치나 너를 이기지 못하리니 이는 내가 너와 함께하여 너를 구원할 것임이니라. 여호와의 말이니라.

왕상 20:28~29 –요일 4:4. 사 41:10. 렘 1:19

11월 9일

이르시되 나의 성도들을 내 앞에 모으라 그들은 제사로 나와 언약한 이들이니라 하시도다(시 50:5).

이와 같이 그리스도도 많은 사람의 죄를 담당하시려고 단번에 드리신 바 되셨고 구원에 이르게 하기 위하여 죄와 상관없이 자기를 바라는 자들에게 두 번째 나타나시리라. —그는 새 언약의 중보자시니 죽으사 부르심을 입은 자로 하여금 영원한 기업의 약속을 얻게 하려 하심이라.
아버지여, 내게 주신 자도 나 있는 곳에 나와 함께 있으리니 —또 그때에 그가 천사들을 보내어 자기가 택하신 자들을 땅 끝으로부터 하늘 끝까지 사방에서 모으리라. —네 쫓겨 간 자들이 하늘가에 있을지라도 네 하나님 여호와께서 거기서 너를 모으실 것이며 거기서부터 너를 이끄실 것이라.
그리스도 안에서 죽은 자들이 먼저 일어나고 그 후에 우리 살아남은 자들도 그들과 함께 구름 속으로 끌어올려 공중에서 주를 영접하게 하시리니 그리하여 우리가 항상 주와 함께 있으리라.

히 9:28, 15. 요 17:24 —막 13:27 —신 30:4. 살전 4:16~17

11월 10일

찾아도 찾아내지 못하였노라(아 3:1).

네 하나님 여호와께로 돌아오라. 네가 불의함으로 말미암
아 엎드러졌느니라. 너는 말씀을 가지고 여호와께로 돌아와
서 아뢰기를 모든 불의를 제거하시고 선한 바를 받으소서.
사람이 시험을 받을 때에 내가 하나님께 시험을 받는다 하
지 말지니 오직 각 사람이 시험을 받는 것은 자기 욕심에
끌려 미혹됨이니라. 내 사랑하는 형제들아, 속지 말라. 온
갖 좋은 은사와 온전한 선물이 다 위로부터 빛들의 아버지
께로부터 내려오나니 그는 변함도 없으시고 회전하는 그림
자도 없으시니라.
너는 여호와를 기다릴지어다. 강하고 담대하며 여호와를
기다릴지어다. ㅡ사람이 여호와의 구원을 바라고 잠잠히 기
다림이 좋도다. ㅡ하나님께서 그 밤낮 부르짖는 택하신 자
들의 원한을 풀어 주지 아니하시겠느냐. 그들에게 오래 참
으시겠느냐.
나의 영혼이 잠잠히 하나님만 바람이여. 나의 구원이 그에
게서 나오는도다. 나의 영혼아, 잠잠히 하나님만 바라라.
무릇 나의 소망이 그로부터 나오는도다.

320

호 14:1~2. 약 1:13~17. 시 27:14 ㅡ애 3:26 ㅡ눅 18:7. 시 62:1, 5

11월 11일

씻음과 거룩함과 의롭다 하심을 받았느니라(고전 6:11).

그 아들 예수의 피가 우리를 모든 죄에서 깨끗하게 하실 것
이요 ─그가 징계를 받으므로 우리는 평화를 누리고 그가
채찍에 맞으므로 우리는 나음을 받았도다.

그리스도께서 교회를 사랑하시고 그 교회를 위하여 자신을
주심같이 하라. 이는 곧 물로 씻어 말씀으로 깨끗하게 하사
거룩하게 하시고 자기 앞에 영광스러운 교회로 세우사 티
나 주름 잡힌 것이나 이런 것들이 없이 거룩하고 흠이 없게
하려 하심이라. ─그에게 빛나고 깨끗한 세마포 옷을 입도
록 허락하셨으니 이 세마포 옷은 성도들의 옳은 행실이로
다. ─우리가 마음에 뿌림을 받아 악한 양심으로부터 벗어
나고 몸은 맑은 물로 씻음을 받았으니 참마음과 온전한 믿
음으로 하나님께 나아가자.

누가 능히 하나님께서 택하신 자들을 고발하리요. 의롭다
하신 이는 하나님이시니라. ─허물의 사함을 받은 자는 복
이 있도다. 마음에 간사함이 없고 여호와께 정죄를 당하지
아니하는 자는 복이 있도다.

요일 1:7 ─사 53:5. 엡 5:25~27 ─계 19:8 ─히 10:22. 롬 8:33 ─시
32:1~2

11월 12일

너는 평안하냐 여인이 대답하되 평안하다 하고(왕하 4:26).

우리가 같은 믿음의 마음을 가졌느니라.

징계를 받는 자 같으나 죽임을 당하지 아니하고 근심하는 자 같으나 항상 기뻐하고 가난한 자 같으나 많은 사람을 부요하게 하고 아무것도 없는 자 같으나 모든 것을 가진 자로다.

우리가 사방으로 욱여쌈을 당하여도 싸이지 아니하며 답답한 일을 당하여도 낙심하지 아니하며 박해를 받아도 버린 바 되지 아니하며 거꾸러뜨림을 당하여도 망하지 아니하고 우리가 항상 예수의 죽음을 몸에 짊어짐은 예수의 생명이 또한 우리 몸에 나타나게 하려 함이라. 그러므로 우리가 낙심하지 아니하노니 우리의 겉사람은 낡아지나 우리의 속사람은 날로 새로워지도다. 우리가 잠시 받는 환난의 경한 것이 지극히 크고 영원한 영광의 중한 것을 우리에게 이루게 함이니 우리가 주목하는 것은 보이는 것이 아니요 보이지 않는 것이라.

사랑하는 자여, 네 영혼이 잘됨같이 네가 범사에 잘되고 강건하기를 내가 간구하노라.

322

고후 4:13. 고후 6:9~10. 고후 4:8~10, 16~18. 요삼 1:2

11월 13일

그로 말미암아 우리 둘이 한 성령 안에서 아버지께 나아감을 얻게 하려 하심이라(엡 2:18).

내가 그들 안에 있고 아버지께서 내 안에 계시어 그들로 온전함을 이루어 하나가 되게 하려 하심이라.
너희가 내 이름으로 무엇을 구하든지 내가 행하리니 이는 아버지로 하여금 아들로 말미암아 영광을 받으시게 하려 함이라. 내 이름으로 무엇이든지 내게 구하면 내가 행하리라. 내가 아버지께 구하겠으니 그가 또 다른 보혜사를 너희에게 주사 영원토록 너희와 함께 있게 하리니 그는 진리의 영이라. 세상은 능히 그를 받지 못하나니 이는 그를 보지도 못하고 알지도 못함이라. 그러나 너희는 그를 아나니 그는 너희와 함께 거하심이요 또 너희 속에 계시겠음이라. —몸이 하나요 성령도 한 분이시니 이와 같이 너희가 부르심의 한 소망 안에서 부르심을 받았느니라. 주도 한 분이시요 믿음도 하나요 세례도 하나요 하나님도 한 분이시니 곧 만유의 아버지시라. 만유 위에 계시고 만유를 통일하시고 만유 가운데 계시도다. —너희는 기도할 때에 이렇게 하라. 아버지여.
그러므로 형제들아, 우리가 예수의 피를 힘입어 성소에 들어갈 담력을 얻었나니 새로운 산 길이요. 하나님께 나아가자.

요 17:23. 요 14:13~14, 16~17 —엡 4:4~6 —눅 11:2. 히 10:19~20, 22

요단 강 물이 넘칠 때에는 어찌하겠느냐(렘 12:5).

요단이 곡식 거두는 시기에는 항상 언덕에 넘치더라.
여호와의 언약궤를 멘 제사장들은 요단 가운데 마른 땅에
굳게 섰고 그 모든 백성이 요단을 건너기를 마칠 때까지 모
든 이스라엘은 그 마른 땅으로 건너갔더라.
오직 우리가 천사들보다 잠시 동안 못하게 하심을 입은 자,
곧 죽음의 고난 받으심으로 말미암아 영광과 존귀로 관을
쓰신 예수를 보니 이를 행하심은 하나님의 은혜로 말미암
아 모든 사람을 위하여 죽음을 맛보려 하심이라.
내가 사망의 음침한 골짜기로 다닐지라도 해를 두려워하지
않을 것은 주께서 나와 함께하심이라. 주의 지팡이와 막대
기가 나를 안위하시나이다. ―네가 물 가운데로 지날 때에
내가 너와 함께할 것이라. 강을 건널 때에 물이 너를 침몰
하지 못할 것이라.
두려워하지 말라. 나는 처음이요 마지막이니 곧 살아 있는
자라. 내가 전에 죽었었노라. 볼지어다, 이제 세세토록 살
아 있어 사망과 음부의 열쇠를 가졌노라.

수 3:15. 수 3:17. 히 2:9. 시 23:4 ―사 43:2. 계 1:17~18

11월 15일

우리는 그가 만드신 바라(엡 2:10).

크고 귀한 돌을 떠다가 다듬어서 성전의 기초석으로 놓게 하매 —이 성전은 건축할 때에 돌을 그 뜨는 곳에서 다듬고 가져다가 건축하였으므로 건축하는 동안에 성전 속에서는 방망이나 도끼나 모든 철 연장 소리가 들리지 아니하였노라. 너희도 산 돌같이 신령한 집으로 세워지라. —너희는 사도들과 선지자들의 터 위에 세우심을 입은 자라. 그리스도 예수께서 친히 모퉁잇돌이 되셨느니라. 그의 안에서 건물마다 서로 연결하여 주 안에서 성전이 되어 가고 너희도 성령 안에서 하나님이 거하실 처소가 되기 위하여 그리스도 예수 안에서 함께 지어져 가느니라. —너희가 전에는 백성이 아니더니 이제는 하나님의 백성이요.

우리는 하나님의 집이니라. —그런즉 누구든지 그리스도 안에 있으면 새로운 피조물이라. 이전 것은 지나갔으니 보라 새 것이 되었도다. 곧 이것을 우리에게 이루게 하시고 보증으로 성령을 우리에게 주신 이는 하나님이시니라.

왕상 5:17 —왕상 6:7. 벧전 2:5 —엡 2:20~22 —벧전 2:10. 고전 3:9 —고후 5:17, 5

성도들과 동일한 시민이요(엡 2:19).

너희가 이른 곳은 시온 산과 살아 계신 하나님의 도성인 하늘의 예루살렘과 천만 천사와 하늘에 기록된 장자들의 모임과 교회와 만민의 심판자이신 하나님과 및 온전하게 된 의인의 영들[이 있는 곳이라].
이 사람들은 다 믿음을 따라 죽었으며 약속을 받지 못하였으되 그것들을 멀리서 보고 환영하며 또 땅에서는 외국인과 나그네임을 증언하였으니 —우리의 시민권은 하늘에 있는지라. 거기로부터 구원하는 자 곧 주 예수 그리스도를 기다리노니 그는 만물을 자기에게 복종하게 하실 수 있는 자의 역사로 우리의 낮은 몸을 자기 영광의 몸의 형체와 같이 변하게 하시리라. —아버지, 그가 우리를 흑암의 권세에서 건져내사 그의 사랑의 아들의 나라로 옮기셨느니라.
거류민과 나그네 같은 너희를 권하노니 영혼을 거슬러 싸우는 육체의 정욕을 제어하라.

히 12:22~23. 히 11:13 —빌 3:20~21 —골 1:12~13. 벧전 2:11

11월 17일

사람이 무엇으로 심든지 그대로 거두리라(갈 6:7).

악을 밭 갈고 독을 뿌리는 자는 그대로 거두나니 —그들이 바람을 심고 광풍을 거둘 것이라. —자기의 육체를 위하여 심는 자는 육체로부터 썩어질 것을 거두리라.

공의를 뿌린 자의 상은 확실하니라. —성령을 위하여 심는 자는 성령으로부터 영생을 거두리라. 우리가 선을 행하되 낙심하지 말지니 포기하지 아니하면 때가 이르매 거두리라. 그러므로 우리는 기회 있는 대로 모든 이에게 착한 일을 하되 더욱 믿음의 가정들에게 할지니라.

흩어 구제하여도 더욱 부하게 되는 일이 있나니 과도히 아껴도 가난하게 될 뿐이니라. 구제를 좋아하는 자는 풍족하여질 것이요 남을 윤택하게 하는 자는 자기도 윤택하여지리라. —적게 심는 자는 적게 거두고 많이 심는 자는 많이 거둔다 하는 말이로다.

욥 4:8 —호 8:7 —갈 6:8. 잠 11:18 —갈 6:8~10. 잠 11:24~25 —고후 9:6

내가 그 말들을 믿지 아니하였더니 이제 와서 친히 본즉 내게 말한 것은 절반도 못되니(왕상 10:7).

심판 때에 남방 여왕이 일어나 이 세대 사람을 정죄하리니 이는 그가 솔로몬의 지혜로운 말을 들으려고 땅 끝에서 왔음이거니와 솔로몬보다 더 큰 이가 여기 있느니라. ─우리가 그의 영광을 보니 아버지의 독생자의 영광이요 은혜와 진리가 충만하더라.

내 말과 내 전도함이 성령의 나타나심과 능력으로 하니 너희 믿음이 사람의 지혜에 있지 아니하고 다만 하나님의 능력에 있게 하려 하였노라. 기록된 바 하나님이 자기를 사랑하는 자들을 위하여 예비하신 모든 것은 눈으로 보지 못하고 귀로 듣지 못하고 사람의 마음으로 생각하지도 못하였다 함과 같으니라. 오직 하나님이 성령으로 이것을 우리에게 보이셨으니 성령은 모든 것 곧 하나님의 깊은 것까지도 통달하시느니라.

네 눈은 왕을 그의 아름다운 가운데에서 보며 ─그의 참모습 그대로 볼 것이라. ─내가 육체 밖에서 하나님을 보리라. ─나는 만족하리이다.

328

마 12:42 ─요 1:14. 고전 2:4~5, 9~10. 사 33:17 ─요일 3:2 ─욥 19:26 ─시 17:15

11월 19일

내가 나의 발 둘 곳을 영화롭게 할 것이라(사 60:13).

여호와께서 이와 같이 말씀하시되 하늘은 나의 보좌요 땅은 나의 발판이니라.

하나님이 참으로 사람과 함께 땅에 계시리이까. 보소서, 하늘과 하늘들의 하늘이라도 주를 용납하지 못하겠거든 하물며 내가 건축한 이 성전이오리이까.

만군의 여호와가 이같이 말하노라. 조금 있으면 내가 하늘과 땅과 바다와 육지를 진동시킬 것이요 또한 모든 나라를 진동시킬 것이며 모든 나라의 보배가 이르리니 내가 이 성전에 영광이 충만하게 하리라. 만군의 여호와의 말이니라. 이 성전의 나중 영광이 이전 영광보다 크리라. 만군의 여호와의 말이니라.

내가 새 하늘과 새 땅을 보니 처음 하늘과 처음 땅이 없어졌고 바다도 다시 있지 않더라. 내가 들으니 보좌에서 큰 음성이 나서 이르되 보라, 하나님의 장막이 사람들과 함께 있으매 하나님이 그들과 함께 계시리니 그들은 하나님의 백성이 되고 하나님은 친히 그들과 함께 계시리라.

사 66:1. 대하 6:18. 학 2:6~7, 9. 계 21:1, 3

하나님은 한 분이시요 또 하나님과 사람 사이에 중보자도 한 분이시니 곧 사람이신 그리스도 예수라(딤전 2:5).

이스라엘아, 들으라. 우리 하나님 여호와는 오직 유일한 여호와이시니 ─그 중보자는 한 편만 위한 자가 아니나 하나님은 한 분이시니라.

우리가 우리의 조상들처럼 범죄하여 사악을 행하며 악을 지었나이다. 우리의 조상들이 애굽에 있을 때 주의 기이한 일들을 깨닫지 못하며 주의 크신 인자를 기억하지 아니하였나이다. 그러므로 여호와께서 그들을 멸하리라 하셨으나 그가 택하신 모세가 그 어려움 가운데에서 그의 앞에 서서 그의 노를 돌이키게 하였도다.

그러므로 함께 하늘의 부르심을 받은 거룩한 형제들아, 우리가 믿는 도리의 사도이시며 대제사장이신 예수를 깊이 생각하라. 그는 자기를 세우신 이에게 신실하시기를 모세가 하나님의 온 집에서 한 것과 같이 하셨노라.

그는 더 좋은 약속으로 세우신 더 좋은 언약의 중보자시라. 내가 그들의 불의를 긍휼히 여기고 그들의 죄를 다시 기억하지 아니하리라 하셨느니라.

신 6:4 ─갈 3:20, 시 106:6~7, 23, 히 3:1~2, 히 8:6, 12

330

11월 21일

그의 사랑의 아들(골 1:13).

하늘로부터 소리가 있어 말씀하시되 이는 내 사랑하는 아들이요 내 기뻐하는 자라 하시니라. —내가 붙드는 나의 종, 내 마음에 기뻐하는 자 곧 내가 택한 사람을 보라. —아버지 품속에 있는 독생하신 하나님이시라.

하나님의 사랑이 우리에게 이렇게 나타난 바 되었으니 하나님이 자기의 독생자를 세상에 보내심은 그로 말미암아 우리를 살리려 하심이라. 사랑은 여기 있으니 우리가 하나님을 사랑한 것이 아니요 하나님이 우리를 사랑하사 우리 죄를 속하기 위하여 화목제물로 그 아들을 보내셨음이라. 하나님이 우리를 사랑하시는 사랑을 우리가 알고 믿었노니 하나님은 사랑이시라.

내게 주신 영광을 내가 그들에게 주었사오니 이는 우리가 하나가 된 것같이 그들도 하나가 되게 하려 함이니이다. 곧 내가 그들 안에 있고 아버지께서 내 안에 계시어 그들로 온전함을 이루어 하나가 되게 하려 함은 아버지께서 나를 보내신 것과 또 나를 사랑하심같이 그들도 사랑하신 것을 세상으로 알게 하려 함이로소이다. —보라, 아버지께서 어떠한 사랑을 우리에게 베푸사 하나님의 자녀라 일컬음을 받게 하셨는가. 우리가 그러하도다.

마 3:17 —사 42:1 —요 1:18. 요일 4:9~10, 16. 요 17:22~24 —요일 3:1

11월 22일

나무는 희망이 있나니 찍힐지라도 다시 움이 나서 연한 가지가 끊이지 아니하며(욥 14:7).

상한 갈대를 꺾지 아니하며 —내 영혼을 소생시키시더라. 하나님의 뜻대로 하는 근심은 후회할 것이 없는 구원에 이르게 하는 회개를 이루는 것이요 세상 근심은 사망을 이루는 것이니라. —무릇 징계가 당시에는 즐거워 보이지 않고 슬퍼 보이나 후에 그로 말미암아 연단 받은 자들은 의와 평강의 열매를 맺느니라.

고난 당하기 전에는 내가 그릇 행하였더니 이제는 주의 말씀을 지키나이다. —우리의 악한 행실과 큰 죄로 말미암아 이 모든 일을 당하였사오나 우리 하나님이 우리 죄악보다 형벌을 가볍게 하시고 이만큼 백성을 남겨 주셨나이다.

나의 대적이여, 나로 말미암아 기뻐하지 말지어다. 나는 엎드러질지라도 일어날 것이요 어두운 데에 앉을지라도 여호와께서 나의 빛이 되실 것임이로다. 주께서 나를 인도하사 광명에 이르게 하시리니 내가 그의 공의를 보리로다.

사 42:3 —시 23:3. 고후 7:10 —히 12:11. 시 119:67 —스 9:13. 미 7:8~9

11월 23일

내 나라는 이 세상에 속한 것이 아니니라(요 18:36).

오직 그리스도는 죄를 위하여 한 영원한 제사를 드리시고
하나님 우편에 앉으사 그 후에 자기 원수들을 자기 발등상
이 되게 하실 때까지 기다리시나니 ―이후에 인자가 권능의
우편에 앉아 있는 것과 하늘 구름을 타고 오는 것을 너희가
보리라.
그가 모든 원수를 그 발아래에 둘 때까지 반드시 왕 노릇하
시리라.
우리 주 예수 그리스도로 말미암아 우리에게 승리를 주시
는 하나님께 감사하노니 ―[그리스도를] 죽은 자들 가운데
서 다시 살리시고 하늘에서 자기의 오른편에 앉히사 모든
통치와 권세와 능력과 주권과 이 세상뿐 아니라 오는 세상
에 일컫는 모든 이름 위에 뛰어나게 하시고 또 만물을 그의
발아래에 복종하게 하시고 그를 만물 위에 교회의 머리로
삼으셨느니라. 교회는 그의 몸이니 만물 안에서 만물을 충
만하게 하시는 이의 충만함이니라. ―하나님이 그의 나타나
심을 보이시리니 하나님은 복되시고 유일하신 주권자이시
며 만왕의 왕이시며 만주의 주시라.

히 10:12~13 ―마 26:64. 고전 15:25. 고전 15:57 ―엡 1:20~23 ―딤전
6:15

11월 24일

엘리야야 네가 어찌하여 여기 있느냐(왕상 19:9).

내가 가는 길을 그가 아시느니라. —여호와여, 주께서 나를 살펴보셨으므로 나를 아시나이다. 주께서 내가 앉고 일어섬을 아시고 멀리서도 나의 생각을 밝히 아시오며 나의 모든 길과 내가 눕는 것을 살펴보셨으므로 나의 모든 행위를 익히 아시오니 내가 주의 영을 떠나 어디로 가며 주의 앞에서 어디로 피하리이까. 내가 새벽 날개를 치며 바다 끝에 가서 거주할지라도 거기서도 주의 손이 나를 인도하시며 주의 오른손이 나를 붙드시리이다.

엘리야는 우리와 성정이 같은 사람이로다. —사람을 두려워하면 올무에 걸리게 되거니와 여호와를 의지하는 자는 안전하리라. —그는 넘어지나 아주 엎드러지지 아니함은 여호와께서 그의 손으로 붙드심이로다. —대저 의인은 일곱 번 넘어질지라도 다시 일어나리라.

우리가 선을 행하되 낙심하지 말지니 포기하지 아니하면 때가 이르매 거두리라. —마음에는 원이로되 육신이 약하도다. —아버지가 자식을 긍휼히 여김같이 여호와께서는 자기를 경외하는 자를 긍휼히 여기시노라.

욥 23:10 —시 139:1~3, 7, 9~10. 약 5:17 —잠 29:25 —시 37:24 —잠 24:16. 갈 6:9 —마 26:41 —시 103:13

누구든지 주의 이름을 부르는 자는 구원을 받으리라(행 2:21).

므낫세가 여호와 보시기에 악을 행하여 이방 사람의 가증한 일을 따르더라. 바알을 위하여 제단을 쌓으며 여호와의 성전 두 마당에 하늘의 일월성신을 위하여 제단들을 쌓고 또 자기의 아들을 불 가운데로 지나게 하며 점치며 사술을 행하며 신접한 자와 박수를 신임하여 여호와께서 보시기에 악을 많이 행하여 그 진노를 일으켰더라. -그가 환난을 당하여 그의 하나님 여호와께 간구하고 그의 조상들의 하나님 앞에 크게 겸손하여 기도하였으므로 하나님이 그의 기도를 받으시며 그의 간구를 들으셨느니라.

여호와께서 말씀하시되 오라, 우리가 서로 변론하자. 너희의 죄가 주홍 같을지라도 눈과 같이 희어질 것이요 진홍같이 붉을지라도 양털같이 희게 되리라. -주께서는 너희를 대하여 오래 참으사 아무도 멸망하지 아니하고 다 회개하기에 이르기를 원하시느니라.

왕하 21:2~3, 5~6 -대하 33:12~13. 사 1:18 -벧후 3:9

11월 26일

세상 근심은 사망을 이루는 것이니라(고후 7:10).

아히도벨이 자기 계략이 시행되지 못함을 보고 나귀에 안장을 지우고 일어나 고향으로 돌아가 자기 집에 이르러 집을 정리하고 스스로 목매어 죽으니라. ─심령이 상하면 그것을 누가 일으키겠느냐.

길르앗에는 유향이 있지 아니한가. 그곳에는 의사가 있지 아니한가. 딸, 내 백성이 치료를 받지 못함은 어찌 됨인고. ─여호와께서 내게 기름을 부으사 가난한 자에게 아름다운 소식을 전하게 하려 하심이라. 나를 보내사 마음이 상한 자를 고치며 모든 슬픈 자를 위로하되 무릇 시온에서 슬퍼하는 자에게 화관을 주어 그 재를 대신하며 기쁨의 기름으로 그 슬픔을 대신하며 찬송의 옷으로 그 근심을 대신하시니라. ─수고하고 무거운 짐 진 자들아, 다 내게로 오라. 내가 너희를 쉬게 하리라. 나는 마음이 온유하고 겸손하니 나의 멍에를 메고 내게 배우라. 그리하면 너희 마음이 쉼을 얻으리니 이는 내 멍에는 쉽고 내 짐은 가벼움이라.

빌립이 예수를 가르쳐 복음을 전하니 ─[그분은] 상심한 자들을 고치시며 그들의 상처를 싸매시는도다.

삼하 17:23 ─잠 18:14. 렘 8:22 ─사 61:1~3 ─마 11:28~30. 행 8:35 ─시 147:3

내 아들아 악한 자가 너를 꾈지라도 따르지 말라(잠 1:10).

여자가 그 열매를 따먹고 자기와 함께 있는 남편에게도 주매 그도 먹은지라. —세라의 아들 아간이 온전히 바친 물건에 대하여 범죄하므로 이스라엘 온 회중에 진노가 임하지 아니하였느냐. 그의 죄악으로 멸망한 자가 그 한 사람만이 아니었느니라.

다수를 따라 악을 행하지 말라.

멸망으로 인도하는 문은 크고 그 길이 넓어 그리로 들어가는 자가 많으니라.

우리 중에 누구든지 자기를 위하여 사는 자가 없노라. —형제들아, 너희가 자유를 위하여 부르심을 입었으나 그러나 그 자유로 육체의 기회를 삼지 말고 오직 사랑으로 서로 종 노릇하라. —너희의 자유가 믿음이 약한 자들에게 걸려 넘어지게 하는 것이 되지 않도록 조심하라. 너희가 형제에게 죄를 지어 그 약한 양심을 상하게 하는 것이 곧 그리스도에게 죄를 짓는 것이니라.

우리는 다 양 같아서 그릇 행하여 각기 제 길로 갔거늘 여호와께서는 우리 모두의 죄악을 그에게 담당시키셨도다.

창 3:6 —수 22:20. 출 23:2. 마 7:13. 롬 14:7 —갈 5:13 —고전 8:9, 12. 사 53:6

11월 28일

자녀들은 혈과 육에 속하였으매 그도 또한 같은 모양으로 혈과 육을 함께 지니심은 죽기를 무서워하므로 한평생 매여 종노릇하는 모든 자들을 놓아 주려 하심이니(히 2:14~15).

사망아, 너의 승리가 어디 있느냐. 사망아, 네가 쏘는 것이 어디 있느냐. 우리 주 예수 그리스도로 말미암아 우리에게 승리를 주시는 하나님께 감사하노라. —그러므로 우리가 낙심하지 아니하노니 우리의 겉사람은 낡아지나 우리의 속사람은 날로 새로워지도다.

만일 땅에 있는 우리의 장막 집이 무너지면 하나님께서 지으신 집 곧 손으로 지은 것이 아니요 하늘에 있는 영원한 집이 우리에게 있는 줄 아느니라. 그러므로 우리가 항상 담대하여 몸으로 있을 때에는 주와 따로 있는 줄을 아노니 우리가 원하는 바는 차라리 몸을 떠나 주와 함께 있는 그것이라.

너희는 마음에 근심하지 말라. 하나님을 믿으니 또 나를 믿으라. 내 아버지 집에 거할 곳이 많도다. 그렇지 않으면 너희에게 일렀으리라. 내가 너희를 위하여 거처를 예비하러 가노라.

338

고전 15:55, 57 —고후 4:16, 고후 5:1, 6~8. 요 14:1~2

11월 29일

이제는 너희가 믿느냐(요 16:31).

내 형제들아, 만일 사람이 믿음이 있노라 하고 행함이 없으면 무슨 유익이 있으리요 그 믿음이 능히 자기를 구원하겠느냐. 행함이 없는 믿음은 그 자체가 죽은 것이라.

아브라함은 시험을 받을 때에 믿음으로 이삭을 드렸으니 그는 약속들을 받은 자로되 그 외아들을 드렸느니라. 그가 하나님이 능히 이삭을 죽은 자 가운데서 다시 살리실 줄로 생각한지라. ─우리 조상 아브라함이 그 아들 이삭을 제단에 바칠 때에 행함으로 의롭다 하심을 받은 것이 아니냐. 이로 보건대 사람이 행함으로 의롭다 하심을 받고 믿음으로만은 아니니라.

자유롭게 하는 온전한 율법을 들여다보고 있는 자는 듣고 잊어버리는 자가 아니요 실천하는 자니 이 사람은 그 행하는 일에 복을 받으리라.

그들의 열매로 그들을 알리라. 나더러 주여 주여 하는 자마다 다 천국에 들어갈 것이 아니요 다만 하늘에 계신 내 아버지의 뜻대로 행하는 자라야 들어가리라. ─너희가 이것을 알고 행하면 복이 있으리라.

약 2:14, 17. 히 11:17, 19 ─약 2:21, 24. 약 1:25. 마 7:20~21 ─요 13:17

11월 30일

우리가 환난 중에도 즐거워하나니(롬 5:3).

만일 그리스도 안에서 우리가 바라는 것이 다만 이 세상의 삶뿐이면 모든 사람 가운데 우리가 더욱 불쌍한 자이리라. 사랑하는 자들아, 너희를 연단하려고 오는 불 시험을 이상한 일 당하는 것같이 이상히 여기지 말고 오히려 너희가 그리스도의 고난에 참여하는 것으로 즐거워하라. 이는 그의 영광을 나타내실 때에 너희로 즐거워하고 기뻐하게 하려 함이라. —근심하는 자 같으나 항상 기뻐하노라.

주 안에서 항상 기뻐하라. 내가 다시 말하노니 기뻐하라. —사도들은 그 이름을 위하여 능욕 받는 일에 합당한 자로 여기심을 기뻐하면서 공회 앞을 떠나니라.

소망의 하나님이 모든 기쁨과 평강을 믿음 안에서 너희에게 충만하게 하시도다.

비록 무화과나무가 무성하지 못하며 포도나무에 열매가 없으며 감람나무에 소출이 없으며 밭에 먹을 것이 없으며 우리에 양이 없으며 외양간에 소가 없을지라도 나는 여호와로 말미암아 즐거워하며 나의 구원의 하나님으로 말미암아 기뻐하리로다.

고전 15:19. 벧전 4:12~13 —고후 6:10. 빌 4:4 —행 5:41. 롬 15:13. 합 3:17~18

12월 1일

보라 내가 새 하늘과 새 땅을 창조하나니(사 65:17).

내가 지을 새 하늘과 새 땅이 내 앞에 항상 있는 것같이 너희 자손과 너희 이름이 항상 있으리라.
우리는 그의 약속대로 의가 있는 곳인 새 하늘과 새 땅을 바라보도다.
또 내가 새 하늘과 새 땅을 보니 처음 하늘과 처음 땅이 없어졌고 바다도 다시 있지 않더라. 또 내가 보매 거룩한 성새 예루살렘이 하나님께로부터 하늘에서 내려오니 그 준비한 것이 신부가 남편을 위하여 단장한 것 같더라. 내가 들으니 보좌에서 큰 음성이 나서 이르되 보라 하나님의 장막이 사람들과 함께 있으매 하나님이 그들과 함께 계시리니 그들은 하나님의 백성이 되고 하나님은 친히 그들과 함께 계셔서 모든 눈물을 그 눈에서 닦아 주시니 다시는 사망이 없고 애통하는 것이나 곡하는 것이나 아픈 것이 다시 있지 아니하리니 처음 것들이 다 지나갔음이러라. 보좌에 앉으신 이가 이르시되 보라, 내가 만물을 새롭게 하노라.

사 66:22, 벧후 3:13, 계 21:1~5

12월 2일

우리가 마음에 뿌림을 받아 악한 양심으로부터 벗어나고
(히 10:22).

염소와 황소의 피와 및 암송아지의 재를 부정한 자에게 뿌
려 그 육체를 정결하게 하여 거룩하게 하거든 하물며 영원
하신 성령으로 말미암아 흠 없는 자기를 하나님께 드린 그
리스도의 피가 어찌 너희 양심을 죽은 행실에서 깨끗하게
하고 살아 계신 하나님을 섬기게 하지 못하겠느냐. ―아벨
의 피보다 더 나은 것을 말하는 뿌린 피니라.
우리는 그의 은혜의 풍성함을 따라 그의 피로 말미암아 속
량 곧 죄 사함을 받았느니라.
모세가 율법대로 모든 계명을 온 백성에게 말한 후에 송아
지와 염소의 피 및 물과 붉은 양털과 우슬초를 취하여 그
두루마리와 온 백성에게 뿌리며 또한 이와 같이 피를 장막
과 섬기는 일에 쓰는 모든 그릇에 뿌렸느니라. 율법을 따라
거의 모든 물건이 피로써 정결하게 되나니 피흘림이 없은
즉 사함이 없느니라.

히 9:13~14 ―히 12:24, 엡 1:7, 히 9:19, 21~22

12월 3일

몸은 맑은 물로 씻음을 받았으니(히 10:22).

너는 물두멍을 놋으로 만들고 그것을 회막과 제단 사이에 두고 그 속에 물을 담으라. 아론과 그의 아들들이 그 두멍에서 수족을 씻되 그들이 회막에 들어갈 때에 물로 씻어 죽기를 면할 것이요 그들이 그 수족을 씻어 죽기를 면할지니 —너희 몸은 너희 가운데 계신 성령의 전이라. —누구든지 하나님의 성전을 더럽히면 하나님이 그 사람을 멸하시리라. 하나님의 성전은 거룩하니 너희도 그러하니라.

내가 육체 밖에서 하나님을 보리라. 내가 그를 보리니 내 눈으로 그를 보기를 낯선 사람처럼 하지 않을 것이라. —속된 것은 결코 그리로 들어가지 못하되 —주께서는 눈이 정결하시므로 악을 차마 보지 못하시며 패역을 차마 보지 못하시니라. —그러므로 형제들아, 내가 하나님의 모든 자비하심으로 너희를 권하노니 너희 몸을 하나님이 기뻐하시는 거룩한 산 제물로 드리라. 이는 너희가 드릴 영적 예배니라.

출 30:18~21 —고전 6:19 —고전 3:17. 욥 19:26~27 —계 21:27 —합 1:13 —롬 12:1

내가 영원히 살기를 원하지 아니하오니(욥 7:16).

나는 말하기를 만일 내게 비둘기같이 날개가 있다면 날아
가서 편히 쉬리로다 내가 나의 피난처로 속히 가서 폭풍과
광풍을 피하리라 하였도다.

우리가 여기 있어 탄식하며 하늘로부터 오는 우리 처소로
덧입기를 간절히 사모하노라. 참으로 이 장막에 있는 우리
가 짐 진 것같이 탄식하는 것은 벗고자 함이 아니요 오히려
덧입고자 함이니 죽을 것이 생명에 삼킨 바 되게 하려 함이
라. ―차라리 세상을 떠나서 그리스도와 함께 있는 것이 훨
씬 더 좋은 일이라. 그렇게 하고 싶노라.

인내로써 우리 앞에 당한 경주를 하며 믿음의 주요 또 온전
하게 하시는 이인 예수를 바라보자. 그는 그 앞에 있는 기
쁨을 위하여 십자가를 참으사 부끄러움을 개의치 아니하시
더니 하나님 보좌 우편에 앉으셨느니라. 너희가 피곤하여
낙심하지 않기 위하여 죄인들이 이같이 자기에게 거역한
일을 참으신 이를 생각하라.

너희는 마음에 근심하지도 말고 두려워하지도 말라.

시 55:6, 8. 고후 5:2, 4 ―빌 1:23. 히 12:1~3. 요 14:27

12월 5일

힘으로는 이길 사람이 없음이로다(삼상 2:9).

다윗이 블레셋 사람에게 이르되 너는 칼과 창과 단창으로 내게 나아오거니와 나는 만군의 여호와의 이름 곧 네가 모욕하는 이스라엘 군대의 하나님의 이름으로 네게 나아가노라. 손을 주머니에 넣어 돌을 가지고 물매로 던져 다윗이 이같이 물매와 돌로 블레셋 사람을 이기었더라.

많은 군대로 구원 얻은 왕이 없으며 용사가 힘이 세어도 스스로 구원하지 못하는도다. 여호와는 그를 경외하는 자 곧 그의 인자하심을 바라는 자를 살피사 ─부와 귀가 주께로 말미암고 또 주는 만물의 주재가 되사 손에 권세와 능력이 있사오니 모든 사람을 크게 하심과 강하게 하심이 주의 손에 있나이다.

나의 여러 약한 것들에 대하여 자랑하리니 이는 그리스도의 능력이 내게 머물게 하려 함이라. 그러므로 내가 그리스도를 위하여 약한 것들과 능욕과 궁핍과 박해와 곤고를 기뻐하노니 이는 내가 약한 그때에 강함이라.

삼상 17:45, 49~50. 시 33:16, 18 ─대상 29:12. 고후 12:9~10

12월 6일

마음에는 원이로되 육신이 약하도다 하시고(마 26:41).

여호와여, 주께서 심판하시는 길에서 우리가 주를 기다렸사오며 주의 이름을 위하여 또 주를 기억하려고 우리 영혼이 사모하나이다. 밤에 내 영혼이 주를 사모하였사온즉 내 중심이 주를 간절히 구하오리다.

내 속 곧 내 육신에 선한 것이 거하지 아니하는 줄을 아노니 원함은 내게 있으나 선을 행하는 것은 없노라. 내 속사람으로는 하나님의 법을 즐거워하되 내 지체 속에서 한 다른 법이 내 마음의 법과 싸워 내 지체 속에 있는 죄의 법으로 나를 사로잡는 것을 보는도다. —육체의 소욕은 성령을 거스르고 성령은 육체를 거스르나니 이 둘이 서로 대적함으로 너희가 원하는 것을 하지 못하게 하려 함이니라.

내게 능력 주시는 자 안에서 내가 모든 것을 할 수 있느니라. —우리의 만족은 오직 하나님으로부터 나느니라. —내 은혜가 네게 족하도다.

346

사 26:8~9. 롬 7:18, 22~23 —갈 5:17. 빌 4:13 —고후 3:5 —고후 12:9

12월 7일

내가 이스라엘에게 이슬과 같으리니(호 14:5).

그리스도의 온유와 관용[으로 행하라].
상한 갈대를 꺾지 아니하며 꺼져 가는 등불을 끄지 아니하시느니라.
주의 성령이 내게 임하셨으니 이는 가난한 자에게 복음을 전하게 하시려고 내게 기름을 부으시고 나를 보내사 포로된 자에게 자유를, 눈 먼 자에게 다시 보게 함을 전파하며 눌린 자를 자유롭게 하고 주의 은혜의 해를 전파하게 하려 하심이라 하였더라. 이에 예수께서 그들에게 말씀하시되 이 글이 오늘 너희 귀에 응하였느니라 하시니 그들이 다 그를 증언하고 그 입으로 나오는 바 은혜로운 말을 놀랍게 여기더라.
주께서 돌이켜 베드로를 보시니 베드로가 주의 말씀 곧 오늘 닭 울기 전에 네가 세 번 나를 부인하리라 하심이 생각나서 밖에 나가서 심히 통곡하니라.
그는 목자같이 양 떼를 먹이시며 어린 양을 그 팔로 모아 품에 안으시며 젖먹이는 암컷들을 온순히 인도하시리로다.

고후 10:1. 사 42:3. 눅 4:18~19, 21~22. 눅 22:61~62. 사 40:11

12월 8일

흙은 여전히 땅으로 돌아가고(전 12:7).

썩을 것으로 심고 욕된 것으로 심고 약한 것으로 심고 육의 몸으로 심는 첫 사람은 땅에서 났으니 흙에 속한 자니라. 너는 흙이니 흙으로 돌아갈 것이니라. ㅡ어떤 사람은 죽도록 기운이 충실하여 안전하며 평안하고 어떤 사람은 마음에 고통을 품고 죽으므로 행복을 맛보지 못하는도다. 이 둘이 매 한 가지로 흙 속에 눕고 그들 위에 구더기가 덮이는구나.

내 육체도 안전히 살리니 ㅡ내 가죽이 벗김을 당한 뒤에도 내가 육체 밖에서 하나님을 보리라. ㅡ주 예수 그리스도, 그는 만물을 자기에게 복종하게 하실 수 있는 자의 역사로 우리의 낮은 몸을 자기 영광의 몸의 형체와 같이 변하게 하시리라.

여호와여, 나의 종말과 연한이 언제까지인지 알게 하사 내가 나의 연약함을 알게 하소서. ㅡ우리에게 우리 날 계수함을 가르치사 지혜로운 마음을 얻게 하소서.

고전 15:42~44, 47. 창 3:19 ㅡ욥 21:23, 25~26. 시 16:9 ㅡ욥 19:26 ㅡ빌 3:20~21. 시 39:4 ㅡ시 90:12

12월 9일

영은 그것을 주신 하나님께로 돌아가기 전에 기억하라(전 12:7).

여호와 하나님이 땅의 흙으로 사람을 지으시고 생기를 그 코에 불어넣으시니 사람이 생령이 되니라. —사람의 속에는 영이 있고 전능자의 숨결이 사람에게 깨달음을 주시나니 —첫 사람 아담은 생령이 되었고 —인생들의 혼은 위로 올라가느니라.

몸으로 있을 때에는 주와 따로 있는 줄을 아노니 우리가 담대하여 원하는 바는 차라리 몸을 떠나 주와 함께 있는 그것이라. —그리스도와 함께 있는 것이 훨씬 더 좋은 일이라. —형제들아, 자는 자들에 관하여는 너희가 알지 못함을 우리가 원하지 아니하노니 이는 소망 없는 다른 이와 같이 슬퍼하지 않게 하려 함이라. 우리가 예수께서 죽으셨다가 다시 살아나심을 믿을진대 이와 같이 예수 안에서 자는 자들도 하나님이 그와 함께 데리고 오시리라.

내가 너희를 위하여 거처를 예비하러 가노니 가서 너희를 위하여 거처를 예비하면 내가 다시 와서 너희를 내게로 영접하여 나 있는 곳에 너희도 있게 하리라.

349

창 2:7 —욥 32:8 —고전 15:45 —전 3:21. 고후 5:6, 8 —빌 1:23 —살전 4:13~14. 요 14:2~3

12월 10일

자유롭게 하는 온전한 율법(약 1:25).

진리를 알지니 진리가 너희를 자유롭게 하리라. 진실로 진실로 너희에게 이르노니 죄를 범하는 자마다 죄의 종이라. 그러므로 아들이 너희를 자유롭게 하면 너희가 참으로 자유로우리라.

그리스도께서 우리를 자유롭게 하려고 자유를 주셨으니 그러므로 굳건하게 서서 다시는 종의 멍에를 메지 말라. 형제들아, 너희가 자유를 위하여 부르심을 입었으나 그러나 그자유로 육체의 기회를 삼지 말고 오직 사랑으로 서로 종노릇하라. 온 율법은 네 이웃 사랑하기를 네 자신같이 하라 하신 한 말씀에서 이루어졌노라. ―죄로부터 해방되어 의에게 종이 되었느니라. ―남편 있는 여인이 그 남편 생전에는 법으로 그에게 매인 바 되나 만일 그 남편이 죽으면 남편의 법에서 벗어나느니라.

그리스도 예수 안에 있는 생명의 성령의 법이 죄와 사망의 법에서 너를 해방하였음이라. ―내가 주의 법도들을 구하였사오니 자유롭게 걸어갈 것이니이다.

요 8:32, 34, 36. 갈 5:1, 13~14 ―롬 6:18 ―롬 7:2. 롬 8:2 ―시 119:45

12월 11일

잠자는 자여 깨어서 죽은 자들 가운데서 일어나라 그리스
도께서 너에게 비추이시리라 하셨느니라(엡 5:14).

자다가 깰 때가 벌써 되었으니 이는 이제 우리의 구원이 처
음 믿을 때보다 가까웠음이라. —그러므로 우리는 다른 이
들과 같이 자지 말고 오직 깨어 정신을 차릴지라. 자는 자
들은 밤에 자고 취하는 자들은 밤에 취하되 우리는 낮에 속
하였으니 정신을 차리고 믿음과 사랑의 호심경을 붙이고
구원의 소망의 투구를 쓰자.

일어나라, 빛을 발하라. 이는 네 빛이 이르렀고 여호와의
영광이 네 위에 임하였음이니라. 보라, 어둠이 땅을 덮을
것이며 캄캄함이 만민을 가리려니와 오직 여호와께서 네
위에 임하실 것이며 그의 영광이 네 위에 나타나리라.

그러므로 너희 마음의 허리를 동이고 근신하여 예수 그리
스도께서 나타나실 때에 너희에게 가져다주실 은혜를 온전
히 바랄지어다. —허리에 띠를 띠고 등불을 켜고 서 있으라.
너희는 마치 그 주인을 기다리는 사람과 같이 되라.

롬 13:11 —살전 5:6~8. 사 60:1~2. 벧전 1:13 —눅 12:35~36

12월 12일

너는 어찌하여 내게 부르짖느냐 이스라엘 자손에게 명령하여 앞으로 나아가게 하고(출 14:15).

너는 힘을 내라. 우리가 우리 백성과 우리 하나님의 성읍들을 위하여 힘을 내자. 여호와께서 선히 여기시는 대로 행하시기를 원하노라. −우리가 우리 하나님께 기도하며 그들로 말미암아 파수꾼을 두어 주야로 방비하노라.

나더러 주여 주여 하는 자마다 다 천국에 들어갈 것이 아니요 다만 하늘에 계신 내 아버지의 뜻대로 행하는 자라야 들어가리라. −사람이 하나님의 뜻을 행하려 하면 이 교훈이 하나님께로부터 왔는지 알리라. −그러므로 우리가 여호와를 알자. 힘써 여호와를 알자.

시험에 들지 않게 깨어 기도하라. −깨어 믿음에 굳게 서서 남자답게 강건하라. −부지런하여 게으르지 말고 열심을 품고 주를 섬기라.

너희는 약한 손을 강하게 하며 떨리는 무릎을 굳게 하며 겁내는 자들에게 이르기를 굳세어라, 두려워하지 말라 하라.

352

대상 19:13 −느 4:9. 마 7:21 −요 7:17 −호 6:3. 마 26:41 −고전 16:13 −롬 12:11. 사 35:3∼4

12월 13일

주께서 각 사람이 행한 대로 갚으심이니이다(시 62:12).

이 닦아 둔 것 외에 능히 다른 터를 닦아 둘 자가 없으니 이 터는 곧 예수 그리스도라. 만일 누구든지 그 위에 세운 공적이 그대로 있으면 상을 받고 누구든지 그 공적이 불타면 해를 받으리니 그러나 자신은 구원을 받되 불 가운데서 받은 것 같으리라. ─우리가 다 반드시 그리스도의 심판대 앞에 나타나게 되어 각각 선악 간에 그 몸으로 행한 것을 따라 받으려 함이라.

너는 구제할 때에 오른손이 하는 것을 왼손이 모르게 하여 네 구제함을 은밀하게 하라. 은밀한 중에 보시는 너의 아버지께서 갚으시리라. ─오랜 후에 그 종들의 주인이 돌아와 그들과 결산하리라.

우리가 무슨 일이든지 우리에게서 난 것같이 스스로 만족할 것이 아니니 우리의 만족은 오직 하나님으로부터 나느니라. ─여호와여, 주께서 우리를 위하여 평강을 베푸시오리니 주께서 우리의 모든 일도 우리를 위하여 이루심이니이다.

고전 3:11, 14~15 ─고후 5:10. 마 6:3~4 ─마 25:19. 고후 3:5 ─사 26:12

12월 14일

다른 이들과 같이 본질상 진노의 자녀이었더니(엡 2:3).

우리도 전에는 어리석은 자요 순종하지 아니한 자요 속은 자요 여러 가지 정욕과 행락에 종노릇한 자요 악독과 투기를 일삼은 자요 가증스러운 자요 피차 미워한 자였더라. ─내가 네게 거듭나야 하겠다 하는 말을 놀랍게 여기지 말라.

욥이 여호와께 대답하여 이르되 보소서, 나는 비천하오니 무엇이라 주께 대답하리이까. 손으로 내 입을 가릴 뿐이로소이다. ─여호와께서 사탄에게 이르시되 네가 내 종 욥을 주의하여 보았느냐. 그와 같이 온전하고 정직하여 하나님을 경외하며 악에서 떠난 자는 세상에 없느니라.

내가 죄악 중에서 출생하였음이여 어머니가 죄 중에서 나를 잉태하였나이다. ─다윗을 증언하여 이르시되 내가 이새의 아들 다윗을 만나니 내 마음에 맞는 사람이라 내 뜻을 다 이루리라 하시더라.

내가 전에는 비방자요 박해자요 폭행자였으나 도리어 긍휼을 입었노라.

육으로 난 것은 육이요 영으로 난 것은 영이라.

딛 3:3 ─요 3:7. 욥 40:3~4 ─욥 1:8. 시 51:5 ─행 13:22. 딤전 1:13. 요 3:6

12월 15일

애 오늘 포도원에 가서 일하라(마 21:28).

네가 이후로는 종이 아니요 아들이니 아들이면 하나님으로
말미암아 유업을 받을 자니라.

너희도 너희 자신을 죄에 대하여는 죽은 자요 그리스도 예
수 안에서 하나님께 대하여는 살아 있는 자로 여길지어다.
그러므로 너희는 죄가 너희 죽을 몸을 지배하지 못하게 하
여 몸의 사욕에 순종하지 말고 또한 너희 지체를 불의의 무
기로 죄에게 내주지 말고 오직 너희 자신을 죽은 자 가운데
서 다시 살아난 자같이 하나님께 드리며 너희 지체를 의의
무기로 하나님께 드리라. −너희가 순종하는 자식처럼 전에
알지 못할 때에 따르던 너희 사욕을 본받지 말고 오직 너희
를 부르신 거룩한 이처럼 너희도 모든 행실에 거룩한 자가
되라. 기록되었으되 내가 거룩하니 너희도 거룩할지어다
하셨느니라. −거룩하고 주인의 쓰심에 합당하며 모든 선한
일에 준비함이 되리라.
그러므로 내 사랑하는 형제들아, 견실하며 흔들리지 말고
항상 주의 일에 더욱 힘쓰는 자들이 되라. 이는 너희 수고
가 주 안에서 헛되지 않은 줄 앎이라.

갈 4:7. 롬 6:11~13 −벧전 1:14~16 −딤후 2:21. 고전 15:58

12월 16일

하나님의 깊은 것(고전 2:10).

이제부터는 너희를 종이라 하지 아니하리니 종은 주인이
하는 것을 알지 못함이라. 너희를 친구라 하였노니 내가 내
아버지께 들은 것을 다 너희에게 알게 하였음이라. ─천국
의 비밀을 아는 것이 너희에게는 허락되었노라.
우리가 세상의 영을 받지 아니하고 오직 하나님으로부터
온 영을 받았으니 이는 우리로 하여금 하나님께서 우리에
게 은혜로 주신 것들을 알게 하려 하심이라.
이러므로 내가 하늘과 땅에 있는 각 족속에게 이름을 주신
아버지 앞에 무릎을 꿇고 비노니 그의 영광의 풍성함을 따
라 그의 성령으로 말미암아 너희 속사람을 능력으로 강건
하게 하시오며 너희가 사랑 가운데서 뿌리가 박히고 터가
굳어져서 능히 모든 성도와 함께 지식에 넘치는 그리스도
의 사랑을 알고 그 너비와 길이와 높이와 깊이가 어떠함을
깨달아 하나님의 모든 충만하신 것으로 너희에게 충만하게
하시기를 구하노라.

요 15:15 ─마 13:11. 고전 2:12. 엡 3:14~19

12월 17일

너희는 열매 없는 어둠의 일에 참여하지 말고 도리어 책망하라(엡 5:11).

속지 말라. 악한 동무들은 선한 행실을 더럽히느니라.
적은 누룩이 온 덩어리에 퍼지는 것을 알지 못하느냐. 묵은 누룩을 내버리라. 내가 너희에게 쓴 편지에 음행하는 자들을 사귀지 말라 하였거니와 이 말은 이 세상의 음행하는 자들이나 탐하는 자들이나 속여 빼앗는 자들이나 우상 숭배하는 자들을 도무지 사귀지 말라 하는 것이 아니니 만일 그리하려면 너희가 세상 밖으로 나가야 할 것이라. 내가 너희에게 쓴 것은 만일 어떤 형제라 일컫는 자가 음행하거나 탐욕을 부리거나 우상 숭배를 하거나 모욕하거나 술 취하거나 속여 빼앗거든 사귀지도 말고 그런 자와는 함께 먹지도 말라 함이라. ─이는 너희가 흠이 없고 순전하여 어그러지고 거스르는 세대 가운데서 하나님의 흠 없는 자녀로 세상에서 그들 가운데 빛들로 나타나야 함이라.
큰 집에는 금 그릇과 은 그릇뿐 아니라 나무 그릇과 질그릇도 있어 귀하게 쓰는 것도 있고 천하게 쓰는 것도 있느니라.

고전 15:33. 고전 5:6~7, 9~11 ─빌 2:15. 딤후 2:20

12월 18일

진리를 알지니 진리가 너희를 자유롭게 하리라(요 8:32).

주의 영이 계신 곳에는 자유가 있느니라. —이는 그리스도 예수 안에 있는 생명의 성령의 법이 죄와 사망의 법에서 너를 해방하였음이라. —아들이 너희를 자유롭게 하면 너희가 참으로 자유로우리라.

형제들아, 우리는 여종의 자녀가 아니요 자유 있는 여자의 자녀니라. —사람이 의롭게 되는 것은 율법의 행위로 말미암음이 아니요 오직 예수 그리스도를 믿음으로 말미암는 줄 알므로 우리도 그리스도 예수를 믿나니 이는 우리가 율법의 행위로써가 아니고 그리스도를 믿음으로써 의롭다 함을 얻으려 함이라. 율법의 행위로써는 의롭다 함을 얻을 육체가 없느니라.

자유롭게 하는 온전한 율법을 들여다보고 있는 자는 듣고 잊어버리는 자가 아니요 실천하는 자니 이 사람은 그 행하는 일에 복을 받으리라. —그리스도께서 우리를 자유롭게 하려고 자유를 주셨으니 그러므로 굳건하게 서서 다시는 종의 멍에를 메지 말라.

358

고후 3:17 —롬 8:2 —요 8:36. 갈 4:31 —갈 2:16. 약 1:25 —갈 5:1

12월 19일

그는 목자같이 양 떼를 먹이시며 어린 양을 그 팔로 모아 품에 안으시며 젖먹이는 암컷들을 온순히 인도하시리로다 (사 40:11).

내가 무리를 불쌍히 여기노라. 그들이 나와 함께 있은 지 이미 사흘이매 먹을 것이 없도다. 길에서 기진할까 하여 굶겨 보내지 못하겠노라. ㅡ우리에게 있는 대제사장은 우리의 연약함을 동정하지 못하실 이가 아니요.

사람들이 예수께 어린아이들을 데리고 오매 그 어린아이들을 안고 그들 위에 안수하시고 축복하시니라.

잃은 양같이 내가 방황하오니 주의 종을 찾으소서. 내가 주의 계명들을 잊지 아니함이니이다. ㅡ인자가 온 것은 잃어버린 자를 찾아 구원하려 함이니라. ㅡ너희가 전에는 양과 같이 길을 잃었더니 이제는 너희 영혼의 목자와 감독 되신 이에게 돌아왔느니라.

적은 무리여, 무서워 말라. 너희 아버지께서 그 나라를 너희에게 주시기를 기뻐하시느니라. ㅡ내가 친히 내 양의 목자가 되어 그것들을 누워 있게 할지라. 주 여호와의 말씀이니라.

마 15:32 ㅡ히 4:15. 막 10:13, 16. 시 119:176 ㅡ눅 19:10 ㅡ벧전 2:25. 눅 12:32 ㅡ겔 34:15

12월 20일

여호와께서 하늘에 창을 내신들 어찌 이런 일이 있으리요
(왕하 7:2).

하나님을 믿으라. ―믿음이 없이는 하나님을 기쁘시게 하지
못하나니 ―하나님으로서는 다 하실 수 있느니라.
내 손이 어찌 짧아 구속하지 못하겠느냐. 내게 어찌 건질
능력이 없겠느냐.
내 생각이 너희의 생각과 다르며 내 길은 너희의 길과 다름
이니라. 여호와의 말씀이니라. 이는 하늘이 땅보다 높음같
이 내 길은 너희의 길보다 높으며 내 생각은 너희의 생각보
다 높음이니라. ―나를 시험하여 내가 하늘 문을 열고 너희
에게 복을 쌓을 곳이 없도록 붓지 아니하나 보라.
여호와의 손이 짧아 구원하지 못하심도 아니요 귀가 둔하
여 듣지 못하심도 아니라. ―여호와여, 힘이 강한 자와 약한
자 사이에는 주밖에 도와줄 이가 없나이다.
우리로 자기를 의지하지 말고 오직 죽은 자를 다시 살리시
는 하나님만 의지하게 하심이라.

막 11:22 ―히 11:6 ―마 19:26. 사 50:2. 사 55:8~9 ―말 3:10. 사 59:1
―대하 14:11. 고후 1:9

12월 21일

선생님이여 우리가 죽게 된 것을 돌보지 아니하시나이까
(막 4:38).

여호와께서는 모든 것을 선대하시며 그 지으신 모든 것에
긍휼을 베푸시는도다.

모든 산 동물은 너희의 먹을 것이 될지라. 채소같이 내가
이것을 다 너희에게 주노라. ―땅이 있을 동안에는 심음과
거둠과 추위와 더위와 여름과 겨울과 낮과 밤이 쉬지 아니
하리라.

여호와는 선하시며 환난 날에 산성이시라. 그는 자기에게
피하는 자들을 아시느니라. ―하나님이 그 어린아이의 소리
를 들으셨으므로 하나님의 사자가 하늘에서부터 하갈을 불
러 이르시되 하갈아, 무슨 일이냐 두려워하지 말라 하나님
이 저기 있는 아이의 소리를 들으셨노라. 하나님이 하갈의
눈을 밝히셨으므로 샘물을 보고 가서 가죽부대에 물을 채
워다가 그 아이에게 마시게 하였더라.

염려하여 이르기를 무엇을 먹을까 무엇을 마실까 하지 말
라. 너희 하늘 아버지께서 이 모든 것이 너희에게 있어야
할 줄을 아시느니라. ―소망은 오직 우리에게 모든 것을 후
히 주사 누리게 하시는 하나님께 두라.

시 145:9. 창 9:3 ―창 8:22. 나 1:7 ―창 21:17, 19. 마 6:31~32 ―딤전
6:17

12월 22일

주께서 강림하신다는 약속이 어디 있느냐(벧후 3:4).

아담의 칠대 손 에녹이 이 사람들에 대하여도 예언하여 이르되 보라, 주께서 그 수만의 거룩한 자와 함께 임하셨나니 이는 뭇 사람을 심판하시리라.

볼지어다. 그가 구름을 타고 오시리라. 각 사람의 눈이 그를 보겠고 그를 찌른 자들도 볼 것이요 땅에 있는 모든 족속이 그로 말미암아 애곡하리라.

주께서 호령과 천사장의 소리와 하나님의 나팔 소리로 친히 하늘로부터 강림하시리니 그리스도 안에서 죽은 자들이 먼저 일어나고, 그 후에 우리 살아남은 자들도 그들과 함께 구름 속으로 끌어올려 공중에서 주를 영접하게 하시리니, 그리하여 우리가 항상 주와 함께 있으리라.

모든 사람에게 구원을 주시는 하나님의 은혜가 나타나 우리를 양육하시되 경건하지 않은 것과 이 세상 정욕을 다 버리고 신중함과 의로움과 경건함으로 이 세상에 살고 복스러운 소망과 우리의 크신 하나님 구주 예수 그리스도의 영광이 나타나심을 기다리게 하셨느니라.

유 1:14~15. 계 1:7. 살전 4:16~17. 딛 2:11~13

12월 23일

하나님이 우리에게 영생을 주신 것과 이 생명이 그의 아들
안에 있는 그것이니라(요일 5:11).

아버지께서 자기 속에 생명이 있음같이 아들에게도 생명을
주어 그 속에 있게 하셨고 아버지께서 죽은 자들을 일으켜
살리심같이 아들도 자기가 원하는 자들을 살리느니라.
나는 부활이요 생명이니 나를 믿는 자는 죽어도 살겠고 무
릇 살아서 나를 믿는 자는 영원히 죽지 아니하리니 ─나는
선한 목자라. 선한 목자는 양들을 위하여 목숨을 버리거니
와 내가 내 목숨을 버리는 것은 그것을 내가 다시 얻기 위
함이니 이를 내게서 빼앗는 자가 있는 것이 아니라 내가 스
스로 버리노라. 나는 버릴 권세도 있고 다시 얻을 권세도
있으니 이 계명은 내 아버지에게서 받았노라. ─나로 말미
암지 않고는 아버지께로 올 자가 없느니라. ─아들이 있는
자에게는 생명이 있고 하나님의 아들이 없는 자에게는 생
명이 없느니라. ─이는 너희가 죽었고 너희 생명이 그리스
도와 함께 하나님 안에 감추어졌음이라. 우리 생명이신 그
리스도께서 나타나실 그 때에 너희도 그와 함께 영광 중에
나타나리라.

요 5:26, 21. 요 11:25~26 ─요 10:11, 17~18 ─요 14:6 ─요일 5:12 ─골
3:3~4

블레셋 사람들의 방백들이 이르되 이 히브리 사람들이 무엇을 하려느냐(삼상 29:3).

너희가 그리스도의 이름으로 치욕을 당하면 복 있는 자로다. 영광의 영 곧 하나님의 영이 너희 위에 계심이라. 너희 중에 누구든지 살인이나 도둑질이나 남의 일을 간섭하는 자로 고난을 받지 말라.

그러므로 너희의 선한 것이 비방을 받지 않게 하라. -너희가 이방인 중에서 행실을 선하게 가지라.

너희는 믿지 않는 자와 멍에를 함께 메지 말라. 의와 불법이 어찌 함께하며 빛과 어둠이 어찌 사귀느냐. 우리는 살아 계신 하나님의 성전이라. 그러므로 너희는 그들 중에서 나와서 따로 있고 부정한 것을 만지지 말라.

너희는 택하신 족속이요 왕 같은 제사장들이요 거룩한 나라요 그의 소유가 된 백성이니 이는 너희를 어두운 데서 불러내어 그의 기이한 빛에 들어가게 하신 이의 아름다운 덕을 선포하게 하려 하심이라.

364

벧전 4:14~15. 롬 14:16 -벧전 2:12. 고후 6:14, 16~17. 벧전 2:9

말할 수 없는 그의 은사로 말미암아 하나님께 감사하노라
(고후 9:15).

온 땅이여 여호와께 즐거운 찬송을 부를지어다. 기쁨으로
여호와를 섬기며 노래하면서 그의 앞에 나아갈지어다. 감
사함으로 그의 문에 들어가며 찬송함으로 그의 궁정에 들
어가서 그에게 감사하며 그의 이름을 송축할지어다. −이는
한 아기가 우리에게 났고 한 아들을 우리에게 주신 바 되었
는데 그의 어깨에는 정사를 메었고 그의 이름은 기묘자라,
모사라, 전능하신 하나님이라, 영존하시는 아버지라, 평강
의 왕이라 할 것임이라.

자기 아들을 아끼지 아니하시고 우리 모든 사람을 위하여
내주셨도다. −이제 한 사람이 남았으니 곧 그가 사랑하는
아들이라.

여호와의 인자하심과 인생에게 행하신 기적으로 말미암아
그를 찬송할지로다. −내 영혼아, 여호와를 송축하라. 내 속
에 있는 것들아, 다 그의 거룩한 이름을 송축하라.

내 영혼이 주를 찬양하며 내 마음이 하나님 내 구주를 기뻐
하였노라.

시 100:1~2, 4 −사 9:6. 롬 8:32 −막 12:6. 시 107:21 −시 103:1. 눅
1:46~47

12월 26일

자기를 힘입어 하나님께 나아가는 자들을 온전히 구원하실 수 있으니(히 7:25).

내가 곧 길이요 진리요 생명이니 나로 말미암지 않고는 아버지께로 올 자가 없느니라. —다른 이로써는 구원을 받을 수 없나니 천하 사람 중에 구원을 받을 만한 다른 이름을 우리에게 주신 일이 없음이라.

내 양은 내 음성을 들으며 나는 그들을 알며 그들은 나를 따르느니라. 내가 그들에게 영생을 주노니 영원히 멸망하지 아니할 것이요 또 그들을 내 손에서 빼앗을 자가 없느니라. —너희 안에서 착한 일을 시작하신 이가 그리스도 예수의 날까지 이루시리라. —여호와께 능하지 못한 일이 있겠느냐.

능히 너희를 보호하사 거침이 없게 하시고 너희로 그 영광 앞에 흠이 없이 기쁨으로 서게 하실 이 곧 우리 구주 홀로 하나이신 하나님께 우리 주 예수 그리스도로 말미암아 영광과 위엄과 권력과 권세가 영원 전부터 이제와 영원토록 있을지어다. 아멘.

요 14:6 —행 4:12, 요 10:27~28 —빌 1:6 —창 18:14, 유 1:24~25

12월 27일

그는 우리의 화평이신지라(엡 2:14).

하나님께서 그리스도 안에 계시사 세상을 자기와 화목하게 하시며 그들의 죄를 그들에게 돌리지 아니하시고 하나님이 죄를 알지도 못하신 이를 우리를 대신하여 죄로 삼으신 것은 우리로 하여금 그 안에서 하나님의 의가 되게 하려 하심이라. —그의 십자가의 피로 화평을 이루사 그로 말미암아 자기와 화목하게 되기를 기뻐하심이라. 전에 악한 행실로 멀리 떠나 마음으로 원수가 되었던 너희를 이제는 그의 육체의 죽음으로 말미암아 화목하게 하사 너희를 거룩하고 흠 없고 책망할 것이 없는 자로 그 앞에 세우고자 하셨느니라. —우리를 거스르고 불리하게 하는 법조문으로 쓴 증서를 지우시고 제하여 버리사 십자가에 못 박으시고 —법조문으로 된 계명의 율법을 폐하셨으니 이는 이 둘로 자기 안에서 한 새 사람을 지어 화평하게 하시[기 위함이라].
평안을 너희에게 끼치노니 곧 나의 평안을 너희에게 주노라. 내가 너희에게 주는 것은 세상이 주는 것과 같지 아니하니라. 너희는 마음에 근심하지도 말고 두려워하지도 말라.

고후 5:19, 21 —골 1:20~22 —골 2:14 —엡 2:15, 요 14:27

12월 28일

우리가 예수를 뵈옵고자 하나이다 (요 12:21).

여호와여, 우리가 주를 기다렸사오며 주의 이름을 위하여 또 주를 기억하려고 우리 영혼이 사모하나이다.

여호와께서는 자기에게 간구하는 모든 자 곧 진실하게 간구하는 모든 자에게 가까이하시는도다.

두세 사람이 내 이름으로 모인 곳에는 나도 그들 중에 있느니라. ─내가 너희를 고아와 같이 버려두지 아니하고 너희에게로 오리라. ─볼지어다, 내가 세상 끝 날까지 너희와 항상 함께 있으리라.

인내로써 우리 앞에 당한 경주를 하며 믿음의 주요 또 온전하게 하시는 이인 예수를 바라보자.

우리가 지금은 거울로 보는 것같이 희미하나 그 때에는 얼굴과 얼굴을 대하여 볼 것이요 ─차라리 세상을 떠나서 그리스도와 함께 있는 것이 훨씬 더 좋은 일이라. 그렇게 하고 싶노라.

사랑하는 자들아, 우리가 지금은 하나님의 자녀라. 장래에 어떻게 될지는 아직 나타나지 아니하였으나 그가 나타나시면 우리가 그와 같을 줄을 아는 것은 그의 참모습 그대로 볼 것이기 때문이니 주를 향하여 이 소망을 가진 자마다 그의 깨끗하심과 같이 자기를 깨끗하게 하느니라.

사 26:8. 시 145:18. 마 18:20 ─요 14:18 ─마 28:20. 히 12:1~2. 고전 13:12 ─빌 1:23. 요일 3:2~3

12월 29일

하나님을 가까이하라 그리하면 너희를 가까이하시리라(약 4:8).

에녹이 하나님과 동행하더니 —두 사람이 뜻이 같지 않은데 어찌 동행하겠느냐. —하나님께 가까이함이 내게 복이라.
너희가 여호와와 함께하면 여호와께서 너희와 함께하실지라. 너희가 만일 그를 찾으면 그가 너희와 만나게 되시려니와, 너희가 만일 그를 버리면 그도 너희를 버리시리라. 그들이 그 환난 때에 이스라엘 하나님 여호와께로 돌아가서 찾으매 그가 그들과 만나게 되셨느니라.
여호와의 말씀이니라. 너희를 향한 나의 생각을 내가 아나니 평안이요 재앙이 아니니라. 너희에게 미래와 희망을 주는 것이니라. 너희가 내게 부르짖으며 내게 와서 기도하면 내가 너희들의 기도를 들을 것이요 너희가 온 마음으로 나를 구하면 나를 찾을 것이요 나를 만나리라.
그러므로 형제들아, 우리가 예수의 피를 힘입어 성소에 들어갈 담력을 얻었나니 그 길은 새로운 살 길이요 또 하나님의 집 다스리는 큰 제사장이 계시매 참 마음과 온전한 믿음으로 하나님께 나아가자.

창 5:24 —암 3:3 —시 73:28. 대하 15:2, 4. 렘 29:11~13. 히 10:19~22

그가 그의 거룩한 자들의 발을 지키실 것이요(삼상 2:9).

만일 우리가 하나님과 사귐이 있다 하고 어둠에 행하면 거짓말을 하고 진리를 행하지 아니함이거니와 그가 빛 가운데 계신 것같이 우리도 빛 가운데 행하면 우리가 서로 사귐이 있고 그 아들 예수의 피가 우리를 모든 죄에서 깨끗하게 하실 것이요 -이미 목욕한 자는 발밖에 씻을 필요가 없느니라. 온몸이 깨끗하니라.

내가 지혜로운 길을 네게 가르쳤으며 정직한 길로 너를 인도하였은즉 다닐 때에 네 걸음이 곤고하지 아니하겠고 달려갈 때에 실족하지 아니하리라. 사악한 자의 길에 들어가지 말며 악인의 길로 다니지 말지어다. 그의 길을 피하고 지나가지 말며 돌이켜 떠나갈지어다. 네 눈은 바로 보며 네 눈꺼풀은 네 앞을 곧게 살펴 네 발이 행할 길을 평탄하게 하며 네 모든 길을 든든히 하라. 좌로나 우로나 치우치지 말고 네 발을 악에서 떠나게 하라.

주께서 나를 모든 악한 일에서 건져 내시고 또 그의 천국에 들어가도록 구원하시리니, 그에게 영광이 세세무궁토록 있을지어다. 아멘.

요일 1:6~7 -요 13:10, 잠 4:11~12, 14~15, 25~27, 딤후 4:18

12월 31일

얻을 땅이 매우 많이 남아 있도다(수 13:1).

내가 이미 얻었다 함도 아니요 온전히 이루었다 함도 아니라. 오직 내가 그리스도 예수께 잡힌 바 된 그것을 잡으려고 달려가노라.

그러므로 너희도 온전하라. —너희가 더욱 힘써 너희 믿음에 덕을, 덕에 지식을, 지식에 절제를, 절제에 인내를, 인내에 경건을, 경건에 형제 우애를, 형제 우애에 사랑을 더하라.

내가 기도하노라. 너희 사랑을 지식과 모든 총명으로 점점 더 풍성하게 하[기를 원하노라].

하나님이 자기를 사랑하는 자들을 위하여 예비하신 모든 것은 눈으로 보지 못하고 귀로 듣지 못하고 사람의 마음으로 생각하지도 못하였다 함과 같으니라. 오직 하나님이 성령으로 이것을 우리에게 보이셨노라.

안식할 때가 하나님의 백성에게 남아 있도다. —네 눈은 왕을 그의 아름다운 가운데에서 보며 광활한 땅을 눈으로 보리라.

빌 3:12. 마 5:48 —벧후 1:5~7. 빌 1:9. 고전 2:9~10. 히 4:9 —사 33:17

DAILY
LIGHT
O   N
T H E
DAILY
PATH